O dia em que adiaram o Carnaval

FUNDAÇÃO EDITORA DA UNESP

Presidente do Conselho Curador
Herman Jacobus Cornelis Voorwald

Diretor-Presidente
José Castilho Marques Neto

Editor Executivo
Jézio Hernani Bomfim Gutierre

Assessor Editorial
Antonio Celso Ferreira

Conselho Editorial Acadêmico
Alberto Tsuyoshi Ikeda
Célia Aparecida Ferreira Tolentino
Eda Maria Góes
Elisabeth Criscuolo Urbinati
Ildeberto Muniz de Almeida
Luiz Gonzaga Marchezan
Nilson Ghirardello
Paulo César Corrêa Borges
Sérgio Vicente Motta
Vicente Pleitez

Editores-Assistentes
Anderson Nobara
Arlete Zebber
Jorge Pereira Filho

Luís Cláudio Villafañe G. Santos

O dia em que adiaram o Carnaval
Política externa e a construção do Brasil

© 2010 Editora UNESP

Direitos de publicação reservados à:
Fundação Editora da UNESP (FEU)
Praça da Sé, 108
01001-900 – São Paulo – SP
Tel.: (0xx11) 3242-7171
Fax: (0xx11) 3242-7172
www.editoraunesp.com.br
www.livrariaunesp.com.br
feu@editora.unesp.br

CIP-Brasil. Catalogação na fonte
Sindicato Nacional dos Editores de Livros, RJ

S236b

Santos, Luís Cláudio Villafañe G. (Luís Cláudio Villafañe Gomes)
O dia em que adiaram o Carnaval: política externa e a construção do Brasil / Luís Cláudio Villafañe G. Santos. – São Paulo: Ed. UNESP, 2010.

Inclui bibliografia
ISBN 978-85-393-0060-0

1. Rio Branco, José Maria da Silva Paranhos, Barão do, 1845-1912. 2. Nacionalismo. 3. Identidade social. 4. Brasil – Relações exteriores. I. Título.

10-3960.   CDD: 981.05
           CDU: 94(81)"1822/1889"

11.08.10   11.08.10   020786

Editora afiliada:

Asociación de Editoriales Universitarias de América Latina y el Caribe

Associação Brasileira de Editoras Universitárias

"Mi única patria son mis dos hijos, Lautaro y Alexandra. Y tal vez, pero en segundo plano, algunos instantes, algunas calles, algunos rostros o escenas o libros que están dentro de mí y que algún día olvidaré, que es lo mejor que uno puede hacer con la patria."

Roberto Bolaños

A meus filhos Gustavo, Sofia e Frederico.

Sumário

Apresentação
Maria Ligia Coelho Prado 9

1 O barão, santo no altar da nacionalidade 15

2 Brasil ou Brasis? 45

3 Um império tropical 95

4 Somos da américa e queremos ser americanos 141

5 O barão e outros santos 179

6 A consciência do atraso 193

7 Rompendo com o barão? 227

Conclusão 251

Referências bibliográficas 267

Apresentação

O título do novo livro de Luís Cláudio Villafañe G. Santos, *O dia em que adiaram o Carnaval*, desperta de imediato a curiosidade do leitor. A poucos ocorreria estabelecer uma associação entre a festa popular e a diplomacia brasileira. Entretanto, foi a morte de José Maria Paranhos da Silva Junior, o Barão do Rio Branco, em 10 de fevereiro de 1912, véspera do sábado de Carnaval, que provocou a inusitada decisão. O governo brasileiro determinou o adiamento da festa para o período de 6 a 10 de abril. Diga-se, desde já, que a imposição não foi suficientemente cumprida, pois "o povo" não deixou de brincar o Carnaval na data tradicional. Mais ainda, comemorou duas vezes a festa, em fevereiro e em abril.

A morte do diplomata foi profundamente lamentada pela imprensa, que registrou demonstrações populares de respeito como o fechamento, em sinal de luto, dos cinemas do Rio de Janeiro. Tais manifestações indicavam, naturalmente, o prestígio, o poder e a popularidade do Barão, que havia conquistado em vida a aura de herói nacional, responsável pela consolidação do território brasileiro. Como "herança", deixava um evangelho escrito: o Brasil como "país pacífico, com fronteiras definidas e grande território".

O legado de Rio Branco se constitui em ponto de partida e, ao mesmo tempo, em fio condutor deste inteligente livro que nos leva a visitar os temas da *identidade,* do *nacionalismo e da política externa* no Brasil, do século XIX até o presente. A escolha do autor de trabalhar "a construção e a ideia de Brasil, de nação e de nacionalidade brasileira a partir da política externa" se apresenta como tarefa desafiadora que será plenamente cumprida. Assim, Villafañe tece as mediações fundamentais entre política externa e nação, afirmando que o sistema de poder político interno estabelece o que deveria ser *o interesse nacional.* Assenta sua tese na perspectiva de que tal interesse está fortemente relacionado à questão do território, fazendo a política externa de um Estado se apresentar como elemento central para a definição de suas fronteiras. Em suas palavras:

> A nação passou a ser fiadora do território. Certamente, a identificação do Barão do Rio Branco com o processo de definição do território brasileiro é uma das chaves para a compreensão da força de sua identidade com a nação, de seu lugar no imaginário comum como um dos "pais fundadores" da nacionalidade brasileira.

Demarcada essa premissa, Villafañe confere à política externa um lugar preponderante para a compreensão do nacionalismo e da elaboração da identidade nacional. Em sua interpretação, no Brasil, como na maior parte das nações contemporâneas, o Estado construiu a nação. Desse modo, sua análise gravita em torno das práticas do Estado, embora reconheça que as classes populares não foram sujeitos passivos nem meros repositórios de sentimentos e ideias.

Ao debruçar-se sobre o século XIX, Villafañe elabora sua visão sobre o Império como um período em que se criou um sentimento de Brasil como a pátria comum de seus habitantes, mas ainda vinculado à legitimidade dinástica. Tomando o exemplo da Guerra do Paraguai, afirma que o conflito mostrou a escassa capacidade mobilizadora do Estado imperial para recrutar e arregimentar soldados para o combate. Para o autor, tal fato indicava a pequena adesão da sociedade ao sentimento nacional.

Apenas com o advento da República, entende Villafañe, buscou-se desenvolver um sentimento nacional brasileiro com apego *à comunidade imaginada*, tal como a define B. Anderson. Ao mesmo tempo, o regime republicano encaminhou novos alinhamentos no que concerne ao lugar do Brasil no continente americano. O distanciamento entre o Brasil e os demais países da América Latina, marcante durante o Império, tendeu a diminuir. Por outro lado, a política externa brasileira incorporou as premissas do pan-americanismo emblematicamente defendido por Joaquim Nabuco. O autor reafirma que a gestão do Barão do Rio Branco à frente do Itamaraty produziu importantes mudanças com o deslocamento do eixo da política externa brasileira em direção a Washington. Após a morte do chanceler, as reverberações desse posicionamento permaneciam vivas. Uma delas é a pouco conhecida informação de que, em 1917, o governo brasileiro decidiu considerar feriado nacional o dia 4 de julho, data da independência dos Estados Unidos. Ou, ainda, que o Brasil foi o único país sul-americano a declarar guerra ao Império alemão, tendo enviado, em agosto de 1918, uma pequena esquadra que partiu de Fernando de Noronha em direção à Europa. Porém, chegou a Gibraltar na véspera do fim do conflito e sofreu a perda de 156 tripulantes, mortos em virtude da gripe espanhola.

Villafañe enfrenta outra controvertida questão do fim do século XIX, aquela que discute as particularidades da "raça brasileira". Os debates em torno da identidade nacional oscilaram entre a asserção da originalidade do mulato e a defesa da necessidade de "redenção" dos negros e mestiços pelo branqueamento. No século XX, esses problemas ganharam amplitude ao incluírem a importância da cultura nesse debate e ao conferirem ao mulato um lugar – embora subalterno – na constelação nacional.

Nos primeiros quarenta anos do século XX, Villafañe identifica um enraizamento do sentimento nacional, apoiado nas perspectivas já estabelecidas: a singularidade do território nacional, a exuberância da natureza tropical e a particular composição étnica da população brasileira. Porém, destaca a entrada em cena de outros elementos importantes, como a incorporação da "consciência do atraso nacional" que deveria ser superado pelo desenvolvimento, aí entendido como vetor positivo da nacionalidade.

Acompanhando as mudanças significativas produzidas pela Segunda Guerra Mundial, o autor lembra que, na década de 1950, a Guerra Fria dividiu o mundo em esferas de influência, cabendo à América Latina alinhar-se aos Estados Unidos. Apesar dessa determinação, mostra que, contraditoriamente, foi no governo de Juscelino Kubitschek que o Brasil transitou de uma identidade americana para uma identidade latino-americana. A política externa brasileira buscou equacionar os novos problemas brasileiros de segurança e desenvolvimento econômico no âmbito latino-americano, abandonando o tradicional discurso pan-americanista de apoio irrestrito aos Estados Unidos. A ruptura mais notável desse período aconteceu com a chamada Política Externa Independente (PEI), implementada pelos governos seguintes de Jânio Quadros e João Goulart. Com o golpe de 1964, houve uma volta aos velhos padrões da política externa, tendo os militares assumido posições anticomunistas definidas. Durante o governo do general Médici, a ideia de potência regional ressurgiu no discurso nacionalista brasileiro apontando o país como "líder natural" da América Latina. É importante assinalar que a análise do autor sobre as relações internacionais brasileiras demonstra a constante preocupação de refletir sobre o Brasil no contexto da América Latina e de não se restringir às habituais referências à Europa e aos Estados Unidos.

Ao término dos governos militares, de acordo com Villafañe, o Brasil havia se identificado com fortes posições terceiro--mundistas e com os países em desenvolvimento, enfatizando sua identidade latino-americana. Com o governo de Fernando

Henrique Cardoso, essas posições se consolidaram. Sintomática dessa virada foi a convocação, pelo governo brasileiro, da Primeira Reunião de Presidentes da América do Sul, em 2000.

Em tom polêmico, Villafañe pergunta, no capítulo final, se houve um rompimento com a "herança" do Barão do Rio Branco. Seria possível afirmar a existência de uma nacionalidade consolidada e de uma "nação completa" que incluísse todos os brasileiros, sem distinção de raça, credo ou condição social? A abrangência dos temas analisados e a densidade das reflexões apresentadas oferecem ao leitor todas as condições para responder a essa complexa questão.

Concordando ou discordando das premissas e das teses esposadas – muitas delas controversas – não restam dúvidas sobre a competência e sofisticação do autor. Este livro, sem dúvida, se constitui em leitura fundamental para todos aqueles que desejam entender as intrincadas mediações entre relações exteriores, identidade e nacionalismo no Brasil contemporâneo.

Maria Ligia Coelho Prado
Departamento de História
Universidade de São Paulo

1
O barão, santo no altar da nacionalidade

Pois, às 9 e 10 da manhã de 10 de fevereiro de 1912 – e seu criado Salvador fez parar nesse momento o relógio do Itamarati – morria o Barão do Rio Branco, na sala em que vivera e trabalhara durante os últimos nove anos. (...) Lá fora, a população, quase toda com roupas e emblemas de luto, manifestava sua dor. Nas palavras da imprensa, no espetáculo do enterro, nas manifestações aparecidas no Brasil e nos países da América, em tudo já se antevia que aquilo não era o fim, mas o começo de alguma coisa. Efetivamente, ali começava agora a mais autêntica existência de Rio Branco: a existência imaterial e histórica, contra a qual não teriam forças nem a morte, nem o tempo. (Lins, 1996, p.442-3)

A transcendência da morte de Rio Branco, retratada por Álvaro Lins na epígrafe acima, não escapou a seus contemporâneos. Uma rápida consulta aos jornais da época deixa clara essa percepção. Na edição vespertina daquele mesmo 10 de fevereiro, o diário *A República* assinalou: "Nenhum brasileiro atingiu mais alto o culto da veneração popular. O Barão do Rio Branco era verdadeiramente um patrimônio nacional. A nação que o amou em vida há de idolatrar-lhe reverentemente a sua venerada memória". A *Gazeta de Notícias* (11.02.1912), por sua vez, comentou que "dizer do Barão do Rio Branco uma rápida impressão de dor, de luto, de lágrimas, quando o país inteiro soluça é bem difícil. E sua obra foi enorme e grandiosa". A repercussão da morte do Barão foi imediata e não se restringiu às manifestações oficiais. Obteve espontaneamente a adesão da população:

> Logo que foi rapidamente conhecida a tristíssima notícia começaram as demonstrações de pesar. O comércio cerrou portas imediatamente, içando muitos estabelecimentos bandeiras de meia haste. O mesmo sucedeu nos bancos, nas agências, nos escritórios de todas as empresas e nas repartições públicas, tendo sido a bandeira do Palácio do Catete posta em funeral por ordem do próprio presidente da República. Os cinematógrafos que já haviam posto os seus *affichés* às portas retiraram-os cerrando os estabelecimentos, que não funcionarão hoje. Também não funcionarão os teatros e outros centros de diversões, os bailes, todos os divertimentos de *club* e associações enunciadas para hoje estão adiados. (*A Notícia*, 10.02.1912)

Nem os festejos de Momo escapariam do choque trazido pela perda de quem já em vida era considerado um herói nacional. O sábado seguinte ao passamento do Barão, dia 17 de fevereiro, seria Carnaval. Seria, porque o Carnaval em 1912 acabou adiado para abril. O governo determinou que, em virtude do luto nacional, os festejos fossem transferidos para o período de 6 a 10 de abril.

A força do mito criado em torno de José Maria da Silva Paranhos Júnior como construtor da nacionalidade, assim como sua identificação com "uma certa ideia de Brasil" (Ricupero, 2000b, 2002), merece reflexão. Trata-se de um caso único, de um diplomata que surge como referência para a construção da nação, um "fundador" da nacionalidade deslocado no tempo. Quando de sua morte, o Brasil já contava com quase noventa anos de vida independente. Já havia sido governado por imperadores, regentes e presidentes. Ainda assim, Rio Branco passou a disputar espaço importante na memória e no imaginário como um dos formadores da nação brasileira. Nascido em 1845, Juca Paranhos alcançou súbita notoriedade em 5 de fevereiro de 1895, com a divulgação do laudo do presidente estadunidense, Glover Cleveland, favorável ao Brasil no arbitramento da disputa pelo território de Palmas com a Argentina, causa que ele defendeu como advogado brasileiro. Daquele momento em diante, em uma série ininterrupta de vitórias diplomáticas, Rio Branco (feito chanceler em 1902) definiu as fronteiras brasileiras e consolidou seu prestígio.

A importância de sua obra não é, em si, explicação suficiente para encontrarmos um fundador da pátria quase um século depois do momento da independência nacional. Como explicar essa distância? Os *Founding Fathers* estadunidenses estão comportadamente situados nos séculos XVIII e XIX. Os libertadores e fundadores das nações vizinhas – Bolívar, San Martín, Artigas, O'Higgins, Sucre e tantos outros – tampouco são criaturas do século XX. Aliás, quem são os fundadores da nacionalidade brasileira? José Bonifácio, o "Patriarca da Independência"? Dom Pedro I ou II? Caxias? Ou, antes deles, no século XVIII, Tiradentes?

Buscar identificar e situar esses candidatos a fundadores da nação em seus respectivos contextos históricos nos dá pistas importantes para a compreensão do processo de criação e de consolidação do sentimento nacional, de uma identidade brasileira. Do mesmo modo que as religiões, o nacionalismo necessita seus próprios santos e mártires e um texto sagrado. O nacionalismo, como os sistemas dinástico-religiosos que o precederam, necessita inventar referências além e acima da contingência histórica para personificar seu objeto de culto.

O simbolismo da equiparação dos fundadores das nações com os santos católicos não poderia ser mais perfeito, como no caso da imagem de Rio Branco que ilustra a capa deste livro. Em

1949, inaugurou-se na National Cathedral de Washington um conjunto de vitrais para representar a América do Sul, no contexto do espírito americanista, pois essa igreja é também conhecida como a Catedral das Américas. Trata-se de um tríptico que tem ao centro uma imagem de Simón Bolívar, em trajes militares, com a mão direita na espada ainda embainhada. Há referência ao encontro do Panamá, em 1826, como o primeiro Congresso Pan-americano. O vitral à esquerda traz a figura de San Martín, também em trajes militares, empunhando sua espada. À direita de Bolívar, encontramos uma representação pouco convencional de Rio Branco, ainda moço, vestido com o fardão diplomático, segurando dois documentos, num dos quais se pode ler o lema adotado pelo Barão: "Ubique Patriæ Memor" (Onde estiver, sempre pensando na pátria).

O fato de Juca Paranhos estar indubitavelmente no panteão dos santos do nosso nacionalismo certamente revelará algo do processo de construção da identidade brasileira, uma discussão que já conta com uma longa e respeitável tradição intelectual. São muitas as perspectivas e premissas que animam esse debate. A nação brasileira foi construída por meio da literatura, da historiografia, das ciências sociais e das grandes explicações multidisciplinares dos "intérpretes do Brasil". Vários são os enfoques e os recortes possíveis. Aqui, trilharemos um caminho ainda pouco explorado: *a construção da ideia de Brasil, da nação e da nacionalidade brasileiras a partir da política externa do país.*

A política externa de um país pode ser entendida como a expressão externa de uma hegemonia, uma ordem de dominação, ou o consenso articulado e mediado por seu sistema político – ou seja, diretamente pelo Estado ou pela dinâmica da relação entre o Estado e a sociedade civil –, que podem constituir um projeto mais ou menos coerente de ação no plano internacional, seja na relação com outros Estados, seja mesmo com entidades estrangeiras não estatais. Tal projeto, ao menos no plano do discurso, está dirigido a atender às diretrizes daquilo que o sistema de poder interno estabelece como o bem comum daquela sociedade ou, mais modernamente, o *interesse nacional*.

A adoção da política externa como ponto de partida para o estudo da construção do nacionalismo revela de imediato várias premissas que vão orientar esse esforço. Em primeiro lugar, é importante desde logo distinguir Estado de nação. Como já ressaltou Connor (1978, p.318), "o erro mais fundamental das abordagens acadêmicas do nacionalismo tem sido a tendência de identificá-lo como um sentimento de lealdade ao Estado e não à nação".[1] Como se verá, o conjunto de pessoas, instituições, práticas e ideologias que conformam o Estado não se traduz na ideia de nação. Essa confusão nasce da contingência histórica que foi a junção desses dois conceitos sob a forma do Estado--nação, hoje uma estrutura política hegemônica. Estado e nação são, no entanto, entidades distintas. A política externa é um dos aspectos mais característicos da atuação do Estado e, na medida em que o Estado contribuiu para a formação da nação (e vice-versa), essa variável da ação estatal muitas vezes, como no caso brasileiro, pode se revelar um importante elemento na construção do nacionalismo.

Vale relembrar que o papel protagônico desempenhado pelo nacionalismo como eixo organizador das lealdades políticas é um fenômeno relativamente recente, que começou a tomar sua forma atual com a independência dos Estados Unidos da América e com a Revolução Francesa. A ubiquidade e a importância das ideias de nação e de nacionalismo na vida contemporânea criam a tendência de naturalizar e reificar esses conceitos, refletida no discurso político e mesmo nas abordagens acadêmicas. De acordo com essa perspectiva, as nações seriam entidades naturais, decorrentes de uma cultura e de uma origem étnica e territorial comum. Esse viés é popularizado, entre outras formas, pela

---

1 Esta citação, como as demais de textos consultados em língua estrangeira, foi livremente traduzida pelo autor, a partir da obra referenciada.

historiografia em livros escolares dedicados às histórias "nacionais" de cada país. Essas histórias nacionais são construídas de forma teleológica como uma longa trama cuja conclusão natural e inescapável afirma a nação em questão, com seu território (ainda que eventualmente despojado de regiões dele subtraídas por seus vizinhos), sua cultura e características próprias. A narrativa histórica visaria, nesses casos, apenas deslindar as condições, as personagens (heróis e algozes), os obstáculos e as conquistas que levaram à plena realização daquela nação – na verdade, já preexistente, ainda que embrionariamente. Toda uma mitologia é criada, a partir de bases reais ou não, para mostrar cada nação e cada nacionalismo em particular como algo inevitável e indiscutível.

O Brasil, por exemplo, já estaria pré-desenhado na colonização portuguesa – ou ainda antes, ancorado numa mítica unidade de sua natureza, de sua geografia e nas características antropológicas dos habitantes originais do território. Nessa visão, as revoltas e rebeliões do período colonial, independentemente de suas causas imediatas, seriam tentativas abortadas de antecipar a emancipação política do país, movidas por sentimentos patrióticos que já vislumbravam a nação. Esse tipo de abordagem repete-se nas mais variadas nações contemporâneas: a *France étternelle*, cujos contornos territoriais já estariam desenhados pelas povoações gaulesas, a transposição das glórias romanas para a mitologia formadora da nação italiana etc.

É fato que, em alguns (poucos) casos, a ideia de nacionalidade precedeu a Constituição dos Estados. Mas ainda nesses exemplos faltava o forte componente político que passou a caracterizar a ideia de nação a partir do século XIX. Dante, por exemplo, propunha o abandono dos dialetos locais em favor do italiano, definindo a nação italiana em termos puramente linguísticos e culturais. Advogava, por outro lado, que a nação italiana se subordinasse, em termos políticos, a um império universal (apud Breuilly, 1985, p.4-5). Ainda que houvesse em sua defesa da língua italiana as ideias de comunidade e de nação, não estava presente o sentido político dessa comunidade.

O Estado, em sua forma atual, é fruto da superação das instituições medievais europeias, caracterizadas por uma extrema fragmentação do poder numa intrincada rede de suseranias, com lealdades múltiplas e muitas vezes conflitantes. Por outro lado, ainda que subordinadas diretamente ao senhor local, as comunidades medievais nutriam uma concepção universalista, baseada nos valores religiosos e inspirada na memória da antiguidade clássica. O alcance do papado e das instituições do Sacro Império Romano-Germânico era variável, mas servia sempre como referência ideológica. Prevalecia, portanto, uma contradição entre um fundo ideológico, baseado na ideia de unidade e comunhão, e a realidade da extrema fragmentação da autoridade política.

Com a centralização do poder político e militar em unidades territoriais maiores, as instâncias acima e abaixo do Estado perderam pouco a pouco seu poder efetivo e um novo referencial ideológico foi construído, com base nas noções de soberania e razão de Estado, para dar conta da nova situação. Dado que a esfera da política não se esgota no uso da força, cada momento histórico tem como contrapartida um determinado quadro ideológico que justifica e mascara o caráter arbitrário do poder, com base em mitos, crenças e valores fundadores que, embora justificáveis em termos históricos ou éticos, são também em larga medida arbitrários. A teologia política medieval com suas instituições e aparato ideológico foi progressivamente sendo transformada e substituída por uma nova moldura intelectual. Vale notar que, nesse processo, velhas estruturas e práticas vão sendo relegadas e surgem algumas inovações, mas muitas instituições e crenças anteriores serão conservadas, ainda que com novos conteúdos e novas funções.

Um marco dessa mudança, a partir do século XVI, foi a nova leitura de Hobbes para justificar a criação do Estado, como forma de superar o mítico "estado de natureza", quando (em tempo indeterminado) prevalecia a "guerra de todos contra todos":

> Diz-se que um Estado foi instituído quando uma multidão de homens entra em acordo e pactua, uns com os outros, que um certo homem ou assembleia de homens receberá, pela maioria, o direito de representar a pessoa de todos (isto é, ser seu representante). Cada um deles, tanto os que tenham votado a favor como os que tenham votado contra, deve autorizar todas as ações e juízos desse homem ou assembleia de homens, como se fossem os seus próprios. (Hobbes, 1983 [1651], p.121)

O Estado, detentor da soberania, passou a ser entendido como instância acima de qualquer outra autoridade leiga ou religiosa que, nos limites de seu território, só poderia encontrar limitações nos termos do contrato social estabelecido entre o soberano e seus súditos, ainda que a mítica negociação desse contrato fosse transportada para um tempo imemorial. As ideias de representação e de contrato social já se fazem presentes, mas não necessariamente se traduzem em instituições como assembleias ou constituições para regular os limites da ação do soberano. A legitimidade do Estado estava dada em termos dinástico--religiosos, com apoio na ideia do direito divino dos reis.

No plano externo, a noção de Estados soberanos e, portanto, (em tese) iguais, teve ressonância no estabelecimento do embrião do sistema "internacional" na Europa, com a paz de Westfália (1648), que consolidou uma nova ordem baseada no caráter supremo do poder de cada Estado no âmbito dos respectivos territórios e sua autonomia completa, salvo arranjos livremente negociados, em relação a qualquer autoridade estrangeira.

Internamente, preservou-se em grande medida a intrincada rede de lealdades políticas cruzadas, característica do poder fragmentado da Idade Média, mas progressivamente afirmou-se a supremacia dos laços verticais entre os súditos e o soberano, com base no reforço da legitimidade dinástica e da autoridade

O dia em que adiaram o Carnaval

temporal, religiosa e inclusive "mágica" dos soberanos (os quais, na visão popular, eram dotados até mesmo de poderes taumatúrgicos). A elevação da figura dos reis, confundidos com o próprio Estado – *L'état s'est moi*, diria Luís XIV –, não abrandou as hierarquias entre seus súditos, plasmadas num universo mental em que os destinos e as diferenças entre os homens (e mulheres) eram dados de forma "natural" pelas circunstâncias do nascimento.

O Estado dos séculos XVII e XVIII difere do Estado nacional contemporâneo pela ausência de referência à nação como fonte de legitimidade, ainda que já estivesse presente a ideia de pátria. Detentor da soberania sobre um determinado território e sobre sua população, o monarca derivava sua legitimidade do universo religioso e da concepção de reino dinástico. O direito divino dos soberanos seria, no entanto, progressivamente posto em xeque com a difusão das ideias iluministas. Passariam a prevalecer os conceitos de contrato social e de lealdade à nação. A independência dos Estados Unidos e a Revolução Francesa abalaram o modelo dinástico-religioso, que foi sendo substituído – primeiramente nas Américas, a partir de 1776, e depois na Europa, tendo como marcos a Revolução Francesa e, depois, a "Primavera dos Povos", em 1848 – pela fórmula do Estado-nação. As dinastias que sobreviveram a essa mudança tiveram de optar, elas mesmas, por sua "nacionalização", tornando-se símbolos da suposta antiguidade das nações que passaram a representar. Mesmo onde os monarcas continuaram a reinar, passaram a não governar. Vale ressaltar, portanto, que o nacionalismo surgiu como força política apenas no fim do século XVIII e no correr do século XIX, muito depois da consolidação da forma moderna do Estado nos países europeus. A ideia de nação seria aproveitada como uma das fórmulas legitimadoras da ação estatal e seu sucesso levaria à redescoberta (ou mesmo à "invenção") de tradições e outros traços culturais que serviriam para dar unidade cultural e reforçar ou criar uma identidade própria para populações regidas pelos Estados, cuja legitimidade passaria a advir de sua nova condição de intérpretes das vontades e aspirações da nacionalidade.

A visão hoje praticamente consensual do nacionalismo como um conceito construído ou "inventado" já havia sido proposta em fins do século XIX por autores como Ernest Renan que, em sua palestra *Qu'est-ce qu'une Nation?* (Renan, 1996 [1882], p.42-55), proferida na Sorbonne em 1882, refutou a suposta perenidade do fenômeno e indagou quais fatores responderiam pela criação de uma nação. Ele respondeu a essa questão negando que ela fosse o produto das guerras e dos arranjos matrimoniais de dinastias governantes. Afastou também, pelas inúmeras exceções em cada um dos casos, os supostos fatores objetivos das nacionalidades, tais como a língua, a origem étnica, a religião ou os interesses materiais. Para ele, a "comunidade de interesses traz acordos comerciais, mas a nacionalidade tem um lado sentimental: é corpo e alma conjugados. Um *Zollverein* não é uma *pátria*" (Renan, 1996, p.51, grifo no original). Renan rejeitou também as pretensas fronteiras naturais e a geografia, e concluiu assim sua resposta à questão levantada em seu ensaio "O que é uma nação?":

> Não é o solo, como não é a raça, o que faz uma nação. O solo fornece o substrato, o palco da luta e do trabalho; os homens fornecem a alma. O homem é tudo na formação dessa entidade sagrada que é chamada de povo. Nada (puramente) material é suficiente para isso. A nação é um princípio espiritual, o resultado das profundas complicações da história. [...] O homem não é escravo da sua raça, nem da sua língua, nem da sua religião, nem do curso dos rios ou da direção das cadeias de montanhas. Um grande grupo de homens de mente sã e rico de coração cria um tipo de consciência moral que chamamos de nação. Enquanto essa consciência moral der provas de sua força com sacrifícios que exigem a abdicação do individual em favor da comunidade, ela é legítima e tem o direito de existir. (Renan, 1996 [1882], p.52-4)

Os conceitos de Renan foram retomados após a Primeira Guerra Mundial por Hayes e Kohn, que com ele convergiram na ideia de que as nações não são "tão antigas quanto a história". Kohn, em sua obra de 1944, *The Idea of Nationalism: A Study in its Origins and Background*, também rejeitou a definição do nacionalismo a partir de atributos objetivos como o território, o idioma ou a descendência comum. Contudo, tampouco avançou em direção a uma definição objetiva do conceito, o qual via como "refratário a uma definição clara" (Kohn, 1984 [1944], p.24). A maior contribuição de Kohn para o debate sobre o nacionalismo residiu na tentativa de entender e datar sua origem, que ele identificou na Revolução Francesa, associando-o à industrialização e à democracia. De todo modo, a partir dos trabalhos de Hayes e Kohn – que Hobsbawm (1990, p.12) chamou de os "pais fundadores gêmeos" do estudo acadêmico do nacionalismo – estabeleceu-se uma visão crítica sobre os supostos pressupostos "naturais" das nações e dos nacionalismos.

Na literatura das décadas de 1950 e 1960, a negação do caráter "natural" dos nacionalismos, retomada no pós-guerra, também é corroborada por autores da "Teoria da Modernização",[2] como Karl Deutsch – especialmente sua obra *Nationalism and Social Communication* (1953) – e Ernest Gellner, no texto que se tornou um clássico no estudo da questão nacional, publicado como o capítulo 7 de seu *Thought and Change* (1964).

---

2   A "Teoria da Modernização", muito popular nas décadas de 1950 e 1960, especialmente nos Estados Unidos, pressupunha que a transformação dos hábitos e instituições das sociedades "tradicionais", expostas ao contato com as sociedades "modernas", dar-se-ia de forma progressiva e inexorável, seguindo *grosso modo* a trajetória já percorrida pelos países então mais adiantados. Seu corolário (que não se comprovou empiricamente) é que, com a ampla difusão das técnicas e atitudes modernas, os países menos "adiantados" (as sociedades "tradicionais") transitariam quase necessariamente para uma situação similar – em níveis de vida, hábitos de consumo etc. – à das sociedades "modernas".

Nessa visão, a nação (e o nacionalismo) é explicada tendo como pano de fundo a grande transformação trazida pela modernização. Nas sociedades modernas, a necessidade de comunicações cada vez mais complexas teria elevado a importância da cultura, concebida de modo amplo como as maneiras como as pessoas se comunicam. A cultura teria assim, em parte, substituído as instituições, o que faria o papel de cada indivíduo nessa nova sociedade "moderna" derivar mais da própria cultura do que de estruturas relativamente fixas. A cidadania (nessa visão, "a associação moral numa comunidade moderna") pressupõe a alfabetização em massa. Isso, por sua vez, só é possível graças a um sistema educacional operando e difundindo uma língua (em alguns casos, mais de uma), escolhida para servir a esse propósito. O nacionalismo seria, portanto, uma "necessidade sociológica", decorrente do processo de modernização, que criaria os nacionalismos e, por seu turno, estes seriam instrumentais na retroalimentação do processo de modernização (ou seja, num mecanismo de *feedback*, para usarmos um termo caro aos teóricos da Teoria da Modernização).

Gellner, por sua vez, entendia que a propagação da modernização desestruturou as unidades preexistentes, fossem vilas, tribos, feudos, reinos ou impérios. As diferenças geradas entre as pessoas e regiões atingidas pelo processo de modernização em ritmos distintos (ou seja, entre os mais e os menos modernos) estariam na base do surgimento dos nacionalismos, como uma reação da população mais atrasada à onda modernizadora. Nessas regiões atrasadas, "seus intelectuais (isto é, a pequena minoria que compartilha os padrões avançados da outra região) vão trocar uma cidadania de segunda classe por uma cidadania de primeira classe e maiores privilégios, baseados na escassez de seus talentos". Nesse processo, acrescenta Gellner, "seu proletariado vai trocar o trabalho duro acompanhado de discriminação por, possivelmente, trabalho ainda mais duro, acompanhado de identificação nacional" (Gellner, 1964, p.172).

O dia em que adiaram o Carnaval

Os nacionalismos seriam, assim, um atributo e uma necessidade sociológica da modernização. Seu aparecimento nas sociedades modernas decorreria de sua função de alimentar o próprio processo de modernização. Nas sociedades atrasadas, o nacionalismo surgiria como uma reação à discriminação que determinados grupos passaram a sofrer das regiões mais modernas, caso estivessem presentes diferenças étnicas ou culturais relevantes.

A obra *Nationalism*, de Elie Kedourie, publicada em 1960 e referenciada por Gellner em seu trabalho de 1964, enfocou a questão de modo distinto, centrando-se na história das ideias que deram origem ao conceito. Logo na primeira página da obra o nacionalismo é definido como:

> Uma doutrina inventada na Europa no início do século XIX. Ele pretende ser *um critério para a determinação da unidade de população adequada para gozar de um governo próprio, para o exercício legítimo do poder do Estado e para a boa organização da sociedade de Estados.* Em resumo, a doutrina reza que a humanidade é naturalmente dividida em nações e que as nações são reconhecíveis por certas características discerníveis e que o único governo legítimo é o nacional. (Kedourie, 1994 [1960], p.1, grifo meu)

Kedourie buscou as raízes da ideia nacional na noção de autodeterminação desenvolvida por Immanuel Kant como centro de sua teoria ética. Esse conceito, ampliado por outros autores (em especial, Friedrich Fichte), foi levado do plano individual para o campo político, tendo como corolário a noção de que a verdadeira autodeterminação dos indivíduos teria de partir da autodeterminação nacional. Kedourie sustentou ser impossível deduzir de qualquer conjunto de condições o sucesso ou o fracasso do nacionalismo. Pode-se, evidentemente, descrever a difusão, a influência e a operação dos movimentos nacionalistas em cada caso, na medida da boa compreensão do sistema político em questão, de seu contexto e das suas circunstâncias, e da análise das ações dos atores envolvidos; mas seria "inadequado – na verdade, completamente impossível – buscar estabelecer se a expansão do nacionalismo numa área determinada era inevitável ou não, se foi 'normal' ou uma 'aberração'". Para ele, "essas categorias não podem pertencer ao pensamento histórico" (Kedourie, 1994, p.139).[3]

No posfácio da edição de 1994 do seu livro, Kedourie criticou a tese do nacionalismo como "necessidade sociológica" de um determinado momento histórico. Para ele,

> essa tentativa de ver o nacionalismo como um requisito para a industrialização ou uma reação a ela não se coaduna com a cronologia nem do nacionalismo nem da industrialização. O nacionalismo como doutrina foi articulado em terras de língua alemã onde não havia nenhuma industrialização, por pensadores que em si não estavam conscientes de que estavam reagindo ou fornecendo um requisito necessário para a industrialização. (Kedourie, 1994, p.143)

Em suma, Kedourie propôs o abandono da busca de causas gerais que explicassem a emergência do nacionalismo em sociedades e contextos tão díspares como os observados empiricamente. Na sua visão, o estudo da questão devia apenas procurar tornar inteligível a expansão do nacionalismo nos países europeus e no resto do mundo, bem como explicar, em cada caso, o sucesso ou o fracasso de determinados movimentos nacionalistas.

> Em resumo, por muitas razões que podem ser especificadas, um estilo ideológico de política tornou-se atrativo e popular depois da Revolução Francesa. É característica inerente desses movimentos nacionalistas partilhar com outros movimentos ideológicos esse estilo. Ademais, essas doutrinas políticas originárias da Europa tomaram

---

3 Esta argumentação (e a que segue) encontra-se no posfácio escrito pelo autor e incluído na 4ª edição da obra, de 1994. Nele, Kedourie dialoga com os principais críticos do seu trabalho – em especial, Gellner e os críticos de extração marxista.

conta do mundo por causa da preponderância europeia. O seu poder tecnológico serviu, em particular, para criar um contato íntimo com regiões que por séculos viveram em isolamento, ao passo que o seu prestígio assegurou uma recepção respeitosa (para não dizer servil) dos seus hábitos, preferências e ideias – e especialmente da sua linguagem política e do seu estilo. (Kedourie, 1994, p.139-40)

O fenômeno nacional também foi objeto das preocupações de autores marxistas. Não se pode, entretanto, falar de uma abordagem consensual sobre o nacionalismo no âmbito das diversas correntes e dos muitos autores marxistas. O tratamento do tema varia da clássica interpretação do nacionalismo como simples epifenômeno do modo de produção capitalista ao destaque dado ao conceito, por exemplo, por Anderson (1989).

Não se pode identificar na obra de Marx uma doutrina sistemática ou mesmo uma definição precisa de nacionalismo. Nos seus textos iniciais, a questão é abordada tangencialmente, mas ressaltando o caráter internacionalista do movimento proletário e sugerindo que, quando de sua vitória, o proletariado daria continuidade ao trabalho de abolição dos antagonismos nacionais, já iniciado pela burguesia com sua doutrina liberal e livre-cambista. Nos escritos posteriores – em especial, ao tratar do problema irlandês – Marx reformulou a sua posição para propor que a burguesia, ao contrário, tendia a acirrar os antagonismos nacionais, por três razões: 1) a luta das potências capitalistas por mercados; 2) a utilização do discurso nacional como forma de reação dos povos explorados; e 3) a utilização do nacionalismo radical como instrumento ideológico de dominação das burguesias sobre os proletariados nacionais.

Já para Engels havia uma distinção essencial entre os "povos históricos" e os povos "não históricos" – que não puderam criar um Estado ou cujo Estado foi destruído e desapareceu, condenando esses povos a terem sua identidade nacional igualmente destruída. O princípio da autodeterminação restringir-se-ia, assim, somente às nações "históricas" e, em todos os casos, estaria subordinado às exigências da causa operária. De fato, "para Marx e Engels, a questão nacional não passa de um problema subalterno cuja solução será alcançada automaticamente graças às mudanças sociais trazidas pelo desenvolvimento econômico. As nações viáveis superarão todos os obstáculos, ao passo que as 'relíquias de povos' ver-se-ão condenadas a desaparecer" (Löwy, 1974, p.17).[4]

Em 1887, Karl Kautsky publicou um texto que serviu de referência no debate marxista sobre a questão nacional: *A nacionalidade moderna* (Kautsky, 1974, p.115-27). Nesse artigo, postulou que o Estado nacional era o principal instrumento de formação da nação moderna, sendo seu mercado "nacional" o agente de sua formação e a língua comum, seu verdadeiro elemento de coesão e identidade. As proposições de Kautsky deram um novo alento à ideia nacional dentro do pensamento marxista, e podem ser contrastadas com as noções de Renan (um autor fora dos quadros marxistas), apresentadas cinco anos antes.

A eclosão do movimento revolucionário na Rússia, em 1905, fez crescer a importância do problema nacional para os teóricos marxistas. Nesse contexto, deu-se a contribuição de Rosa Luxemburgo para o debate, especialmente numa série de artigos intitulados *A questão nacional e a autonomia* (publicados a partir de 1908). Ela entendia a nacionalidade como absolutamente subordinada à luta do proletariado e condenava os movimentos nacionalistas, que via como um obstáculo à conscientização da classe operária. Muito concretamente, opôs-se ao nascente nacionalismo polonês, por (no seu entender) estar então a Polônia já demasiadamente integrada à economia russa.

Às vésperas da Revolução Russa, o debate sobre a questão nacional no âmbito do marxismo ampliou-se e diversificou-se grandemente, influenciado pelo impacto das análises sobre os

---

4   Esta seção se apoia na ampla seleção de textos "clássicos" do marxismo sobre a questão do nacionalismo contida em Haupt *et al.* (1974).

O dia em que adiaram o Carnaval

problemas concretos da tentativa de criar um Estado socialista a partir de um império agrário e multiétnico, e da crescente internacionalização da economia sob a égide do imperialismo. Viena, capital de outro império multiétnico, tornou-se um importante centro de reflexão com a fundação da chamada escola "austro--marxista" (liderada por Otto Bauer), que procurava entender a questão nacional como um problema social. Bauer rejeitava a ideia de Kautsky, que identificava a nação com o Estado capitalista, considerando a língua o fator essencial do fenômeno nacional. Para ele, "a nação é o conjunto de homens ligados por um destino comum e características comuns" (Bauer, 1974, p.47), definição que se pretendia mais um postulado metodológico do que uma fórmula normativa. A definição de nação seria feita caso a caso, buscando-se critérios objetivos para precisá-la. Bauer aduziria que o "centro de gravidade de minha teoria da nação não reside na definição de nação, mas na descrição desse processo de integração que cria a nação moderna" (Bauer, 1974, p.48). Refutava, em consequência, o axioma do marxismo ortodoxo que previa a desaparição das nacionalidades em virtude do desenvolvimento das forças econômicas. Ao lado do nivelamento das diferentes culturas, o desenvolvimento do capitalismo traria uma progressiva diferenciação e o reforço dessas culturas à medida que a classe operária tivesse mais acesso aos bens culturais.

A posição de Bauer recebeu muitas críticas. Sua resposta mais radical foi o "internacionalismo intransigente" de J. Strasser e A. Pannekoek – que, retomando as posições ortodoxas, consideravam o fato nacional um fenômeno transitório e estranho ao movimento operário. A nação seria apenas uma estrutura ideológica criada pela burguesia para a conquista de uma clientela, um mercado e um território de exploração.

A situação do império russo às vésperas da Primeira Guerra criou a necessidade de um posicionamento claro do movimento operário russo diante da questão nacional. O já poderoso apelo aos sentimentos nacionalistas, traduzido na defesa do princípio da autodeterminação, chocava-se com a necessidade de unidade do operariado para superar as múltiplas divisões nacionais no âmbito do império, então em acelerada decomposição. Apoiando--se nas formulações de Kautsky (em especial na ênfase dada à unidade linguística), Lenin respondeu a esse desafio teórico e prático com formulações que depois se tornariam a doutrina oficial do jovem Estado soviético. Ele opôs-se às teses austro--marxistas sobre a autonomia cultural nacional e, contra elas, ofereceu a visão de que os marxistas deveriam lutar contra toda a opressão de uma nação contra a outra, mas sem sustentar o nacionalismo burguês ou pequeno-burguês. Ao contrário de Rosa Luxemburgo (cujas teses refutou), Lenin complementava o interesse em consolidar grandes unidades territoriais e políticas com uma renovada ênfase ao direito de autodeterminação dos povos, que sempre defendeu vigorosamente – desde seu artigo *Do direito das nações de dispor de si próprias* (Lenin, 1974, p.335-50), de 1914, aos seus últimos escritos, ditados aos seus secretários em 1922, quando atacou o chauvinismo russo no processo de consolidação da URSS. Para Lenin, somente a garantia do direito à autodeterminação tornava possível a associação livre e voluntá-ria entre as nações que, no longo prazo, permitiria a dissolução natural de suas diferenças. Assim, apenas o reconhecimento pelo movimento operário desse direito de separação permitiria elimi-nar as desconfianças e os ódios das nacionalidades oprimidas e uni-las no combate comum contra a burguesia.

No início, a posição de Stalin sobre o nacionalismo coincidiu amplamente com a de Lenin. Chegaram, inclusive, a pesar sus-peitas de que seu célebre artigo *O marxismo e a questão nacional*, de 1913, na realidade, teria sido escrito por Lenin. Não parece ser o caso. De todo modo, esse texto foi aplaudido por Lenin e considerado por Stalin sua maior contribuição ao debate teórico marxista, criando as bases para sua condição de "especialista" na questão das nacionalidades dentro do Estado soviético. Sua definição de nação acabou por se tornar amplamente aceita e

O dia em que adiaram o Carnaval

frequentemente citada. Nela, ele busca construir uma concepção que supere as contradições das fórmulas de Kautsky e Bauer. Para Stalin, "a nação é uma comunidade humana estável, historicamente constituída, nascida de uma comunidade de língua, território, vida econômica e formação física que se traduz numa comunidade cultural" (Stalin, 1974, p.313).

Com a vitória da revolução bolchevique, a questão das nacionalidades dentro da URSS tornou-se um tema especialmente caro a Stalin, de origem georgiana. As suas posições menos flexíveis com relação aos anseios de autonomias "nacionais" dentro da URSS acabaram por distanciá-lo de Lenin, cujo chamado "último debate" (1922) foi justamente contra o que denominou de nacionalismo russo de Stalin. Seria um erro, no entanto, superestimar as diferenças entre os dois líderes sobre a questão nacional. A URSS foi, afinal, "o primeiro Estado do planeta a institucionalizar o federalismo étnico-territorial, classificando os seus cidadãos de acordo com sua nacionalidade biológica e prescrevendo formalmente um tratamento preferencial para certas populações etnicamente definidas" (Slezkine, 1996, p.204). Essas políticas anteciparam, em muitas décadas, as práticas de "ação afirmativa" adotadas nos Estados Unidos e em outros países desenvolvidos do Ocidente.

O Estado soviético equacionou o tema das nacionalidades com a questão do atraso econômico e social em certas regiões, e apresentou o tema como uma oposição entre os russos e as outras nacionalidades da URSS. Os primeiros pertenceriam a uma nação mais avançada, com um senso de nacionalidade já bem desenvolvido; os demais foram retratados como vítimas de uma política de destruição do sentido nacional, imposta pelo tzarismo. Para superar essa situação, foi adotada uma complexa política de quotas nacionais para o preenchimento de cargos nos diversos níveis. "A ditadura do proletariado era uma Torre de Babel na qual todas as línguas tinham de ter seu quinhão correspondente em todos os níveis" (Slezkine, 1996, p.221).

A análise da questão nacional por autores contemporâneos de orientação marxista tem sido igualmente rica e variada. O traço comum das abordagens mais voltadas para as condições estruturais da construção do conceito é a visão mais histórica do fenômeno, relacionando-o diretamente à transição do feudalismo para o capitalismo. Esse tipo de análise vincula o processo de formação nacional a processos mais amplos de transformação social, como a industrialização e a penetração das relações capitalistas no campo, enfatizando a mediação exercida pelo aumento da mobilidade social e geográfica, o aumento da renda disponível ao campesinato, a disseminação da alfabetização etc.[5]

Também dentro do espectro do marxismo contemporâneo, mas com enfoque bastante distinto, merece especial destaque a contribuição de Anderson (1989), evocando as "comunidades imaginadas" e o trabalho de Hobsbawm e Ranger (1997) sobre a "invenção das tradições". Essas obras representam uma corrente que elevou as discussões sobre o nacionalismo das determinações estruturais ao terreno dos discursos, identidades e geração de significados.

Em obra de nome sugestivo, *A invenção das tradições*, Hobsbawm e Ranger desnudaram o processo de criação de pretensas "tradições" a partir de elementos ou práticas sociais, antigas ou não, para servir de sustentação ideológica de novas instituições sociais. Os diversos nacionalismos, no seu desenvolvimento, ao longo dos séculos XIX e XX, têm sido usuários privilegiados desse processo de "invenção de tradições", no qual a falsificação de fatos históricos e a criação, divulgação e mitificação de histórias e personagens que jamais existiram é prática recorrente. Um exemplo interessante é o caso da "invenção" (pelo poeta escocês James MacPherson) do bardo Ossian, de língua celta, que teria vivido no século II. "James MacPherson recolheu baladas irlandesas na Escócia, escreveu um poema 'épico' no qual

---

5   Um bom exemplo dessa abordagem está em Hroch (1996, p.60-77).

o cenário já não é irlandês, mas escocês, e depois descartou as baladas genuínas como composições posteriores, cópias de Ossian" (Trevor-Roper apud Hobsbawm e Ranger, 1997, p.27). A obra desse "Homero celta" (uma falsificação completa!) serviu para fundamentar a originalidade da literatura e das tradições escocesas.

A construção da nacionalidade não é um processo espontâneo. Ao contrário, exige um trabalho intelectual deliberado e consistente. A existência de uma língua comum não basta e, inclusive, em poucos casos, não chega a ser condição *sine qua non*. No entanto, é forçoso reconhecer que a língua, ainda que não seja precondição, é um elemento importante no que Eley e Suny classificaram acertadamente como um "complexo processo de inovação cultural", que pressupõe "um duro trabalho ideológico, propaganda cuidadosa e imaginação criativa". A ampla gama de instrumentos operados nesse processo é bem ilustrada pelos dois autores:

> Dicionários e escolas primárias estão entre os primeiros e mais importantes artefatos culturais de uma tradição nacional. O mesmo pode ser dito de outros aspectos da cultura nacional, incluindo a literatura, a poesia, o teatro, a música, a ópera e as artes plásticas; festivais populares e sociedades literárias; ou a invenção de novos rituais e insígnias, como bandeiras, hinos e a comemoração de eventos heroicos. Um caso especial dessa atividade é a tentativa quase universal de recolher e adaptar para novos objetivos práticas costumeiras de gente comum, como canções e danças folclóricas ou histórias da tradição oral. De forma mais fundamental, devemos mencionar a tentativa de criar e manipular uma visão particular do passado (invariavelmente um mito de origem, destinado a estabelecer ou legitimar o pleito à autonomia cultural e, eventualmente, à independência política). (Eley; Suny, 1996, p.7-8)

A criação de um sentimento nacional é, portanto, uma tarefa bastante complexa, mesmo quando parte de tradições populares preexistentes. O estabelecimento da unidade linguística pela implantação de uma rede pública de ensino e a progressiva alfabetização da população são tarefas de fôlego, complementadas pela manipulação das eventuais tradições preexistentes (ou mesmo a invenção de novas) e a adoção de símbolos e rituais que sirvam de referência comum para a identificação de cada indivíduo com a nação. A isso, deve-se agregar também o persistente trabalho intelectual dirigido a dar sentido e perenidade à história comum proposta para aquela determinada nação. Parte desse processo é também a criação de um "outro" à comunidade nacional, a alteridade na forma da imagem do estrangeiro, muitas vezes como vizinhos hostis e agressivos, responsáveis por agravos, imaginários ou reais, à integridade e ao bem-estar da nação.

O caráter subjetivo do fenômeno nacional e a sua natureza como *processo de inovação cultural* são também realçados por Anderson em seu trabalho *Nação e consciência nacional* (*Imagined Communities: Reflections on the Origin and Spread of Nationalism*). Ele entende que o nacionalismo é um artefato cultural criado no fim do século XVIII, como "destilação espontânea de um 'cruzamento' complexo de forças históricas" (Anderson, 1989, p.12-3). Esse modelo, uma vez consolidado, tornou-se, em suas palavras, "modular" (isto é, passível de ser transplantado, de modo intencional ou não, para uma grande variedade de contextos sociais). O cerne do conceito de nação, para Anderson, está no seu caráter de "comunidade política imaginada (e imaginada como implicitamente limitada e soberana)" (Anderson, 1989, p.14).[6]

---

6   Anderson explica sua definição de nação da seguinte forma: "[Uma nação é] uma comunidade política imaginada (e imaginada como implicitamente limitada e soberana). Ela é *imaginada* porque nem mesmo os membros das menores nações jamais conhecerão a maioria dos seus compatriotas (nem os encontrarão, nem sequer ouvirão falar deles), embora na mente de cada um esteja viva a imagem da sua comunhão. [...] A nação é imaginada como *limitada* porque até a maior delas (que abarca talvez um bilhão de seres hu-

Ao analisar o nacionalismo como doutrina, Anderson ressaltou seu caráter particular, que o diferencia de outras doutrinas políticas. Para ele, "o nacionalismo deve ser compreendido pondo-o ao lado não das ideologias políticas abraçadas conscientemente, mas dos sistemas culturais amplos que o precederam e a partir dos quais (bem como, em oposição aos quais) passou a existir" (Anderson, 1989, p.20). No seu entender, os dois "sistemas culturais amplos" relevantes para a compreensão das origens do nacionalismo são a comunidade religiosa e o reino dinástico.

Como precondição do despertar do sentimento nacional, três conceitos longamente estabelecidos enfraqueceram-se ou foram inteiramente abandonados:

a) A crença de que uma determinada língua escrita (latim, árabe clássico etc.) oferecia acesso privilegiado à verdade e à divindade, confundindo-se, de certo modo, com a própria divindade;

b) A ideia de que os monarcas eram, de algum modo, distintos dos demais seres humanos e que governavam em virtude de uma disposição divina; e

c) Uma concepção de tempo que confundia história com cosmologia.

A superação da ideia de que o latim, no Ocidente, teria precedência sobre as diversas línguas vernáculas contribuiu para

---

manos) possui fronteiras finitas, ainda que elásticas, para além das quais se encontram outras nações. [...] É imaginada como *soberana* porque o conceito nasceu numa época em que o Iluminismo e a Revolução estavam destruindo a legitimidade do reino dinástico hierárquico, divinamente instituído. [...] Finalmente, a nação é imaginada como *comunidade* porque, sem considerar a desigualdade e a exploração que atualmente prevalecem em todas elas, a nação é sempre concebida como um companheirismo profundo e horizontal. Em última análise, esta fraternidade é que tornou possível, no correr dos últimos dois séculos, que tantos milhões de pessoas não só matem, mas morram voluntariamente por imaginações tão limitadas". (Anderson, 1989, p.14-6, grifos no original).

acentuar as diversas particularidades locais, permitindo que estas prevalecessem sobre a lealdade a uma difusa comunidade cristã. Do mesmo modo, a erosão da crença na origem divina do poder dos soberanos e a separação entre história e teologia também abriram espaço para a adoção dos nacionalismos como fonte de legitimação do poder do Estado.

Vale dizer que a erosão dessas crenças não é uma decorrência do nacionalismo (que, ao contrário, dela se aproveita), mas de movimentos intelectuais distintos e mais amplos como a Reforma e o Iluminismo. Essa revolução intelectual não se fez no vazio, mas sim concomitantemente com as profundas transformações das antigas estruturas sociais e econômicas trazidas pelo nascente capitalismo. Anderson ressalta, nesse processo, o papel estratégico desempenhado pela emergência do que denominou de *capitalismo editorial*, com a difusão da imprensa e a circulação, em bases comerciais, de panfletos, jornais, revistas e livros. A expansão da imprensa e do capitalismo editorial (que, tendo atendido rapidamente à demanda em latim, voltou-se para as diversas línguas vernáculas) criou comunidades de intercâmbio abaixo do latim, mas acima da miríade de dialetos e variações das línguas vernáculas faladas. A criação dessas comunidades de comunicação desempenhou um papel fundamental na criação de um sentimento coletivo de comunidade, ao ressaltar e solidificar vínculos que interligavam os membros desses grupos sociais. Esse processo também ampliou o alcance das diversas línguas vulgares e consolidou um padrão de linguagem que serviu para a convergência e a redução das grandes diferenças e variedades de dialetos.

> Os falantes da enorme variedade de línguas francesas, inglesas ou espanholas (que poderiam achar difícil, ou até impossível, compreender-se em conversa) passaram a ser capazes de compreender uns aos outros por meio da imprensa. No decorrer do processo, tornaram-se gradativamente conscientes das centenas de milhares (até mesmo milhões) de pessoas existentes no seu determinado

campo linguístico e, ao mesmo tempo, que *apenas essas* centenas de milhares ou milhões a ele pertenciam. Esses coleitores (a que estavam ligados pela imprensa) formavam, na sua visível invisibilidade secular e peculiar, o embrião da comunidade nacionalmente imaginada. (Anderson, 1989, p.54, grifo no original)

O capitalismo editorial, por necessidade prática, contribuiu com as línguas vernáculas dotando-as de uma inédita fixidez e consistência – o que, a longo prazo, ajudou também a construir a imagem de antiguidade e atemporalidade da língua, tão cara à noção subjetiva de nação. Consolidou também a prática da adoção das línguas vernáculas como *línguas de poder*, utilizadas nos atos e registros burocráticos, legais e administrativos.

Foi com base nesse cenário – resultante da "convergência do capitalismo e da tecnologia da imprensa sobre a diversidade fatal das línguas humanas [que] criou a possibilidade de uma nova forma de comunidade imaginada" (Anderson, 1989, p.56) – que a Revolução Francesa e as independências das colônias inglesas, espanholas e portuguesas propagaram, nas Américas, um modelo de nação que, no entender de Anderson,[7] foi copiado e adaptado pelos demais movimentos nacionais (mesmo os europeus) a partir do século XIX.

Essa abordagem do nacionalismo como fenômeno ideológico traz importantes contribuições para seu entendimento, mas não deve obscurecer o fato de que *o nacionalismo é um fenômeno eminentemente político*. Independentemente de suas origens, foi a conjugação do poder de mobilização do nacionalismo com as instituições e o aparato estatal que potencializou o nacionalismo como fonte de legitimação e como a ideologia política dominante

---

7 A tese de Anderson sobre a precedência histórica das nações americanas como modelos para os Estados-nações que se seguiriam não é, no entanto, consensual. Hastings (2001) e Greenfeld (1992), por exemplo, apontam a Inglaterra como o "primeiro" Estado-nação, já no século XVII, seguido de Holanda, Espanha, França, Dinamarca, Suécia e Portugal.

nos séculos XIX, XX e, ainda, neste início do XXI. Para que seja efetivo, o poder não pode ser exercido apenas com base na força e na coerção, mas – talvez principalmente – pela lealdade e adesão espontânea, baseado num consenso sobre sua legitimidade. Essa questão foi bem analisada por Baczko, que mostra a necessidade de "inventar e imaginar" a legitimidade do poder (um processo que será vivido também no caso dos movimentos nacionais). Segundo esse autor,

> toda sociedade deve inventar e imaginar a legitimidade que ela concede ao poder. Dito de outro modo, todo poder deve necessariamente enfrentar a questão de sua arbitrariedade e matizá-la, reclamando uma legitimidade. De fato, nenhuma cultura e, portanto, nenhum poder pode ser deduzido de qualquer princípio universal, físico, biológico ou espiritual, não sendo produto de nenhuma espécie de relação inerente à "natureza das coisas" ou à "natureza humana". Ao contrário, todo poder deve-se impor não apenas pela força, mas também pela ideia de legitimidade. Assim, na legitimação de um poder, as circunstâncias e os eventos que resultam de sua formação têm tanta influência quanto o imaginário que lhe dá origem e que envolve o poder estabelecido. Às relações de poder e aos mecanismos de repressão somam-se assim, em graus variáveis, relações de sentido. (Baczko, 1984, p.33)

Os estudos empíricos sobre movimentos nacionais particulares realizados nas últimas décadas vêm confirmando o caráter artificial ou fabricado das nacionalidades criadas nos séculos XIX e XX. O surgimento de nações não foi decorrência natural ou lógica de características objetivas e empiricamente verificáveis das populações. A viabilidade de um movimento nacionalista tem relação bastante arbitrária com os padrões preexistentes de organização social, o que não quer dizer que a ideia de etnia, um território aceito como comum, uma língua ou uma cultura partilhadas não sejam bases para a identidade ou para a consciência de comunidade. Porém, para que esta se torne *nacionalista*, deve ocorrer alguma forma de intervenção política. Breuilly é um dos autores que enfatizam o caráter eminentemente político do nacionalismo:

> Concentrar-se em cultura, ideologia, identidade, classe ou modernização é negligenciar o ponto fundamental de que o nacionalismo é, acima de tudo, política – e política é poder. O poder, no mundo moderno, gira basicamente em torno do controle do Estado. A questão central, portanto, deve relacionar o nacionalismo com o objetivo de obter e utilizar o poder estatal. O que devemos compreender é por que, no mundo moderno, o nacionalismo tem sido tão frequentemente central para tal objetivo. Para entender isso, precisamos examinar com atenção como o nacionalismo opera como força política e o que, no mundo moderno, faz o nacionalismo tão importante. Desse ponto de partida, podemos então passar a considerar as contribuições da cultura, da ideologia, da classe e muitas outras. (Breuilly, 1985, p.2)

É, portanto, somente quando conjugado ou criado pela ação do Estado que o nacionalismo atinge sua forma plena. Não é de estranhar a frequência com que o Estado precede a nação. Na verdade, seguindo-se a lógica do argumento nacionalista, a nação só atinge sua plenitude com a soberania política. Assim,

> o argumento nacionalista é uma doutrina baseada em três asserções: a) existe uma nação com características explícitas e peculiares; b) os interesses e valores dessa nação têm prioridade sobre todos os outros interesses e valores; e c) a nação deve ser tão independente quanto possível. Esse último pressuposto requer, pelo menos, a soberania política. (Breuilly, 1985, p.3)

O cerne do argumento nacionalista está nos três pontos citados. Deles decorre a ideia de que o globo deveria estar organizado em nações, cada uma delas dotada de um território definido e de um povo com características étnicas e/ou culturais particulares que o diferencie dos das outras nações. Esse conjunto de território e povo deveria contar com um Estado próprio que dispusesse de soberania plena. A difusão desse padrão, que passou a ser adotado (ao menos em tese) em todo o globo, fez que, no espaço de pouco mais de um século (das Revoluções Americana e Francesa às primeiras décadas do século XX), as nações passassem a ser vistas como entidades naturais e eternas.

A conjunção entre o Estado e a ideia de nação sacralizou o território como o outro elemento essencial da "santíssima trindade" do nacionalismo: Estado, Povo e Território. De modo geral, os limites das tribos, dos reinos dinásticos e de impérios da antiguidade não eram perfeitamente definidos, abrangendo muitas vezes regiões mal delimitadas e pouco conhecidas. Nesses casos, as relações de subordinação, lealdade e afeto dos indivíduos com seus líderes davam-se primordialmente pela ideia de laços étnicos ou religiosos. Ainda que sempre estivesse presente uma noção de pátria, muito raramente os contornos dessa pátria ultrapassavam os horizontes das montanhas ou dos bosques da infância de cada um.

No caso do Estado-nação, os contornos do *corpo da pátria* (Magnoli, 1997) passam a ser uma questão primordial. O Estado só é soberano sobre seu próprio território e este deve estar perfeitamente delimitado para afastar as pretensões de outros Estados sobre aquele território. Nesse novo referencial ideológico, a nação passou a ser a fiadora do território. Certamente, a identificação do Barão do Rio Branco com o processo de definição do território brasileiro é uma das chaves para a compreensão da força de sua identidade com a nação, de seu lugar no imaginário comum como um dos "pais fundadores" da nacionalidade brasileira.

Uma das características que definem os Estados é sua capacidade de comportar-se de forma coerente diante de ameaças ou oportunidades que venham de fora de seu território, em especial quando partem de outros Estados. A política externa de um Estado é, portanto, um elemento fundamental para seu sucesso, seja na tarefa de definição de suas fronteiras, seja no aproveita-

O dia em que adiaram o Carnaval

mento de oportunidades ou na defesa da coletividade. A própria identidade de um Estado – e, no mundo atual, de uma nação – é construída, em muitos sentidos, a partir de sua relação com os demais Estados. As identidades são sempre construídas, nunca dadas naturalmente. E, de modo muito marcado, as identidades são também sempre relacionais: a identidade de A se define em relação a B, e vice-versa.

As nações são construções ideológicas de caráter marcadamente político (ainda que sustentadas em argumentos culturais, étnicos etc.). Parte fundamental desse processo é a definição da alteridade à nação que se pretende afirmar. A construção do "outro" é peça-chave no discurso sobre a própria identidade. Ser brasileiro foi, em alguns momentos, não ser português e não ser africano; em outros, distinguir-se dos vizinhos hispânicos; às vezes, ser antiestadunidense; e assim por diante. Num mundo de Estados-nações, a política externa é fator primordial na definição do caráter da nação.

2
Brasil ou Brasis?

O Brasil não era, em realidade, apenas um, mas era constituído por uma série de colônias. Os ingleses tinham razão quando falavam, nos séculos XVII e XVIII, dos "Brasis", pois havia de fato mais de uma colônia. (Schwartz, 2000, p.112)

Já é bastante consolidada na historiografia a noção de que não existia entre os habitantes da vasta colônia portuguesa no continente americano um sentimento "nacional", nem necessariamente uma ideia de identidade entre as diversas províncias, cujos laços com a metrópole eram, muitas vezes, mais intensos e mais constantes do que com as demais regiões da colônia americana. Muitos eram os fatores que contribuíam para a formação de um verdadeiro arquipélago de pequenas (na verdade, ainda muito extensas em termos de tamanho) "pátrias" locais: a vastidão do território, a precariedade dos meios de comunicação e de transportes, a orientação econômica voltada para a exportação e as próprias políticas da Coroa portuguesa. No espaço do império ultramarino português, estava destinado aos territórios coloniais o papel de fornecedores de rendas e matérias-primas para a metrópole que tinha neles um mercado seguro, na medida em que a manufatura estava proibida e o comércio era monopolizado. Ao contrário das colônias espanholas, não era permitido fundar instituições educacionais de nível superior, tampouco imprimir livros ou periódicos, cuja importação era rigorosamente controlada.

Naturalmente, houve brechas nessa orientação vertical das diversas zonas coloniais em direção à metrópole e criaram-se também relações de complementaridade econômica e outros tipos de intercâmbios sociais entre os territórios coloniais (e inclusive entre zonas de colonização portuguesa e espanhola). É interessante notar que no estudo desses fluxos não se encontrará uma prefiguração do território depois estabelecido como brasileiro. O caráter escravista da produção agroexportadora da Colônia obrigou a criação de uma economia bipolar unindo as zonas de produção escravistas no Brasil e as zonas de reprodução de escravos no continente africano (Alencastro, 1987). Num desafio ao monopólio comercial da metrópole, esse comércio intracolonial acabou dominado por traficantes luso-americanos, fato considerado problemático pelas autoridades de Lisboa que, para solucioná-lo, cogitaram conceder "privilégios, graças ou isenções" aos comerciantes da metrópole e assim contornar os "gravíssimos inconvenientes que podiam resultar a este Reino em deixarmos o comércio da Costa d'África nas mãos dos americanos" (apud Costa, 2000, p.31). Os intercâmbios e interesses entre algumas regiões da colônia americana e da África eram, portanto, mais intensos do que entre muitas das várias "pátrias" da América portuguesa. A descontinuidade geográfica de regiões separadas por um *rio chamado Atlântico* (Costa e Silva, 2003) não altera fundamentalmente essa realidade. Um "país" unindo, por exemplo, o atual estado da Bahia e regiões da África foi, em algum momento, uma possibilidade mais concreta do que uma nação de dimensões continentais, abrangendo desde a capitania do Grão-Pará até a de São Pedro do Rio Grande.

Do mesmo modo, ao sul, criou-se em torno da Colônia de Sacramento uma rede de interesses que resultou num intrincado jogo de conflito e cooperação entre autoridades espanholas, portuguesas e interesses locais, nas duas margens do Rio da Prata, animado pelo trânsito desse metal precioso desde as zonas mineradoras bolivianas. De fato, o abastecimento de prata, fundamental para a dinamização do incipiente meio circulante da colônia portuguesa, gerou um fluxo de comércio desde o Alto Peru até São Paulo e Bahia, mediante o qual o metal precioso era trocado por açúcar e outros bens de consumo. Essa corrente de comércio contribuiu para o crescimento de Buenos Aires, onde se instalou um importante núcleo de comerciantes portugueses. A possibilidade de as regiões meridionais da colônia portuguesa seguirem um caminho próprio foi bastante real, como o demonstram a Revolução Farroupilha e a própria impossibilidade de reter a Província Cisplatina.

Os desenhos possíveis para as nações que surgiram do desmonte do império colonial português (no século XIX, na América, e, apenas na segunda metade do século XX, na Ásia e na África) não estavam de nenhum modo predeterminados. A hipótese de uma independência "brasileira" que abrangesse territórios na África era concreta o bastante para alarmar Lisboa e Londres, e teria sido bastante factível, caso não enfrentasse a oposição inglesa, que acabou por excluir essa possibilidade em cláusula para o reconhecimento da independência brasileira. Por outro lado, os sentimentos localistas eram fortes o suficiente para gerar revoltas e inconfidências que não tinham, entretanto, abrangência além das suas "pátrias" locais, incapazes de ganhar a adesão de outras áreas do território da Colônia. Pode-se, sem exagero, arguir sobre as possibilidades de sucesso de protonacionalidades como a mineira, a pernambucana, a gaúcha ou a paulista. Às vésperas da independência brasileira, nas Cortes de Lisboa, Feijó confirmava o entendimento de que ele e os demais deputados vindos da colônia americana não eram representantes do Brasil, "porque cada província se governa hoje independentemente" (apud Cunha, 1985, p.176). Do mesmo modo, dois dos três deputados eleitos por Angola para as Cortes aderiram à causa da independência brasileira e ficaram no Brasil (Costa e Silva, 2003, p.12).

Falar em sentimentos nacionais no âmbito da sociedade colonial seria, ademais, pecar por anacronismo, uma vez que essa forma de identidade coletiva não estava ainda disponível no repertório das fórmulas legitimadoras do poder. As colônias americanas, como extensões das sociedades do Antigo Regime europeu, eram um "mosaico de grupos de todos os tipos, formais e informais, imbricados e sobrepostos uns aos outros, que mantêm relações complexas com autoridades dinásticas igualmente diversas e emaranhadas" (Guerra, 1997, p.101). A complicada teia de grupos, estamentos e redes formais (de suserania) ou informais (de parentesco e clientela) ganhou ainda maior complexidade na Colônia, dividida também entre aqueles que podiam dispor de uma identidade portuguesa e os demais. Entre os homens livres e os escravos, entre os brancos, os indígenas e os negros e os mestiços em diversos graus. Havia também, e tornou-se progressivamente mais importante, a distinção entre os nascidos na Colônia e os peninsulares: mazombos e reinóis.

Esta última diferenciação, vale dizer, era menos evidente no mundo português do que na esfera hispânica. As "rotas de peregrinação" (Anderson, 1989, p.65-7) da elite luso-americana passavam, na maior parte dos casos, pela Universidade de Coimbra, uma vez que – em contraste com as 25 universidades criadas na colônia espanhola – na América portuguesa não se permitia o funcionamento desse tipo de instituição. Entre 1772 e 1872, Coimbra recebeu 1.242 estudantes nascidos na Colônia (Carvalho, 1981, p.57-8), e muitos destes, como José Bonifácio, ocuparam posições de influência na própria Corte, uma situação muito menos comum no caso espanhol.

A maior permeabilidade do império português refletiu-se também na possibilidade, aventada várias vezes, muito antes da invasão napoleônica, de transferir a sede da monarquia para o território americano.[1] A Corte portuguesa evidentemente não se guiava, nessa época, por uma lógica "nacional", pois tão tarde como em 1786 se desenhou um "plano fantástico que também significaria em última análise a independência da colônia lusitana: anexar-se Portugal à Espanha e o Peru ao Brasil, transferindo-se para este a sede da monarquia" (Cunha, 1985, p.138). Ciente de sua situação precária e periférica na Europa, a dinastia portuguesa chegou a acalentar a ideia de transformar o rei de Portugal em Imperador do Ocidente (ou seja, da América), ainda que isso custasse a absorção do território português na Europa pela Espanha. Esse raciocínio seria inconcebível no contexto de uma lógica nacionalista, em que o território, como o povo e o Estado, seriam indissociáveis da nação.

Na lógica do Antigo Regime, as lealdades políticas, seja na Corte, seja nas colônias, não se davam em torno da ideia de nação – como comunidade imaginada, possuidora de traços culturais que a distinguem das outras comunidades políticas –, mas sim pelos vínculos dos súditos com a Coroa, com a religião do soberano e com a complexa rede de lealdades cruzadas herdadas do feudalismo. Mesmo o caráter territorial do Estado era subordinado à dinastia, que podia ser soberana sobre territórios descontínuos e mesmo imperfeitamente definidos, e sobre populações cultural e etnicamente diversas, com distintos graus de autonomia política. Nesse contexto, os vínculos pessoais e coletivos entre os súditos e o soberano não eram afetados pela situação geográfica e os monarcas convertiam-se no centro de união de populações heterogêneas, muitas vezes distanciadas em termos geográficos e culturais.

---

1 A ideia de transferir a monarquia portuguesa para o Brasil foi discutida, em distintos contextos, em 1580, 1640 e, de modo recorrente, ao longo do século XVIII.

De forma diversa dos Estados nacionais, os impérios unidos pela lealdade ao princípio dinástico e pela comunhão de uma mesma fé religiosa podiam comandar populações de origens étnicas e culturais muito diversas em grandes extensões de terras descontínuas, como testemunham os grandes impérios europeus dos séculos XII ao XIX. Nessas entidades, a lealdade política se fazia em torno da figura do soberano e não se pretendia – ao contrário – criar uma "comunidade imaginada" que implicasse a necessidade da construção/invenção de uma mitologia nacional comum e da ideia de um território perfeitamente delimitado. A ascensão dos nacionalismos foi a ruína desses impérios, inclusive daqueles que ainda que espacialmente contínuos não souberam reinventar-se como unidades nacionais, como no caso do Império Austro-Húngaro.

No contexto de uma profunda fragmentação do poder característico do Antigo Regime, o caráter integrador da identidade de súdito da Coroa não pode ser minimizado. A monarquia portuguesa retirava sua legitimidade da ideia de unidade religiosa, arraigada no conceito de monarquia católica, confundindo lealdade ao soberano com fervor religioso, componente fundamental daquela visão de mundo. A equação que unia a Coroa e a religião estava fundada na mitologia da expulsão dos mouros da península ibérica e no papel desempenhado pelas monarquias católicas na expansão da fé cristã. A identidade portuguesa constituía-se, ademais, em garantia de superioridade, pois era inacessível para a maior parte dos grupos subordinados, como os escravos e os índios. O imaginário do Antigo Regime, ao legitimar as diferenças entre homens (e mulheres) com base na situação de seu nascimento, naturalizava as diferenças e hierarquias e dispensava a necessidade (que seria inevitável com o nacionalismo) de se criar uma "comunidade imaginada". Essa identidade portuguesa não era, portanto, nacional e ser português traduzia-se, de modo mais marcado, em ser súdito da Coroa portuguesa e católico, sendo menos importante a situação geográfica. É nesse sentido que se pode falar que, ao tornar-se sede do império português, com a vinda da Corte em 1808, o Rio de Janeiro transformou-se no centro para o qual os súditos da monarquia portuguesa na Europa, na África, na Ásia e também nas províncias americanas voltavam seu olhar em busca de liderança. Como ressaltou Maxwell (2000, p.187), "essa circunstância pouco comum explica por que, em 1820, foi Portugal que declarou sua 'independência' do Brasil, e só depois, em 1822, o Brasil declarou sua 'independência' de Portugal".

Se não existia na Colônia uma prefiguração do Brasil, simplesmente esperando o momento do rompimento dos laços com a mãe-pátria, a pergunta que se coloca é: *quando o Brasil começou a ser Brasil? Quando começa a História do Brasil?* A resposta a essa indagação aparentemente simples está longe de ser fácil. Se, em algum momento, "havia um país chamado Brasil, mas absolutamente não havia brasileiros" – como notou com acuidade Saint-Hilaire –, quando surgiram esses brasileiros? Quando os Brasis se tornaram o Brasil?

Na medida em que se admita que a nacionalidade brasileira (como qualquer outra, aliás) é um artefato cultural construído – se a partir de bases sólidas ou não é outra questão –, o caminho para responder a tal questão passa pelo exame das formas de criar essa comunidade imaginada. As nações são o produto de uma longa elaboração intelectual e também de políticas e ações destinadas a dar corpo a esse sentimento, transformando-o numa noção partilhada por todos os seus membros. A nação se constrói, portanto, pela definição de uma literatura nacional; pelo folclore; por costumes e tradições (ainda que estes tenham de ser inventados); por uma história comum; por mitos de origem baseados numa pretensa ancestralidade, origem étnica ou de base territorial comum; pela escolha de signos, emblemas, hinos; pelos ritos e pela celebração de festas em homenagem aos heróis da cultura ou da história; pelas representações e pela iconografia dos símbolos da nacionalidade etc. A enumeração das estratégias de construção desse sentimento de nacionalidade seria extensa e, ainda assim, certamente incompleta. A importância relativa de cada um desses caminhos varia caso a caso e, para cada nacionalidade, de acordo com seu momento histórico.

Assim, para responder à pergunta sobre quando o Brasil teria se tornado Brasil, há de se tomar como referência cada um desses elementos e então obtêm-se muitas respostas distintas. Desde quando passou a existir uma literatura brasileira? Quando se delineou o território brasileiro? Quando se formou a "raça" brasileira? A história brasileira, quando começa? Em 1500? Na Colônia? Nas lutas de expulsão dos holandeses? Com a Inconfidência Mineira? Com a chegada de D. João? Às margens do Ipiranga? Na coroação de D. Pedro? Em 7 de abril de 1831? Todas essas datas, e muitas outras, podem e já foram tomadas como resposta a essa indagação.

Ao traçar as origens da nacionalidade na *Casa grande & senzala* do engenho açucareiro, Gilberto Freyre concebeu as origens da nação brasileira, nos séculos XVI e XVII, no Nordeste. Centrando-se na arte e na arquitetura, Mário de Andrade já viu no barroco mineiro uma especificidade que "transporta ao seu clímax a tradição luso-colonial de nossa arquitetura, dando-lhe uma solução quase pessoal, e que se poderá ter por brasileira por isso" (apud Veloso e Madeira, 1999, p.120). Sergio Buarque de Holanda buscou as *Raízes do Brasil* também no período colonial que, para o bem ou para o mal, seria responsável pelo caráter nacional. Para ele, no entanto, "o longo processo de emancipação terá seu desfecho iniludível com o 7 de abril [de 1831]. É a partir de então que o ato de Independência ganha verdadeiramente um selo nacional" (Holanda, 1985, p.15). Para os autores românticos do século XIX, a nação preexistia, ou pelo menos estava antecipada, no heroísmo dos indígenas que habitavam um território "brasileiro" desde tempos imemoriais e se completou no encontro com os portugueses (e em tom menor, subalterno, com o elemento africano). Com relação à literatura, Antonio

Candido fixa essa data, "para facilitar", em 1750, pois para ele "é com os chamados árcades mineiros (...) que surgem homens de letras formando conjuntos orgânicos e manifestando em graus variáveis a vontade de fazer *literatura* brasileira" (Candido, 1993, p.24-5, grifo no original).

Quanto ao *corpo da pátria*, o território brasileiro já estaria definido desde tempos imemoriais, separado do resto da América do Sul por grandes rios que lhe davam a característica de uma imaginária ilha-Brasil, habitada por tribos indígenas étnica e linguisticamente relacionadas. A colonização portuguesa, a epopeia da expansão dos limites da Colônia, as negociações da diplomacia portuguesa: tudo apenas serviu como prelúdio para a transmissão desse legado à nação brasileira.

Com relação à historiografia, Carlos Guilherme Mota respondeu a essa questão com um humor que revela seu entendimento do caráter subjetivo da pergunta e da necessária ambiguidade da resposta:

> *A ideia contemporânea de Brasil se funda quando se consolida na historiografia uma ideia de nação.* Nação que, na construção de seu imaginário, teve seu "embrião" na Colônia, depois uma origem precisa entre 1817 e 1824, uma guerra (em verdade duas: contra os portugueses de Avilez e Madeira, e a Cisplatina), um lugar de nascimento (no riacho do Ipiranga; depois o "berço esplêndido"), mais os traumas de nascimento, uma família com o avô liberal (D. João VI), um pai jovem e impulsivo (o príncipe D. Pedro), uma mãe austríaca e sábia (D. Leopoldina), um inimigo conspirador na família (D. Miguel, lembrando a velha história dos irmãos inimigos), um hino com uma letra fantástica, o padrinho velho e sábio José Bonifácio, o Patriarca, que em época de crise volta a ser chamado para cuidar do neto-menino Pedro II. E, completando o quadro, Domitila, a marquesa de Santos, além do amigo boêmio Chalaça. Claro que existem problemas, sobretudo com a tutela estrangeira (inglesa) e com a escravidão (de negros africanos), reforçando o paternalismo duro de Pedro e a "bondade" do avô Andrada... Ima-

ginário que se sustenta com a continuidade bragantina, suavizada com o segundo Pedro, jovem, sábio e – sobretudo – já brasileiro. (Mota, 2000b, p.233, grifo no original)

A nação não existia. Foi necessário, portanto, inventá-la e essa tarefa foi feita em muitos planos paralelos. Assim, a resposta à pergunta sobre quando o Brasil se tornou Brasil depende do aspecto que se esteja contemplando. Partindo-se da política externa, esse começo estaria relacionado ao exercício da soberania pelo Estado brasileiro (na *persona* de D. Pedro) e ao reconhecimento dessa soberania pelos outros Estados. Este é, justamente, o primeiro encargo da diplomacia de qualquer país recém-criado: reconhecer-se e ser reconhecido como Estado soberano no cenário internacional, no contexto dos demais Estados soberanos.

No caso brasileiro, desde a transmigração da Corte portuguesa houve uma política externa executada desde o Rio de Janeiro. Aliás, a primeira preocupação de D. João VI "seria de política externa que, além do expansionismo ancestral, trazia a necessidade do revide longamente sufocado e o propósito de aproveitar ao máximo as vantagens da nova posição" (Cunha, 1985, p.142). Dias depois de desembarcar no Rio de Janeiro, D. João declarou guerra à França e começou-se a preparar a expedição para tomar Caiena. A ocupação da Província Cisplatina também respondeu a essa lógica. Houve, portanto, uma ativa política externa elaborada desde o Rio de Janeiro, já a partir de 1808. Essa política, no entanto, não poderia ser qualificada de brasileira, pois claramente obedecia a uma lógica ainda ligada aos estreitos interesses da dinastia portuguesa. O revide contra a ocupação francesa do território português na Europa, com a conquista da Guiana Francesa, e a tentativa de ocupar o espaço deixado pela ausência do poder dos reis de Espanha em suas colônias americanas obedecem aos imperativos da monarquia portuguesa e não é, a rigor, nem ao menos uma lógica "nacional" portuguesa, muito menos brasileira.

A ruptura entre a Colônia e a metrópole foi uma peça em muitos atos e a definição de uma soberania distinta da portuguesa foi um processo com muitos avanços e recuos. O grau de obediência às Cortes portuguesas em Lisboa ou ao Rio de Janeiro variou, ademais, de província a província. A transferência da soberania para D. Pedro, num contexto em que as Cortes em Portugal rediscutiam o contrato social com a monarquia portuguesa, não foi de nenhuma forma um processo isento de contradições. No entanto, dentro de nossa perspectiva – da afirmação da soberania de D. Pedro –, pode-se tomar como evento-chave a ordem do regente de exigir seu *cumpra-se* para que os decretos de Lisboa fossem obedecidos no Brasil. Essa determinação, de 4 de maio de 1822,[2] serviu mais como advertência para as províncias do norte, pois no centro-sul já se reconhecia a autoridade do Rio de Janeiro.

Decretada a soberania internamente, o passo seguinte foi vê-la reconhecida no plano internacional. Ainda em maio, Antônio Manuel Correa da Câmara foi nomeado cônsul em Buenos Aires e, em 12 agosto, Felisberto Caldeira Brant Pontes foi confirmado como representante de D. Pedro em Londres, função que já vinha exercendo extraoficialmente desde o ano anterior. Na mesma data, Manoel Rodrigues Gameiro Pessoa foi nomeado para igual função em Paris. Também em agosto

---

2 Não há consenso na historiografia sobre a data do "cumpra-se". Surgem como alternativas 21 de janeiro ou 21 de fevereiro de 1822. Essa confusão parece advir do decreto de 21 de janeiro de 1822 que ordenou que as leis e instruções recebidas de Lisboa fossem levadas necessariamente ao conhecimento do príncipe regente antes de seu envio às repartições públicas. O decreto reza que, caso D. Pedro entendesse que esses decretos eram "análogos às circunstâncias deste reino do Brasil, ordenará então sua fiel observância". (IHGB, 1939, p.35). A ambiguidade dessa redação foi dissipada com o decreto de 4 maio, o qual determina que "nenhum decreto das mesmas cortes [de Lisboa] se execute sem Sua Alteza Real lhe pôr o 'cumpra-se' depois de discutida em Conselho a aplicação que pode e deve ter no mesmo reino [do Brasil]" (IHGB, 1939, p.38).

de 1822, foi designado Luis Mouttinho Lima Álvares e Silva para buscar o reconhecimento de Washington. Esse último, no entanto, não chegou a partir e, apenas em janeiro de 1824, seria para lá designado José Silvestre Rebello.

Caldeira Brant foi instruído por José Bonifácio a tentar ser recebido como Encarregado de Negócios do Império em Londres e solicitar o envio de um representante diplomático inglês ao Rio de Janeiro, o que caracterizaria o reconhecimento da independência brasileira. Ele deveria informar a Londres que: 1) o Brasil não reconhecia mais a autoridade das Cortes de Lisboa; 2) seria instaurada uma assembleia constituinte no Brasil; 3) D. Pedro considerava seu pai, D. João, prisioneiro das Cortes e que, portanto, ele deveria "salvá-lo deste afrontoso estado de péssimo exemplo às dinastias reinantes"; 4) a situação exposta criava a necessidade de relações entre D. Pedro e os governos estrangeiros, sem passar por Lisboa. A independência brasileira deveria ser reconhecida, "enquanto Sua Majestade [D. João VI] se achar no afrontoso estado de cativeiro", pois a independência era buscada, "mas não a separação absoluta de Portugal". (IHGB, 1939, p.319-25).

As instruções dadas a Gameiro (IHGB, 1939, p.355-60), nas mesmas linhas das instruções de Caldeira Brant, realçavam que "o Brasil tem o direito de fechar seus portos a qualquer potência da Europa que não quiser reconhecer nele o mesmo direito que têm todos os Povos de se constituírem em Estados Independentes". José Bonifácio explicou ao representante na França que era

evidente que o Brasil pode realizar esta alternativa, pois não receia as Potências europeias, de quem se acha apartado por milhares de léguas; e para ser próspero e grandioso não precisa que as outras Nações lhe tragam, por seu próprio interesse, objetos pela maior parte de luxo; tendo no seu próprio solo o mais necessário e podendo com seu ouro lançar tudo o que necessitar para a sua defesa.

José Bonifácio instruiu os dois representantes a indicar que a primeira potência que reconhecesse a independência seria beneficiada com maiores vantagens comerciais em relação às demais. Também nesse sentido, pediu a Caldeira Brant que advertisse a Inglaterra de que o Império não se julgava "embaraçado por quaisquer Tratados que haviam com a Monarquia portuguesa", referindo-se, naturalmente, ao Tratado de 1810 entre os governos português e britânico.

Poucos dias antes das nomeações de Caldeira Brant e Gameiro, em 6 de agosto de 1822, o príncipe regente havia emitido um longo manifesto aos "governos e nações amigas" (IHGB, 1939, p.200-35). Nesse longo documento (de mais de 60 parágrafos), cuja redação é atribuída a José Bonifácio, D. Pedro proclamou que foi "obrigado a anuir à vontade geral do Brasil, que proclama à face do universo a sua independência política". O manifesto traz uma longa e detalhada resenha das queixas contra a exploração da Colônia por Portugal e, principalmente, contra "o maquiavelismo e a hipocrisia" das Cortes de Lisboa. O Brasil não poderia ter "confiança nas Cortes de Lisboa, vendo-se a cada passo lubridiado, já dilacerado por uma guerra civil, começada por essa iníqua gente, e até ameaçado com as cenas horrorosas do Haiti". Ao argumento de que a ação das Cortes estava promovendo a anarquia, potencializado com a lembrança da possibilidade de um levante da população escrava, somava-se a ideia de que as Cortes estavam mantendo D. João "preso e cativo" e, portanto, impossibilitando-o de exercer seu poder. Assim, cabia a D. Pedro "salvá-lo do afrontoso estado a que o reduziram os facciosos de Lisboa". Em suas próprias palavras, ao príncipe regente competia, como "delegado e herdeiro" do rei, salvar não só o Brasil, mas com ele toda a nação portuguesa.

A aparente contradição entre a proclamação "à face do universo" da independência política e os argumentos em prol da manutenção dos laços com Portugal e com a "nação portuguesa" só pode ser equacionada se recordarmos que o discurso (e as políticas) daquele momento não obedece a uma lógica "nacional", mas antes aos princípios dinásticos. Essa racionalidade estava em crise, é verdade, na medida em que as Cortes representavam a contestação dos termos do contrato social mantido entre a dinastia dos Bragança e seus súditos, mas era essa a lógica que guiava as ações dos promotores da independência brasileira, formulada em termos que mais conservavam do que rompiam com o *status quo*. O manifesto de 6 de agosto deixa transparecer claramente a falta de um sentido propriamente nacionalista, ao lastrear seus argumentos na quebra do caráter unificador da monarquia pela incapacitação temporária do soberano, e pelo papel preponderante do Brasil dentre os domínios da dinastia e não numa suposta identidade brasileira:

> Com efeito, se convém a Estados espalhados, mas reunidos debaixo de um só chefe, que o princípio vital de seus movimentos e energia exista na parte a mais central e poderosa da grande máquina social, para que o impulso se comunique a toda a periferia com a maior presteza e vigor, de certo o Brasil tinha o incontestável direito de ter dentro de si o assento do poder executivo.

Uma nova circular ao corpo diplomático estrangeiro, de 14 de agosto de 1822, reiterou os termos do manifesto de 6 de agosto e voltou a proclamar "à face do universo" a "independência política do Brasil". Nesse documento repete-se o argumento de que o rei de Portugal, reino-irmão do Brasil, estava prisioneiro das Cortes em Lisboa, tornando-se necessário "devolver de todo a autoridade e plenitude de ação" a seu herdeiro no Brasil, D. Pedro. Segundo Cunha (1985, p.174), essa circular é uma "súmula das afirmativas contraditórias", pois segundo ela o Brasil teria "sacudido o jugo da sujeição" e proclamado "solenemente sua independência", mas ressalvada a "devida e decorosa união com Portugal". Outra vez, essa aparente dubiedade revela o princípio dinástico como a verdadeira lógica dos manifestos, que ainda não estavam vazados em termos de aspirações nacionalistas.

Assim, ainda sem ser propriamente brasileiro no sentido que hoje daríamos a essa palavra, do ponto de vista da política externa, o Brasil teria começado a ser Brasil em 4 de maio ou em 6 de agosto de 1822. Um pouco antes, portanto, do Grito do Ipiranga.[3] Se tomarmos o critério inverso, o do reconhecimento pelos outros Estados soberanos, isso ocorreu quase dois anos depois, em maio de 1824, quando a primeira nação estrangeira, os Estados Unidos, reconheceu a soberania brasileira. Ou talvez um pouco antes, pois segundo Costa e Silva (2003, p.11) o "obá Osemwede, do Benim, e o obá Osinlokun, de Lagos, foram (...) os primeiros soberanos a reconhecer a independência brasileira".

O estabelecimento da soberania de D. Pedro sobre os territórios da colônia americana deu-se num momento em que também na metrópole se rediscutia o contrato entre a monarquia portuguesa e seus súditos. Com o Iluminismo, a ideia de contrato social, lastreada no conceito de direitos naturais, tornou-se um elemento implícito do edifício ideológico que sustentava as monarquias europeias. A antiga divisão da sociedade medieval entre os que guerreiam, os que oram e os que trabalham deu origem à tripartição entre nobreza, clero e povo, unificados pelo rei, cabeça dessa concepção orgânica. Este era, em tese, absoluto e inviolável, mas estava obrigado a respeitar os costumes e a fé, pois seu poder provinha dos termos de um contrato não escrito com seus súditos. Essa ideia de contrato, que de início teria sido estabelecido apenas simbolicamente, num tempo mítico e

---

3   O Sete de Setembro, aliás, não foi imediatamente percebido como um momento de ruptura, e muito menos como data fundacional. Inicialmente, a aclamação de D. Pedro (em 12 de outubro de 1822) foi considerada o marco fundador do Império, situação que iria se reverter progressivamente com o desgaste da figura de D. Pedro I. Apenas em 1825, o Sete de Setembro foi incluído no rol das festividades nacionais do império e somente a partir de 1829 ele passa a ser um marco inconteste da proclamação da independência. Ver Lyra, 1995.

imemorial, passou a ser explicitada pelos movimentos em prol de constituições.

A noção de contrato social do século XVIII não representou uma ruptura imediata com a ordem do Antigo Regime, nem ameaçou as hierarquias aceitas como legítimas, mas reestruturou as relações sociais ao introduzir a ideia de um acordo entre homens "livres" e "iguais", que resultou na "reafirmação das condições existentes para a 'liberdade' e a 'igualdade', ou seja, a possibilidade do exercício de privilégios desiguais" (Pimenta, 2002, p.19-20). Ao aceitar "livremente", ainda que de modo simbólico por meio de seus ancestrais no momento da criação do Estado, as obrigações previstas nesse pacto, confirmava-se que cabia ao soberano governar, de acordo com os preceitos da religião, sem tiranias ou opressões e buscando o bem comum, em troca da obediência de seus súditos e da aceitação das hierarquias determinadas, por força divina, em cada nascimento. A posterior redefinição do que se entende por "liberdade" e "igualdade", aproximando-as do entendimento que hoje temos desses conceitos, foi produto das lutas da burguesia por espaço político, em outro momento.

O movimento das Cortes, na década de 1820, visou a redefinir e explicitar num texto constitucional as bases do contrato social que devia reger o império português para revitalizá-lo ou, segundo sua palavra de ordem, *regenerá-lo*. Rediscutia-se a relação entre o monarca e seus súditos, mas também a natureza do pacto entre suas diversas partes constitutivas. Essa *regeneração* passava também, no entender das Cortes, pela recuperação da preeminência de Lisboa como centro do império. Esse consenso não pôde ser alcançado, ainda que tenha havido um esforço para acolher representantes das províncias americanas que lá chegaram representando suas "pequenas pátrias" e não um Brasil até então inexistente. A identidade entre os deputados brasileiros deu-se mais pela situação de comum rejeição de suas demandas do que pela existência prévia de um projeto unificador.

No início da legislatura, encontram-se facilmente as expressões: *portugueses dos dois lados do hemisfério, a grande família*. Porque, de ambos os lados, ansiava-se pelo estabelecimento do projeto do império luso-brasileiro. À medida que se explicitavam as dissensões e a possibilidade efetiva da ruptura do império, cada vez mais elas iam desaparecendo, desenhando-se a cisão entre brasileiros e portugueses. (Souza, 1999, p.113, grifos no original)

Na vasta colônia espanhola na América, a prisão de Fernando VII deu lugar à ideia de reconversão do poder ao povo. A ausência do soberano (bem como no caso de tirania por parte do príncipe) dava margem ao rompimento do contrato social, pois, pela tradição do direito natural, o poder tinha origem na soberania emanada da divindade, mas transferida para o "povo" e, deste, para o príncipe, por meio de um pacto de sujeição não escrito que dava os parâmetros do pacto social. Na ausência do soberano, preso por Napoleão, o povo retomava a faculdade da soberania.

A noção de "povo", no entanto, também era ambígua, pois comumente servia de sinônimo para cidade. Assim:

As principais cidades do território – Santa Fé de Bogotá, Caracas, Buenos Aires, Santiago do Chile, México... – (...) logo dariam prioridade à ideia da primazia que lhes correspondia como antiga "capital do reino" – segundo a linguagem empregada em Buenos Aires e no México. E, consequentemente, os conflitos desatados por essa autoatribuição de um papel hegemônico no projetado processo de construção dos novos Estados (diante da pretensão igualitária das demais cidades com base no direito das gentes – cimento ideológico dessa primeira metade do século XIX) cobririam grande parte das primeiras décadas de vida independente. (Chiaramonte, 2004, p.65-6)

No caso do império português, a transferência da família real para o Rio de Janeiro evitou a acefalia das colônias, mas, restabelecido o controle sobre o território português na Europa, com a revolução do Porto, as Cortes colocaram em questão os termos do pacto de sujeição com a dinastia dos Bragança e passaram a discutir uma Constituição que o redefinisse. As províncias brasileiras também não ficariam imunes ao liberalismo vintista e, a partir de 1821, organizaram-se governos provisórios em várias províncias sob o comando de juntas locais, que desfrutavam de grande autonomia, seja de Lisboa, seja do Rio de Janeiro. A adesão das províncias à *persona* de D. Pedro I como poder soberano alternativo às Cortes foi uma solução conservadora que, no entender de seus proponentes, evitava a *anarquia* de uma maior participação popular, que poderia descambar para alterações sociais indesejáveis e, em caso extremo, pôr em questão a escravidão. Por outro lado, o compromisso de D. Pedro de aceitar uma Constituição ainda a ser elaborada servia, nessa mesma leitura, para conter eventuais tendências ao *despotismo* por parte do novo soberano. Esse caráter de "imperador-contrato" (Souza, 1999, p.107-205) foi basilar na fundação do Brasil como corpo político autônomo na década de 1820 – ainda que não como nação no sentido contemporâneo da palavra.

Assim, entre 1822 e 1823, as diversas províncias declararam sua adesão a D. Pedro e a uma Constituição brasileira que estava por ser escrita. Essa adesão se dava em cada vila em ato de aclamação pública do novo soberano e no envio ao Rio de Janeiro de documentação atestando tal cerimônia. Em alguns casos, as adesões tiveram de ser obtidas pelo uso da força ou, ao menos, por ameaças veladas ou explícitas. Nesse sentido, é esclarecedora a mensagem enviada pelo general Labatut, contratado por D. Pedro para comandar a expulsão dos lusitanos da Bahia, à Junta do Piauí:

> Nestes termos Vossas Excelências aclamem imediatamente o Imperador: não é uma efêmera facção quem lhes persuade, é o Brasil, unido em massa, é a nossa honra, é a divisa que honrosamente tomamos, e que temos nos nossos braços transcrita e fielmente

copiada dos nossos corações; e, se houver algum malvado que nessa Província se oponha à Aclamação do Imperador, conte com não existir, eu farei marchar tropas; e as baionetas, qual fluido elétrico, espalharão o calor do patriotismo e honra brasileira. (apud Souza, 1999, p.172-3)

A existência de uma máquina de Estado herdada do governo português – com as deficiências que ela tivesse – representou uma vantagem importante para o Rio de Janeiro em sua tentativa de impor sua hegemonia sobre toda a extensão do território da Colônia. O Brasil não era, em 1822, uma nação. No entanto, ao se afirmar a autoridade de D. Pedro sobre as estruturas herdadas do Estado português no território da Colônia, o Brasil passou a ter um Estado, ainda que sua consolidação só fosse realmente efetiva após o período das regências. Ademais de forças militares, que podiam ser (e foram) usadas para abafar as resistências regionais, no espólio do Estado português na América havia um corpo de diplomatas já experimentados, o que se constituiu um grande ativo para atrair as diversas elites locais ao projeto de unidade. Em graus diversos, mas sempre presente, um importante elemento unificador dessas elites regionais era o temor que compartiam pela possibilidade do fim da escravidão e do tráfico, já exigido pela Inglaterra. A oposição da principal potência da época ao tráfico criou um forte interesse comum entre as províncias da ex-colônia. As chances de resistir a essa pressão de modo isolado, em negociações conduzidas por diplomatas improvisados, eram menores do que as de se aproveitar a herança da tradicional diplomacia portuguesa, incorporando-a ao projeto autonomista de D. Pedro.

Como talvez em nenhum outro momento posterior, a condução competente da política externa era fundamental para a afirmação do Estado brasileiro e, por meio da ação desse Estado (cujo caráter ainda estava em discussão), para a construção da nacionalidade. Não por acaso, coube ao "Patriarca da Independência", José Bonifácio de Andrada e Silva,[4] desempenhar também a função de primeiro chanceler brasileiro – como Ministro e Secretário de Estado do Reino e dos Negócios Estrangeiros, responsável direto pela execução da política externa. O reconhecimento internacional do novo corpo político, a resistência às pressões pelo fim do tráfico, a negociação das regras que regeriam o comércio internacional e, um pouco mais adiante, a definição clara dos limites do novo país com seus vizinhos eram tarefas cuja relevância não escapava aos diversos grupos regionais.

A preservação da monarquia foi equacionada também com a manutenção da integridade do território da antiga colônia portuguesa na América. A opção pela denominação de Império (e não Reino) do Brasil reverberava o antigo ideal da criação do Império do Ocidente e tinha como corolários a unidade do território e a centralização do governo. As armas do Império, criadas dias depois do Sete de Setembro, representavam "as dezenove províncias compreendidas entre grandes rios que são seus limites naturais, e que formam sua integridade" (Pimenta, 2002, p.192). Parte integrante desse território, a Província Cisplatina, após uma breve luta entre os partidários da fidelidade às Cortes de Lisboa ou ao novo imperador, aderiu ao projeto autonomista de D. Pedro. O representante escolhido pela Província para representá-la nas Cortes, inclusive, nunca chegou a Lisboa, fixando-se no Rio de Janeiro como representante da Cisplatina junto ao novo imperador. Nos termos da dominação

---

4   Como notou Accioly, seria incorreto atribuir a Bonifácio um sentimento propriamente nacionalista: "[O] grande ministro de Pedro I, nada obstante o título com que o crismaram de *patriarca da independência*, não foi favorável ao movimento de completa emancipação política, do qual, em 1822, Joaquim Gonçalves Ledo e alguns amigos se fizeram denotados paladinos. Não é puerilidade, nem perversidade (...) declarar José Bonifácio estranho à direção daquele movimento. Os testemunhos da época e do próprio ministro de Estado deixam o caso perfeitamente esclarecido e, de certo, fazem mais fé do que afirmações graciosas, apoiadas simplesmente numa tradição sem base firme" (1927, p.236).

portuguesa, a Cisplatina gozava de um governo bastante autônomo, com instituições e leis próprias. Não só pôde conservar
o espanhol como língua oficial, como os nascidos na Província
dominavam os cargos da administração local, exceção feita ao
governador. Essa situação não era, de modo algum, estranha aos
conceitos políticos do Antigo Regime e foi feita a tentativa de
transplantá-la para a nova situação:

> Se no universo português a Cisplatina, em 1821, representava a
> concretização de interesses econômicos e a pacificação das frontei-
> ras – portanto a garantia de manutenção do território do Reino –, a
> partir de 1825 sua consolidação como parte integrante do Império
> do Brasil adquirirá sentido quase idêntico de *integridade da nação*.
> (Pimenta, 2002, p.173, grifo no original)

A guerra com as Províncias Unidas do Rio da Prata, iniciada
em 1825, explica-se pelo choque entre os diversos projetos de
construção dos Estados e das nações no Prata. Ao projeto cen-
tralista de Buenos Aires contrapôs-se o projeto federalista de
Artigas, que somente seria derrotado com a invasão do território
que hoje constitui o Uruguai, por tropas portuguesas, em 1816,
com o beneplácito das autoridades portenhas. O movimento de
contestação da soberania brasileira iniciado com o desembarque,
em 1825 (vindos do território argentino), dos "Trinta e Três
Orientais" não tinha, ao menos inicialmente, o objetivo de criar
um novo Estado soberano. O Congresso de Florida, em 25 de
agosto de 1825, proclamou que a Província ficava "de fato e de
direito livre e independente do rei de Portugal, do imperador
do Brasil e de qualquer outro do universo". Na mesma ocasião,
no entanto, declarou-se que "ficava a Província Oriental do Rio
da Prata unida às demais deste nome no território da América
do Sul por ser a livre e espontânea vontade dos povos que a
compõem". Ou seja, a rebelião visava à anexação da Província às
Províncias Unidas, ainda que de forma federada, e não a criação
de um corpo político autônomo.

Em 25 de outubro, Buenos Aires declarou a reincorporação da Província Oriental e, em resposta, D. Pedro declarou guerra às Províncias Unidas em 10 de dezembro. A guerra prosseguiu por quase três anos e só foi resolvida por imposição da Inglaterra, que sofria prejuízos com a virtual paralisação do comércio na região e o bloqueio de Buenos Aires. Assim, em 27 de agosto de 1828, foi assinada no Rio de Janeiro a Convenção Preliminar de Paz, que criou o Uruguai como Estado independente. Curiosamente, estiveram presentes autoridades brasileiras, diplomatas argentinos e britânicos, mas nenhum representante do novo país. Com a retirada das tropas brasileiras e argentinas do país, a convenção acabou ratificada, em ato de caráter meramente simbólico, pelo governo uruguaio formado sob o comando de Lavalleja. A ideia de uma nacionalidade uruguaia preexistente teve de ser elaborada *a posteriori* do fato consumado da independência do país.

Perdida a guerra, a historiografia brasileira, por sua vez, rapidamente ocultou a perda territorial ao dar ênfase aos aspectos que distinguiriam "naturalmente" a Cisplatina das demais províncias do país. A partir daí, a incorporação desse território em particular passou a ser vista como um processo menos legítimo do que todo o resto da expansão colonial, a partir do avanço para além da Linha de Tordesilhas. Nessa lógica, a despeito dos fatos, a unidade territorial teria sido preservada, pois não se poderia perder o que nunca se teria tido de fato.

Essa excepcionalidade da Província Cisplatina no contexto da Colônia e do nascente Império é altamente discutível. Os laços econômicos e sociais com a Província de São Pedro eram intensos, sendo o território um dos grandes abastecedores de charque para a Colônia. O porto de Montevidéu servia de porta de entrada para escravos e mercadorias para o sul da colônia portuguesa. As comunicações e transportes ligando Montevidéu às principais cidades do Império eram, ademais, muitos mais fáceis e constantes do que entre estas e muitas províncias, como Mato Grosso por exemplo. Mesmo a diferença da língua deve ser relativizada, em especial tendo-se em conta que grande parte dos habitantes das demais regiões da Colônia comunicava-se habitualmente na língua geral, de origem indígena. Montevidéu, por sua vez, abrigava tradicionalmente uma grande população de estrangeiros e ali se falavam várias línguas além do espanhol. Já no norte do território que hoje constitui o Uruguai, a língua portuguesa predominou até fins do século XIX.

Na conformação dos impérios coloniais a questão da identidade e das afinidades culturais entre suas diversas partes era de pouca importância, pois o que os reunia não era um sentido de comunidade, mas os laços com o soberano comum. A espacialidade das áreas coloniais era, portanto, pouco precisa e admitia grandes descontinuidades geográficas de regiões com poucas afinidades entre si e, inclusive, áreas virtualmente inexploradas e habitadas por populações totalmente alheias à lógica imperial, como nas vastas regiões habitadas por tribos indígenas.

> A contradição básica entre os impérios coloniais ibéricos e os Estados nacionais americanos está em que estes se construíram sobre os escombros daqueles, como sua negação, pois rompiam com a articulação de uma totalidade diversa em torno da monarquia em uma territorialidade descontínua. Isso nos aponta o problema central: como seria possível atribuir-se à Colônia o caráter de anterioridade daquilo que só surgiu superando-a? Da mesma forma, como identificar um território descontínuo e considerado patrimônio pessoal do monarca com outro necessariamente contínuo e sobre o qual o Estado exerce soberania nacional? Na lógica colonial, não há "Brasil unidade territorial", tampouco "Argentina" ou "Uruguai". O território só é nacional se o Estado o é, e no caso de Brasil, Argentina e Uruguai, o Estado só o é em um sentido moderno. (Pimenta, 2002, p.50)

O fracasso da incorporação da Cisplatina, bem como a integridade das demais províncias que conformavam o território português na América até 1822, não foi um resultado "natural" e inevitável da confirmação das nações uruguaia e brasileira, supostamente preexistentes. Foi o produto de disputas políticas e sociais no contexto da criação de nações que antes não existiam na região do Prata.[5] No contexto do Primeiro Reinado, a "perda" da Cisplatina foi objeto de intensa discussão, pois punha diretamente em questão o tema da integridade do território. No Brasil, a aceitação da existência de uma nacionalidade uruguaia foi uma operação ideológica que buscou, para ocultar a quebra da integridade territorial "brasileira", realçar os traços culturais próprios que distinguiriam a nova nação do Império e que, por contraste, realçassem as afinidades entre as diversas províncias brasileiras.

O fracasso na Cisplatina, dificuldades e o alto preço cobrado pelo reconhecimento internacional da independência foram fatores que contribuíram decisivamente para o desprestígio de D. Pedro I. No plano interno, a dissolução da assembleia constituinte representou o rompimento do pacto entre o imperador e os distintos grupos, com visões conflitantes em muitos aspectos, que apoiaram o movimento autonomista. Conforme registrou Costa (1985, p.185-6):

> Na noite da agonia, de 11 para 12 de novembro de 1823, a Assembleia [Constituinte] manteve-se (...) em sessão permanente. Ao princípio da tarde do dia 12 era dissolvida por um decreto (...). Depois da dissolução da Assembleia, D. Pedro, arvorando no chapéu ramos de cafeeiro, percorreu, com grande séquito, as ruas da cidade, sendo aclamado por portugueses e por bandos de moleques. Mas a impressão geral era realmente de tristeza. Daí em diante, até a abdicação, D. Pedro lutaria contra o partido dos brasileiros.

A Constituição outorgada por D. Pedro, em 1824, não obteve consenso naquele momento em que a economia da ex-Colônia

---

5 Naturalmente, não se está aqui questionando a existência, a legitimidade e a validade do sentimento nacional uruguaio. Trata-se apenas de realçar que essa nação, como a brasileira, aliás, não antecedeu seu Estado.

se mostrava frágil, ainda não beneficiada pela bonança que seria trazida pelo ciclo do café. Nesse contexto, a incapacidade de D. Pedro de arbitrar de maneira satisfatória os conflitos que surgiam em torno da definição da natureza do Estado e sua visão de mundo, marcadamente dinástica – quando a sociedade e o próprio Estado já ensaiavam o processo de construção da ideia de uma nação brasileira –, desgastaram sua autoridade ao ponto de, do título de Defensor Perpétuo do Brasil, ver-se reduzido à alcunha de "Pedro Panaca" (Silva, 1999, p.121).

A política externa do Primeiro Reinado teve um importante quinhão nessa rápida erosão da popularidade do imperador. O encaminhamento da diplomacia de D. Pedro seria severamente criticado em seus principais pontos: no processo de obtenção do reconhecimento, na resistência às pressões contra o tráfico, nos acordos de comércio firmados com as potências europeias e também na política platina. No outro elemento que completaria a agenda internacional, a definição de limites, D. Pedro pecou pela omissão, pois lhe faltava uma orientação segura.

O interesse da Inglaterra no reconhecimento pautou suas exigências. Ávidos pelos novos mercados que se abriam para seus produtos manufaturados, e desejosos de consolidar sua presença na América Latina, os britânicos procuraram garantir, em troca do reconhecimento da autonomia brasileira, que a inserção da ex-Colônia no sistema mundial seguisse o figurino livre-cambista reservado à América Latina. As exigências eram claras: o fim do tráfico de escravos, a manutenção dos privilégios comerciais – em vias de expirar, com a proximidade do fim da vigência dos acordos de 1810, cuja aplicação ao Brasil era, aliás, discutível – e o pagamento de dívidas portuguesas, inclusive as referentes aos gastos para combater a independência brasileira. Em contrapartida, obteve-se, ademais do reconhecimento por Londres, o decisivo empenho britânico na tarefa de convencer Lisboa a aceitar o fato consumado. A disposição de Portugal de negociar e, depois, aprovar a independência foi facilitada também pelo golpe absolutista, a *Villafrancada*, que dissolveu as Cortes em maio de 1825.

No processo de reconhecimento, tiveram particular importância as tradicionais relações entre a Inglaterra e Portugal. De fato, uma das primeiras reações de Lisboa foi tentar aplicar ao Brasil, em rebelião contra o reino, as cláusulas do tratado que obrigava a Inglaterra a defender Portugal contra o ataque de qualquer potência estrangeira. Essa estratégia, no entanto, foi rejeitada pelos ingleses, com o argumento de que se tratava de um problema interno da monarquia portuguesa. Se Portugal não reconhecia o Brasil como país independente, não podia, ao mesmo tempo, invocar em seu favor um acordo de defesa contra ataques de estrangeiros.

A questão da sucessão do trono português foi outro fator importante nas negociações. Como D. Pedro era, além de imperador do Brasil, o herdeiro legítimo de Portugal quando da morte de D. João VI, as duas Coroas se uniriam na mesma cabeça, hipótese que não agradava a Portugal – temeroso de ver-se outra vez em posição secundária na monarquia –, nem ao Brasil, pois sua independência poderia ficar comprometida. A hipótese de a Coroa portuguesa recair sobre D. Miguel, conhecido por suas tendências absolutistas e identificado com a Santa Aliança, não interessava à Inglaterra.

Se a independência dos países americanos era vista com simpatia pela Inglaterra em vista de seus interesses comerciais, a existência da monarquia brasileira tinha o atrativo adicional de criar uma exceção monárquica num continente dominado por repúblicas, rompendo a dicotomia entre América e Europa, baseada em seus sistemas políticos (Santos, 2004).

As esperanças de Caldeira Brant, em Londres, e de Gameiro, em Paris, de serem recebidos oficialmente e assim obterem imediatamente o reconhecimento da independência brasileira – conforme suas instruções, datadas de 6 de agosto de 1822 – logo se dissiparam. Desde as primeiras entrevistas concedidas a Caldeira

O dia em que adiaram o Carnaval

Brant, sem lhe reconhecer a qualidade de agente diplomático, o titular do *Foreign Office*, Canning, ainda que mostrasse simpatia pela independência brasileira, queixava-se da "obstinação para a continuação do infame tráfico de escravos" (apud Accioly, 1927, p.33) por parte do Brasil. A hipótese do reconhecimento britânico antes do português também foi rapidamente afastada, mas foi oferecida a mediação inglesa "debaixo do princípio de serem reinos independentes, mas com um só soberano" (apud Accioly, 1927, p.43). A aclamação de D. Pedro como imperador, em 12 de outubro de 1822, criou constrangimentos para o negociador brasileiro, que reconheceu que "a Aclamação está em contradição com os Manifestos e veio, sem necessidade, suscitar embaraços ao reconhecimento da Independência" (apud Accioly, 1927, p.44). Vale notar que se a aclamação foi vista pelo governo inglês como uma radicalização da posição brasileira, o Grito do Ipiranga passou completamente despercebido. A reação dos demais países europeus, em especial os membros da Santa Aliança, ao título de imperador dado a D. Pedro foi ainda mais radical. A questão dinástica complicava o processo de reconhecimento da independência que devia obedecer a duas lógicas conflitantes: a que presidia a criação de um novo corpo político independente e a que concentrava a soberania desse novo corpo político na *persona* de D. Pedro, herdeiro de Portugal.

De todo modo, as tentativas de Brant de obter o reconhecimento inglês provaram-se infrutíferas e ele regressou ao Brasil em fins de 1823, incumbindo por um breve período Hipólito José da Costa de suas funções, mas este morreria pouco mais de um mês após a partida de Brant. Gameiro, cuja missão em Paris havia sido igualmente infrutífera, foi então enviado a Londres.

No Rio de Janeiro, em conversa com o novo ministro dos Negócios Estrangeiros, Carneiro de Campos (que substituiu José Bonifácio), Brant advogou duas medidas para convencer a Inglaterra a reconhecer a independência brasileira: a abolição do tráfico de escravos e a redução dos direitos de importação sobre os produtos ingleses de 24% para 15%. Em troca, além do reconhecimento, esperava obter da Inglaterra a garantia da integridade territorial do Brasil. Segundo Accioly, "parece que foram as instâncias de Brant, no tocante à abolição do comércio de escravos, que determinaram a mudança de atitude do governo do Rio" (Accioly, 1927, p.66). Em janeiro de 1824, determina-se o retorno de Brant a Londres, onde – juntamente com Gameiro – deveria buscar negociar um tratado de suspensão das hostilidades com Portugal e voltar a insistir no reconhecimento da independência. Nas instruções de 3 de janeiro de 1824, constava também a recomendação de buscar com a Inglaterra um acordo para garantir a integridade territorial brasileira. Os plenipotenciários deveriam resistir, mas ficavam autorizados, finalmente, a ceder à exigência inglesa de abolir o tráfico de escravos, em oito anos, ou quatro, mediante uma indenização, "obrigando-se a Inglaterra a reconhecer a Independência do Brasil, a garantir sua integridade e a conseguir o reconhecimento da parte de Portugal" (apud Accioly, 1927, p.79-80). Deviam, ainda, contrair um empréstimo de três milhões de libras.

> O empréstimo foi efetivamente contraído em agosto de 1824, a primeira parcela contratada à razão de 75%, junto às Casas Bazett, Tarquhard, Crawford & Co., Fletcher Alexandrer & Co. e Thomas Wilson & Co., todos negociantes na cidade de Londres, por um valor real de 1 milhão de libras esterlinas; a outra parte, de 2 milhões, o foi à razão de 85%, junto a Nathan Mayer Rothschild, em janeiro de 1825. As condições do empréstimo, ou seja, seu custo de mercado, estipulavam juros de 5% ao ano, 1% de amortização e comissão de 4% pela negociação. Considerando-se o preço da emissão, 75 e 85 respectivamente, o valor total do empréstimo foi de £ 3.686.200, gerando um compromisso anual de £ 221.172 com o serviço da dívida. (Almeida, 2001, p.181)

Em Londres, em atenção à antiga aliança anglo-lusa, Canning preferiu buscar uma negociação entre os plenipotenciários brasileiros e o representante português na Corte de Saint James, o Conde de Villa-Real, mediando essas conversações na companhia do ministro austríaco naquela Corte, o Barão de Neumann. O imperador da Áustria, sogro de Pedro I, coincidia com a posição inglesa de aceitar a independência brasileira, mas "desejava que as duas Coroas se reunissem na pessoa de D. Pedro, por falecimento de D. João VI" (apud Accioly, 1927, p.83). Partia-se, portanto, do pressuposto de que a independência da ex-Colônia deveria ser consagrada e a discussão deveria resumir-se ao "grau e [a]o modo das relações que se poderiam conservar entre as partes europeia e americana da monarquia portuguesa, compatíveis com a independência política do Brasil e com a união de ambas debaixo do domínio da casa de Bragança" (apud Accioly, 1927, p.85).

As negociações logo chegaram a um impasse, tendo o representante português solicitado que o Brasil assumisse parte da dívida de Portugal, um tratamento favorecido no comércio com o Brasil e a reunião das duas Coroas em D. Pedro e seus descendentes, quando da morte de D. João. As instruções de Brant e Gameiro eram no sentido de evitar tratar da questão sucessória, mas, se não pudessem eludir essa discussão, apontar que, em virtude na Constituição outorgada, D. Pedro teria renunciado implicitamente aos seus direitos à Coroa portuguesa. D. Pedro pretendia postergar essa decisão até quando "no silêncio das paixões, e do furor dos partidos", fosse possível alcançar um acordo. No entanto, se não fosse de todo possível evitar a questão, Brant e Gameiro poderiam firmar um acordo que consagrasse a renúncia de D. Pedro em troca de igual compromisso do rei de Portugal ao governo e território do Brasil. O negociador português, por sua vez, insistiu na questão sucessória e propôs que D. João assumisse o título de "Rei de Portugal e dos Algarves e Imperador do Brasil", reservando para D. Pedro a denominação de "Imperador-Regente do Brasil". Os dois países seriam independentes, mas sob a soberania de D. João VI.

Com o impasse nas negociações, os brasileiros passaram a pressionar a Inglaterra com a lembrança do iminente término do tratado de 1810 e das preferências alfandegárias nele consagradas, ameaçando elevar a tarifa sobre os produtos ingleses de 15% para os 24% cobrados de outras origens. A pressão sobre Canning aumentou com a indignação dos diplomatas brasileiros, quando a Inglaterra, em fins de 1824, reconheceu a independência das repúblicas hispano-americanas, como forma de afastar a influência francesa. Para superar a questão, Canning decidiu mandar um representante, *Sir* Charles Stuart, ao Rio de Janeiro para tratar do reconhecimento inglês (e firmar um tratado de comércio). No caminho, na forma de *ultimatum*, ele passaria por Lisboa para convencer o governo português a enviar um plenipotenciário para o mesmo fim.

O governo de Lisboa, porém, foi além e nomeou o próprio emissário inglês seu plenipotenciário para o tratado de reconhecimento da independência brasileira. As negociações de Stuart no Rio de Janeiro, em nome de Portugal, resultaram no tratado de 29 de agosto de 1825, com as seguintes condições: a) D. João VI reconhecia a independência e D. Pedro como imperador, transferindo-lhe a soberania sobre o Brasil "de Sua livre Vontade" e reservava para o soberano lusitano o mesmo título de imperador; D. Pedro mantinha seus direitos hereditários sobre o trono luso, uma vez que não constou do acordo nenhuma renúncia aos mesmos; b) o Brasil comprometia a não se unir às colônias portuguesas na África; c) o Brasil assumia as obrigações de um empréstimo de £ 1.400.000 contraído por Portugal em Londres, em 1823 (para combater a independência brasileira), e se comprometia a pagar outras £ 600.000, em espécie, a Portugal; d) fixava as tarifas de comércio entre os dois países em 15%, para todas as mercadorias.

Observe-se que a questão sucessória limitava a soberania do novo país, deixando aberta a possibilidade de recondução de D. Pedro I ao trono de Portugal e, inclusive, a reunião dos dois reinos. Já a promessa de não anexação das colônias africanas atendia ao interesse inglês de evitar o controle brasileiro sobre territórios africanos, o qual tornaria o tráfico de escravos uma questão interna, posição, aliás, defendida por setores ligados a esse comércio e à atividade escravista, tanto no Brasil como nas colônias africanas. Estava criada uma limitação geopolítica para o novo Estado, impedindo-o de tentar dominar áreas nos dois lados do Atlântico.

Obtido o reconhecimento português com o aval da Inglaterra, iniciaram-se as negociações sobre os tratados de comércio entre o Brasil e o Reino Unido. Dois objetivos principais estavam na agenda de Stuart: a garantia da manutenção dos privilégios ingleses e o compromisso de extinção do tráfico de escravos. Nesse sentido Stuart obteve, em outubro de 1825, dois tratados: um de amizade, comércio e navegação, e uma convenção sobre a abolição do tráfico. Esses textos, no entanto, não foram aceitos por Canning e as negociações foram retomadas por Robert Gordon. Assinaram-se então dois novos tratados, aprofundando as exigências inglesas. A convenção contra o tráfico, assinada em novembro de 1826, estabeleceu um prazo de três anos, a contar da data da ratificação (13 de março de 1827), para que o Parlamento brasileiro votasse uma lei abolindo o tráfico de escravos.

O Tratado de Amizade, Navegação e Comércio, com duração prevista de quinze anos, foi assinado em 17 de agosto de 1827. Por esse instrumento, a Grã-Bretanha confirmou praticamente todas as vantagens contidas no tratado de 1810: a) manutenção das tarifas de importação dos produtos britânicos em 15% *ad valorem*, não podendo o Brasil cobrar direitos inferiores a esses de qualquer outro país, exceto Portugal; b) os súditos britânicos residentes no Brasil gozariam de liberdade de culto, inviolabilidade de seus domicílios e as mesmas facilidades de pagamentos alfandegários concedidas aos brasileiros; c) era mantido o juiz conservador da nação britânica.

Na prática, o tratado não ofereceu compensação adequada pela manutenção da tarifa de 15% para as mercadorias britânicas. Sendo os produtos de exportação brasileiros similares aos das Índias Ocidentais Britânicas, o tratamento preferencial dispensado a esses últimos praticamente excluía os produtos do Brasil do mercado inglês. Ademais, a redução tarifária incidia fortemente sobre a arrecadação fiscal do Estado brasileiro, pois a maior parte da receita procedia das rendas da alfândega. Os acordos comerciais assinados com as demais potências europeias acabariam por estender essa vantagem por força da cláusula de nação mais favorecida. Assim, esse tratamento privilegiado constou dos tratados assinados com a França, a Áustria, a Prússia, as Cidades Hanseáticas, a Dinamarca, os Estados Unidos e a Holanda, até que, por um decreto de 24 de setembro de 1828, o governo decidiu adotar a tarifa de 15% para a importação de mercadorias de qualquer origem. Essa política vigorou até 1844 (quando a tarifa foi elevada para 30%) e teve consequências ruinosas para o país, pois, além de privar o erário de uma de suas principais fontes de recursos, praticamente impediu qualquer possibilidade de desenvolvimento industrial.

O Tratado de Amizade, Navegação e Comércio e a convenção contra o tráfico de escravos foram muito mal recebidos no Brasil. Ao Parlamento, pouca coisa restava fazer além de vocalizar esse descontentamento, pois pelos termos da Constituição de 1824 cabia apenas ao imperador a prerrogativa de ratificar os tratados internacionais. Os sucessivos tratados com as demais potências europeias desenharam o chamado "sistema de tratados" e tornaram-se uma fonte inesgotável de reclamações contra o imperador (Cervo, 1981). A Câmara dos Deputados tornou-se crescentemente crítica, refletindo um descontentamento geral com os rumos da política externa brasileira. Não faltaram discursos inflamados contra a diplomacia brasileira, cujo prestígio certamente conhecerá dias melhores, posteriormente.

> Eu digo, e digo novamente, que nosso corpo diplomático é o pior possível (aplausos)... Nós vemos empréstimos mal contratados

e comissões obtidas desastrosamente (aplauso geral). Tratados mal conduzidos (aplauso geral). Negociações muito mal conduzidas (aplauso), e com tais resultados pode ser dito que nossos agentes diplomáticos são bons? Não, senhor Presidente, eles são maus ou, melhor dizendo, eles são péssimos (Vasconcellos, sessão de 25 de abril de 1830 da Câmara dos Deputados, ACD, p.673).

O insucesso em reter a Província Cisplatina no Império, cuja secessão ou adesão às Províncias Unidas era vista como ameaça direta à integridade territorial do Brasil, só fez agravar essa insatisfação. A guerra foi longa, desgastante e impopular, com prejuízos ao comércio, ameaçado pelos corsários autorizados por Buenos Aires. O impasse no plano militar só foi rompido com a intervenção inglesa, que impôs aos dois contendores uma meia derrota, com a criação de um novo Estado autônomo. A despeito da impopularidade da guerra, é um erro imaginar que havia, na época, a percepção de que os uruguaios constituiriam outra nacionalidade, distinta da brasileira, e que deveriam, portanto, contar com um Estado independente. Essa lógica peca por anacronismo, pois nesse momento os Estados americanos ainda estavam em fase de formação e a prevalência do nacionalismo como forma de legitimidade desses Estados ainda era um processo em marcha. Nesse contexto, inclusive, o Brasil era um corpo estranho, que forjou seu Estado com base no princípio dinástico. Num reino dinástico, os laços das diversas regiões, mesmo que culturalmente diferentes, se dão em torno da figura do soberano e essas diferenças não necessariamente punham em risco a unidade do reino, como no caso dos Estados-nação, onde, em tese, a cada nação deve corresponder um único Estado. A perda da Cisplatina era encarada, com acerto dentro da perspectiva da época, como grave ameaça à integridade do império e foi lamentada pela opinião pública, conforme o testemunho contemporâneo. Segundo o viajante inglês Walsh, "o fim da guerra foi recebido com desapontamento e descontentamento universal no Brasil". Ele prossegue seu relato, aduzindo que "todo e qualquer pequeno comerciante no Rio se viu pessoalmente degradado pelo desmembramento de seu império" (apud Calógeras, 1998, v.II, p.461).

Também nos meios políticos, era claro o sentimento contra a secessão de uma região considerada parte integrante do território brasileiro, como se pode constatar no pronunciamento de Calmon, na Câmara dos Deputados, em 15 de maio de 1827:

> A guerra não é impopular, quero dizer, a guerra em si mesma ou considerada quanto à sua causa ou fim; impopular, sr. Presidente, é a direção que nos tem feito experimentar desastres por mar e terra; essa direção que, sem apresentar vantajosos resultados para o Império, continua a atacá-lo nos seus vitais princípios, o da população e o das finanças. Todos falarão contra a guerra, mas não duvido assegurar que é *raríssimo* o brasileiro que queira perder a Cisplatina. Concedamos, porém, que a guerra seja *impopular, mas note-se que, se a paz for feita com perda da Cisplatina, essa paz será mais impopular ainda.* (apud Calógeras, 1998, v.II, p.435-6, grifo no original)

Na questão da definição dos limites territoriais, a diplomacia de D. Pedro foi tímida. Em junho de 1826, o governo peruano enviou José Domingos Cáceres ao Rio de Janeiro com o objetivo, entre outros, de iniciar uma discussão sobre os limites com o Brasil. O governo imperial não quis negociar o tema, alegando não possuir ainda os dados necessários ao estudo dessa questão. Em 1827, o governo da Grã-Colômbia enviou Leandro Palacios também com esse objetivo e obteve a mesma resposta. Igual omissão em relação à questão da definição das fronteiras do império foi observada quando da assinatura da Convenção Preliminar de Paz, em 1828, que criou o Uruguai sem que se aproveitasse aquela oportunidade para definir de vez os limites entre o Brasil e seu novo vizinho.

A partir da morte de D. João VI, em março de 1826, a questão da sucessão do trono português não pôde mais ser evitada. D. Pedro renunciaria ao trono em favor de sua filha D. Maria da Glória, que deveria se casar com seu tio, D. Miguel. Este, no entanto, com o apoio de Fernando VII, restabelecido no trono espanhol, tomou a Coroa para si, dando início a uma luta entre os dois irmãos. Na Câmara dos Deputados, havia grande oposição ao envolvimento do Estado brasileiro na questão portuguesa, e o Congresso tinha a faculdade de negar a aprovação de recursos para uma intervenção de D. Pedro com tropas brasileiras. Nas palavras de Calógeras, comentando o Voto de Graças do Parlamento ao imperador, em 1830, "mais claro, era impossível: nada de aventuras portuguesas. E o aviso soava grave, no estado de exaltação reinante dos espíritos, com desconfianças de lusitanismo superior a brasileirismo na pessoa do soberano e nas do círculo de seus conselheiros" (Calógeras, 1998, v.II, p.467).

Sem a aprovação do Parlamento, ainda em 1830, D. Pedro envia o Marquês de Santo Amaro, José Egídio Álvares de Almeida, em missão especial a Londres e a Paris para buscar o apoio das Cortes europeias para uma pacificação de Portugal em torno de D. Maria da Glória, em troca da reconciliação com D. Miguel, concretizada na confirmação da oferta de casamento com a sobrinha. Ademais, Santo Amaro devia pedir a intervenção dos países europeus para a derrubada das repúblicas vizinhas e a instalação de monarquias, de preferência dirigidas por membros da dinastia dos Bourbon. Quanto à Cisplatina, Santo Amaro deveria insistir na sua reincorporação ao império, pois, segundo suas instruções,

> É o único lado vulnerável do Brasil. É difícil, senão impossível, reprimir as hostilidades recíprocas, e obstar a mútua impunidade dos habitantes malfazejos de uma e outra fronteira. É o limite natural do Império. É enfim o meio eficaz de remover e prevenir ulteriores motivos de discórdia entre o Brasil e os Estados do Sul. (Instruções de Santo Amaro, 23 de abril de 1830, apud Calógeras, 1998, v.II, p.477)

Se Santo Amaro não lograsse convencer as potências europeias da conveniência dessa reincorporação, ele deveria tentar que o Uruguai se tornassse Grão-Ducado ou Principado, mas jamais se reunir com a Argentina. A missão de Santo Amaro fracassou em seus dois objetivos e D. Pedro I, acossado por uma crescente oposição, acabaria por renunciar em favor de seu filho, Pedro II, ainda menino, na madrugada de 7 de abril de 1831. Nesse mesmo dia, partiu na fragata inglesa *Volage* rumo à Europa para liderar uma das facções na guerra civil portuguesa de 1832-1834, com cuja vitória restabeleceu seu direito ao trono português, que assumiu como Pedro IV.

Se a política externa do Primeiro Reinado fracassou – dividida entre uma lógica ainda dinástica e um nascente sentimento nacional –, a continuada crise interna criou as condições para um crescente ressentimento (um poderoso instrumento para unir uma sociedade com tantos contrastes e antagonismo) contra os nascidos em Portugal. Nesses primeiros anos do Brasil como entidade política autônoma, ser brasileiro cada vez mais passou a definir-se por não ser português.

No plano das elites nascidas no território brasileiro, o antagonismo contra os nascidos na Corte vinha do crescente predomínio econômico dos comerciantes, tropeiros e produtores de Minas, São Paulo e do interior do Rio, que cada vez mais se faziam representar no Parlamento, mas sem alcançar o círculo íntimo do imperador, fechado na nobreza portuguesa emigrada. A percepção de que D. Pedro protegia os nascidos em Portugal, com postos na burocracia, dignidades e favores, criou também um ambiente propício para que a figura do imperador fosse progressivamente questionada. Até mesmo os defensores do tráfico se decepcionaram com as concessões feitas à Inglaterra no processo de reconhecimento da independência, tendo sido estabelecida, inclusive, uma data para o fim do tráfico.

> Ademais, por causa das difíceis circunstâncias políticas enfrentadas em Portugal sob o governo de D. Miguel, muitos portugueses – músicos, professores, médicos, advogados, funcionários públicos

e outros pobres – migraram para o Rio de Janeiro, recebendo a proteção de D. Pedro I, interessado em conseguir apoio para o reinado de sua filha, D. Maria da Glória, em Portugal. Muitos desses portugueses pobres vinham rivalizar com os libertos, pobres, mulatos, escravos, ciganos, desertores e fugidos, no mercado de trabalho, fomentando a tensão social. (Souza, 1999, p.338)

Além disso, os comerciantes portugueses eram a face visível do rápido aumento do custo de vida e da deterioração das condições econômicas das camadas populares, que sofreram um acentuado empobrecimento entre 1825 e 1830. Essas dificuldades, na verdade, devem ser atribuídas a um vasto conjunto de problemas: altos impostos sobre o abastecimento, desvalorização da moeda, o custo financeiro da Guerra da Cisplatina, o pagamento da indenização a Portugal pela independência, a circulação de dinheiro falso etc. No entanto, o sentimento antilusitano se nutriu, pois

Esses problemas econômicos afetavam as formas de sobrevivência cotidianas da população mais pobre, originando uma interpretação generalizada que culpava os taverneiros, os açougueiros, os carniceiros – em geral, portugueses – pela falta de carne ou seu preço abusado. Isso concorria para que se acirrasse a aversão contra os portugueses. (Souza, 1999, p.329)

A nascente imprensa brasileira, fiel à prescrição de Anderson (1989), teve um papel importantíssimo na formação desse sentimento de identidade, inclusive pela virulência de seus *Insultos Impressos* (Lustosa, 2000), que inventavam os "brasileiros" em oposição aos "portugueses". Esse antagonismo explodiu em violência aberta nas ruas do Rio de Janeiro entre 13 e 15 de março de 1831, no episódio que ficou conhecido como as "noites das garrafadas", quando "pés de chumbo" e "cabras" se enfrentaram, literalmente, às garrafadas (entre outros objetos) pelas ruas e praças da capital.

O conceito de "ser português" passava, na década de 1820, por uma importante revisão, com base na rediscussão dos termos do contrato social – até então não escrito – com a monarquia lusa propiciada pelas Cortes de Lisboa. A partir daí, o Estado português passaria a buscar sua legitimidade cada vez mais com base num nacionalismo que (em seu sentido moderno) começava a ser inventado também na metrópole. Em contraste, a construção/invenção do "ser brasileiro" fixou-se no imaginário dos habitantes da ex-Colônia como alteridade ao "ser português". Como assinalou Souza (1999, p.19), no Brasil,

> O movimento popular estava intrinsecamente marcado pelo significado da presença-participação "lusa" e a identidade nacional teve como um dos eixos de constituição os conflitos antilusitanos – que foram ostensivos até o momento da Independência e pontilharam o dia a dia da cidade [do Rio de Janeiro] até a eclosão violenta das "noites das garrafadas". Desta forma, embora a efervescência das ruas seja mais facilmente atestada até 1824/1825, ela não desapareceu por completo. Na Corte, ressurgiu com virulência em 1831 e perdurou até 1834. O antilusitanismo constitui-se em uma forma de participação política, de luta pela liberdade e por meios para o seu exercício.

Muito das lutas políticas do Primeiro Reinado pode ser explicado a partir da construção dessa identidade brasileira "antilusitana", crescentemente hostil ao Imperador, acusado de absolutista e de privilegiar o "partido" português, contraposto, significativamente, ao "partido" brasileiro, dos defensores dos interesses afetados pelos comerciantes portugueses e contrários aos privilégios ainda existentes para os nascidos em Portugal que viviam na ex-Colônia.

No Brasil, como na maior parte das nações contemporâneas, o Estado construiu a nação. O Estado já independente que precedeu a nação brasileira, no entanto, foi ainda um Estado dinástico moldado à imagem dos Estados europeus dos oitocentos. Os instrumentos e as instituições desse Estado foram paulatinamente adaptando-se e também sendo colocados a serviço da tarefa de construir a nação. Nesse percurso, as funções e o lugar social dessas instituições ganharam novos contornos, outras dimensões. Dentre as muitas instituições do Estado (hospitais, prisões, sanatórios etc.), duas são especialmente importantes na tarefa de construir a nação: a escola e as Forças Armadas, que são um elemento essencial da política externa de qualquer país.

A reduzida presença do Estado português na educação no território da Colônia americana não foi revertida com a independência. A escolarização doméstica continuou a prevalecer sobre os esforços de uma educação pública até bem avançado o século XIX e "pode-se afirmar, como muitos faziam à época, que, para a elite brasileira, a escola para os pobres, mesmo se tratando de brancos livres, não deveria ultrapassar o aprendizado das primeiras letras" (Farias Filho, 2003, p.136). No entanto, a preocupação com a educação pública começou a ser explícita já em 1827, com a promulgação da primeira (e única) lei geral sobre instrução primária no período imperial. Em seu texto ficava determinado que "em todas as cidades, vilas e lugares mais populosos haverá as escolas de primeiras letras que forem necessárias". No Ato Adicional, de 1834, a educação pública passou à responsabilidade das províncias, o que contribuiu para um desenvolvimento extremamente desigual, em termos regionais, do processo de escolarização primária no Brasil imperial. No entanto, como assinala Farias Filho (2003, p.139):

> As leis provinciais, por outro lado, diversificaram-se aos poucos, denotando a crescente complexidade das escolas e dos sistemas de ensino que se propunham a instruir e ordenar. Nessa perspectiva, podemos falar também da existência de sistemas provinciais e, posteriormente, estaduais. Sistemas de ensino cuja complexidade era bastante variada, apesar da ausência de um sistema nacional de ensino centralizado tal qual observamos em boa parte dos países europeus já no fim do século XIX.

O fato é que, de todo modo, já no período imperial, registravam-se avanços, em termos de número e mesmo de métodos de ensino, visando à criação de uma rede de ensino público no Brasil. O caráter escravista da sociedade brasileira era, no entanto, um obstáculo de monta e não escapou às discussões das Assembleias provinciais, que debateram intensamente a necessidade, ou mesmo a conveniência, da escolarização das "camadas inferiores da sociedade", incluindo negros (livres ou escravos), mestiços, mulheres e índios. Apenas com a República, em vista da necessidade de incluir toda a cidadania na nação, ainda que em termos retóricos, pôde-se superar essa contradição e as escolas puderam ser claramente vocacionadas como construtoras do sentido de nacionalidade (seguindo-se o exemplo dos países europeus e dos Estados Unidos).

As Forças Armadas, outra "fábrica da nacionalidade", também passaram por uma radical transformação ao longo do século XIX para, na República, afirmarem-se claramente como um dos principais instrumentos dessa tarefa.

A construção do sentimento nacional foi uma novidade que veio no bojo das grandes transformações trazidas pela superação do Antigo Regime na Europa e nas Américas. A modernidade traduziu-se não só numa alteração radical das relações sociais, com a revolução industrial e o aprofundamento das relações capitalistas, mas também por uma completa revisão das mentalidades, com o abandono do mundo construído em torno das relações dinástico-religiosas em favor de uma nova ordem em que o nacionalismo seria a força que ordenaria e comandaria as lealdades políticas e sociais. O modo como se fazem as guerras e a ideologia e estrutura das Forças Armadas foram duas peças-chave desse amplo movimento.

Desde fins do século XVIII e ao longo do XIX assistiu-se a uma verdadeira revolução na atividade militar. A mudança mais importante, no entanto, não foi nas táticas ou nos armamentos utilizados (ainda que tenha havido avanços importantes também nessas duas áreas), mas na organização e na ideologia das Forças Armadas. Antes da ideia dos exércitos como a *nação em armas*, trazida principalmente pela Revolução Francesa, os sentimentos de lealdade à nação, ou mesmo de patriotismo, tinham um espaço muito reduzido na organização militar. A tropa era mantida por meio de uma brutal disciplina e os exércitos eram consideradas *hordas armadas*. "Soldado" e "cidadão" eram noções diametralmente opostas. As Forças Armadas refletiam fielmente as hierarquias do Antigo Regime, em que os postos de comando eram preenchidos com base na condição social. Oficialidade e tropa eram dois mundos completamente distintos.

Com a Revolução Francesa, as noções de "cidadão" e de "soldado" foram se aproximando. O povo seria chamado a defender seu novo *status* de cidadão. O recrutamento militar deixaria de ser um fardo imposto apenas aos setores marginais da sociedade. O alistamento de grandes parcelas da população, além de exigir profundas reformas para que esse enorme contingente pudesse ser recrutado, treinado, alimentado, transportado, equipado e gerido, exigiu uma radical transformação do próprio lugar social do soldado na sociedade. A generalização do serviço militar demandou que este perdesse seu caráter de anátema para adquirir uma nova dignidade social.

As Forças Armadas modernas distinguem-se dos exércitos e armadas do Antigo Regime em muitas dimensões. Além de se caracterizarem por reunir um contingente significativamente maior de soldados, atingindo em tese (na ativa e na reserva) toda a população masculina (e, em alguns casos, feminina) do país, o serviço militar sofreu importante transformação de suas funções e do próprio *status* a ele atribuído. Gradualmente, os exércitos perderam seu caráter quase penal (dando lugar à multiplicação das prisões), de controle direto de setores marginais da população. Arregimentadas em verdadeiras caçadas humanas, as tropas reuniam criminosos e indivíduos sem ocupação definida ou posição social que lhes permitisse fugir ao serviço das

Armas. Uma vez alistado, os tempos de serviço prolongavam-se por muitos anos, submetendo os recrutas a uma feroz disciplina em que abundavam os castigos corporais.

Estender o serviço militar a toda população exigiu uma radical transformação de seu significado dentro da sociedade. O *tributo de sangue* só poderia ser imposto à massa da população num contexto ideológico em que a condição de recruta não fosse vista como estigma social. Dentro do quadro maior da dissolução do mundo de relações sociais do Antigo Regime, essa mudança tomou como base os novos sentimentos nacionalistas e o serviço das Armas adquiriu a condição de dever cívico. "O alistamento obrigatório universal e a cidadania eram os dois lados de uma moeda. Juntamente com a educação compulsória e o direito ao voto, o alistamento era visto como um dos pilares do Estado democrático" (Centeno, 2002, p.242). As Forças Armadas latino-americanas não acompanhariam tal evolução ainda no século XIX. O primeiro país da região a instituir o serviço militar universal seria o Chile em 1900, seguido da Argentina em 1905. O Brasil só o faria em 1916, já durante a Primeira Guerra Mundial.

Durante o século XIX, no entanto, percorreu-se um longo caminho na transformação das Forças Armadas brasileiras, estreitamente ligado à questão da construção da nacionalidade. Com D. João VI, em 1808, chegou ao Rio de Janeiro grande parte da oficialidade portuguesa, criando uma forte desproporção entre o tamanho das tropas e o número de oficiais. Com isso também se intensificou a rivalidade entre militares nascidos em Portugal e os nascidos na Colônia. Os que chegavam tinham evidente vantagem em termos de treinamento e disciplina e contavam com a preferência natural de D. João. Chegou-se ao ponto de se propor formalmente que os brasileiros fossem declarados incompetentes para promoções acima da patente de capitão e os que já desfrutavam de patente superior fossem dispensados (McBeth, 1978, p.119). Essa tensão entre militares peninsulares e *crioulos* era então comum por todo o continente, mas, ao contrário do que ocorreu nas novas repúblicas americanas, no Brasil ela não seria resolvida com a independência.

Curiosamente, a situação agravou-se, pois grande parte da oficialidade portuguesa preferiu permanecer no Brasil e "entre 1821 e 1823, durante o Primeiro Reinado, quase a metade de todos os generais do novo Exército imperial era nascida em Portugal" (McBeth, 1978, p.119). A manutenção da monarquia contornou a necessidade da criação de um exército revolucionário e preservou a estrutura das Forças Armadas brasileiras nos moldes do Antigo Regime. Os militares, portanto, continuavam a dever lealdade ao soberano e não à nação, sendo irrelevante seu lugar de nascimento. D. Pedro I, inclusive, fez largo emprego de mercenários estrangeiros e chegou a contar, em 1828, com uma tropa de 2.000 alemães e 300 irlandeses, a maior parte deles estacionados no Rio de Janeiro.

Dentro do contexto mais amplo das lutas pela independência nas Américas, o caso brasileiro singularizou-se também por seu caráter relativamente pouco violento, tendo a resistência armada contra o novo soberano se restringido às lutas ocorridas na província da Bahia, de meados de 1822 até 2 de junho de 1823, e outros enfrentamentos menores na Cisplatina e no Maranhão. Mesmo assim, a incompatibilidade entre a manutenção da escravidão e um esforço de guerra em nome da nação já se fez patente nessa primeira experiência militar do novo Estado independente.

A despeito da recusa à sua solicitação formal para o recrutamento de escravos, o general francês contratado por D. Pedro para comandar a expulsão das tropas portuguesas da Bahia, Pierre Labatut, chegou a confiscar e recrutar escravos de propriedade de senhores de engenho portugueses ausentes, o que fez correr a notícia de que os escravos que se oferecessem voluntariamente seriam libertos. O Conselho Interino de Governo, comando local do esforço independentista, "queixou-se de que o general francês empreendera a *horrorosa* medida de criar um *Batalhão de negros, cativos e africanos*". Para o Conselho tal iniciativa era alarmante, "não só por causa da ameaça do recrutamento de escravos ao direito de propriedade, mas também porque tocou na questão racial" (Kraay, 2002, p.113, grifo no original).

Os limites de tal iniciativa, no entanto, estavam muito claros: o recrutamento foi apenas um recurso improvisado e de curta duração, cessando em 1823 com o afastamento de Labatut. Buscou-se, ademais, preservar o direito de propriedade, pois os escravos recrutados em fins de 1822 pertenciam a portugueses ausentes, que não teriam herdeiros brasileiros. Ainda assim, os perigos trazidos pelo recrutamento de escravos estavam claros. Havia a concordância implícita de que "soldado" e "escravo" eram categorias distintas e que o recrutamento era incompatível com a manutenção da condição de escravo.

Passada a guerra, os ex-escravos que efetivamente serviram como soldados foram libertados e os restantes devolvidos aos seus senhores. Vale notar que mesmo a manumissão dos escravos que serviram como soldados guiou-se pela estrita observância do direito de propriedade. A concessão da alforria continuava entendida como um privilégio exclusivo dos senhores de escravos. Em alguns casos, foram concedidas voluntariamente, em vista do óbvio risco de devolver à escravidão homens experimentados em batalhas. Outros senhores foram convencidos a aceitar indenização do governo para compensar o recrutamento de seus escravos.

Assim, como ressaltou Kraay (2002, p.118, grifo no original):

> No decorrer da década de 1820, a burocracia imperial aos poucos resolveu as pretensões dos escravos e dos senhores, demarcando o mais claramente possível a linha divisória entre escravos e soldados, uma linha que, segundo todos os envolvidos, devia existir e ser clara. De fato, o governo imperial ressaltou esse princípio em 1824, ao decretar que homens de cor provassem *sua condição livre* antes de se alistarem voluntariamente.

O dia em que adiaram o Carnaval

A manutenção da escravidão seria, durante todo o Império, um obstáculo intransponível à modernização das Forças Armadas. A incompatibilidade do trabalho escravo com o desenvolvimento pleno da ideia de nação não permitiu que o Exército desse o salto qualitativo para a *nação em armas*. Além disso, mesmo entre a população livre, a nação, como a entendiam as elites do Império, restringia-se aos homens brancos e proprietários – justamente os menos prováveis candidatos ao recrutamento compulsório que preenchia as fileiras das Forças Armadas. Se havia uma distinção clara entre escravo e soldado, estava igualmente marcada a diferença entre soldado e cidadão.

O desempenho decepcionante das tropas brasileiras na Guerra da Cisplatina (1825-1828) acentuou a rejeição aos militares entre a população e as elites do Primeiro Reinado. A posição de D. Pedro era ambígua e o Exército foi crescentemente visto como um instrumento do monarca contra os movimentos liberais. A crise do Primeiro Reinado teria, assim, um forte impacto na evolução das Forças Armadas. Em junho de 1828, uma rebelião das tropas mercenárias de D. Pedro causou terror no Rio de Janeiro, aumentando a pressão para dissolver os regimentos estrangeiros. Como resultado, uma lei de 24 de novembro de 1830 reduziu o exército de cerca de 20.000 para 14.500 homens e dispensou todos os estrangeiros que não estavam alistados desde antes da independência, o que, a curto prazo, fez aumentar os episódios de indisciplina e os conflitos na capital, pois deixou um grande contingente de ex-soldados sem ocupação pelas ruas do Rio de Janeiro.

Com a crescente instabilidade, as tropas acabaram por apoiar a deposição de D. Pedro I, que renunciou em 7 de abril de 1831. No entanto, as revoltas de tropas na capital e nas províncias não se reduziram e, ao contrário, em julho de 1831 explodiram novos conflitos. Em consequência, a Regência iria reduzir ainda mais o número das tropas do Exército e criar a Guarda Nacional, como um contrapeso nas mãos das elites regionais. O Exército foi reduzido e a maior parte de suas unidades transferida para as províncias e zonas de fronteira. O movimento em direção à descentralização, que reduziria as tropas do Exército a apenas 4.642 praças em 1835 (Beattie, 2001, p.31), cobraria seu preço com uma explosão de revoltas regionais. Para combater essas revoltas, esforço que tornaria o Duque de Caxias patrono do Exército e lhe daria o epíteto de *Pacificador*, algumas tímidas medidas seriam tomadas para reformar e profissionalizar as Forças Armadas. As primeiras discussões sobre a necessidade de extinguir o sistema de recrutamento compulsório datam da década de 1840. No entanto, a ausência de ameaças externas e a progressiva pacificação amorteceram esses debates, que só ressurgiram em vista das necessidades impostas pelo conflito com o Paraguai.

A independência brasileira se fez, ao contrário dos demais países americanos, sem "libertadores". Não se poderia atribuir a Labatut ou ao Lorde Cochrane o caráter de fundadores da nacionalidade. O recurso a militares estrangeiros não foi, certamente, exclusividade do processo de independência brasileiro. Cochrane, para citar um exemplo, antes de servir à Marinha brasileira, foi o responsável pela estruturação da Marinha chilena na guerra contra os espanhóis. No caso do Brasil, no entanto, prescindiu-se da criação de um exército revolucionário, e as Forças Armadas, ainda que certamente contando com militares de grande valor já nascidos na ex-Colônia, foram um amálgama de tropas mercenárias estrangeiras e locais (com uma grande oficialidade ainda "portuguesa") servindo ao soberano, muito nos moldes do Antigo Regime.

Tampouco a José Bonifácio e a D. Pedro I pode-se atribuir o caráter de "pais fundadores" da nação, pois, ainda que tenham efetivamente liderado o processo que estabeleceu o Brasil como um corpo político autônomo, dotado de soberania reconhecida pelos demais Estados, a lógica que conduzia suas atuações políticas não estava centrada na criação de uma nacionalidade brasileira. Ainda que em crise, prevalecia uma visão dinástica das lealdades políticas e o rompimento com as Cortes fez-se em nome do rei "prisioneiro", sem que se pusesse em questão a unidade da nação portuguesa. A despeito da vontade e das ações de D. Pedro, ser brasileiro, no curso do Primeiro Reinado, foi crescentemente traduzindo-se em não ser português, e esse raciocínio não deixou de ser aplicado ao imperador, que acabou destituído.

A lógica dinástica e conservadora que presidiu o processo de estabelecimento do Brasil como um corpo político autônomo em muito contribuiu para a preservação da unidade territorial da antiga colônia portuguesa nas Américas.[6] Apenas a Cisplatina se separou dessa vasta ex-Colônia, uma perda logo ocultada pela historiografia,[7] que passou a lhe atribuir um caráter completamente distinto do resto das províncias, na verdade também igualmente heterogêneas entre si. De todo modo, a suposta manutenção da integridade territorial do Brasil será uma mistificação útil para dar sustentação a um dos mitos de origem da nacionalidade brasileira, elaborado pelos autores românticos e pela historiografia das décadas seguintes e que sobrevive até os nossos dias.

Com todas as suas muitas fragilidades, os escombros do Estado português herdados por D. Pedro deram-lhe uma decisiva vantagem na tarefa de atrair para si as lealdades dos diversos grupos regionais e facções de diversa índole para um novo contrato social, expresso inicialmente na promessa de aceitação de uma Constituição que seria escrita. O controle de tropas, mercenárias ou não, a arrecadação fiscal proporcionada especialmente pelas

---

6 Naturalmente, a conservação da "unidade" territorial brasileira não se explica só por esse fator, mas por um amplo rol de causas, estruturais e fortuitas (ver Santos, 2004, p.52-6).

7 Neste ponto é extremamente oportuna a assertiva de Renan (1989[1882], p.45): "O esquecimento, eu diria mesmo a falsificação da história, é um fator crucial na criação da nação".

rendas da alfândega, a capacidade de contratar empréstimos no exterior, a existência de uma burocracia já testada em diversas áreas, inclusive na diplomacia, eram vantagens nada desprezíveis.

Muitos fatores contribuíram para que a diplomacia de D. Pedro não escapasse ao fracasso de seu reinado: as dificuldades para obter o reconhecimento internacional, espremidos que estavam os negociadores brasileiros entre uma lógica essencialmente dinástica e uma nascente lógica nacionalista; os empréstimos e os tratados de comércio, que criaram focos de descontentamento no Parlamento e na sociedade em geral; o fracasso na Cisplatina e a incapacidade de iniciar as discussões sobre os limites do novo Estado com seus vizinhos também foram alvos de fortes críticas.

A política platina foi um desastre. Após o reconhecimento da independência uruguaia, em 1828, Manuel Rosas surgiu como principal força da política argentina e, até o fim da década de 1840, a região sofreu entre intervenções de Rosas e das potências europeias. O Império, por sua vez, "era arrastado para o torvelinho do Rio da Prata, sem querer nem poder se envolver naquelas lutas, pois, retalhado como se achava pelas revoluções, enfraquecido pela insubordinação geral e pela crise financeira, tornara-se incapaz de defender seus interesses continentais" (Soares de Souza, 1985, p.114-5). A reação a esse estado de coisas mais comprovou do que negou tal fraqueza. A missão de Santo Amaro (1830), enviada por D. Pedro, e a do Visconde de Abrantes (1844), já sob a Regência, buscaram sem sucesso, com base numa suposta identidade com as potências europeias, argumentos para intervir na região de acordo com interesses do Império.

A invenção da nacionalidade brasileira teve uma trajetória complexa. Do mesmo modo que nas demais ex-Colônias europeias nas Américas, não exista no Brasil nas primeiras décadas do século XIX uma consciência *nacional* ou mesmo uma identidade *brasileira* nos habitantes das terras que viriam a ser o Brasil.

A base escravista da produção, comum às diversas regiões (ainda que em graus muito distintos), e a pouca integração entre elas dificultavam sobremaneira a possibilidade de êxito imediato do princípio da soberania popular e da república para a legitimação do Estado brasileiro. A legitimação do Estado brasileiro recém-independente se fez com base na ideia de continuidade e não de ruptura com a ordem interna herdada do período colonial. A ideia de nação que começa a ser manejada no discurso oficial da monarquia brasileira difere do conceito de *comunidade imaginada* tal como definido por Anderson (1989) ao não integrar a maior parte da população: escravos, índios, negros, mestiços e, mesmo, brancos pobres. O resultado era uma noção de nacionalidade altamente excludente e elitista.[8] De todo modo, havia de se criar uma identidade própria para esse novo corpo político, e essa contradição era superada pelo apelo à noção de patriotismo e de lealdade à monarquia e ao catolicismo,[9] conceitos que podiam conviver com a exclusão forçada da maioria da população do corpo político. A monarquia brasileira seria responsável pela

---

8   Nisso também a experiência brasileira contrasta com a de seus vizinhos americanos. No caso destes, ao menos inicialmente, houve o apelo à criação de um sentido de nacionalidade mais amplo. É verdade que no correr do século XIX essa tendência se reverteria para excluir as massas, os mestiços e os índios dessas novas nações. Como ressaltou Mallon (2002, p.13): "Com a crise do sistema colonial ao fim do século XVIII, nacionalidade e cidadania foram, por algum tempo, ideias potencialmente inclusivas e igualitárias debatidas intensamente e entendidas de modos distintos. A partir da segunda metade do século XIX, no entanto, nação e cidadania foram conceitos aplicados a um grupo seleto, geralmente de proprietários, de origem europeia, alfabetizados e do gênero masculino. Foi apenas nas primeiras décadas do século XX que voltaram os debates sobre a dinâmica de inclusão e exclusão nos Estados-nação latino-americanos, debate que continua até hoje".

9   Não por acaso, Estado e Igreja continuaram ligados no Império. A atuação da Igreja e sua grande capilaridade na sociedade dos oitocentos contribuíam para legitimar a monarquia, com instituições como o patronato e as irmandades, que tinham grande penetração mesmo entre os escravos, criando elos entre os estratos sociais mais baixos e o soberano.

propagação de um sentimento de patriotismo que superou a lealdade às "pequenas pátrias" locais e regionais – sentimento esse já manifesto nos vários movimentos nativistas anteriores à independência e que teve seu último fôlego nas revoltas do período regencial – em prol da ideia de uma pátria que abrangesse a totalidade do território da antiga Colônia. A ideia de pátria distingue-se da ideia de nação, pois "a pátria pode ser um vale, uma região, uma instituição ou um país". Centeno acrescenta que "o patriotismo não implica necessariamente a obediência a uma vontade coletiva ou sua representação institucional. *O patriotismo é a fé; o nacionalismo é a Igreja*" (Centeno, 2002, p.170). Assim, o desenvolvimento de um sentimento nacional brasileiro, como apego à *comunidade imaginada* definida por Anderson, seria um projeto desenvolvido apenas a partir da decadência do Império. É indiscutível, no entanto, que durante o período imperial se consolidou entre grande parte da população o sentimento do Brasil como a pátria comum de todos, de norte a sul, de leste a oeste, uma noção ausente antes da independência.

3
Um império tropical

De início, brasileiro era apenas uma profissão. Com o tempo, passou a designar aqueles portugueses que, tendo vivido nas terras americanas e ali enriquecido, retornavam à pátria de origem, à terra de seus pais; não se confundindo com os mazombos, descendentes de portugueses nascidos no Brasil – como os criollos na América hispânica –, e que aí permaneciam. [...] No tempo em que a Corte portuguesa esteve no Rio de Janeiro, nas páginas do *Correio Braziliense*, editado por Hipólito José da Costa em Londres, brasileiro era o português ou estrangeiro estabelecido no Brasil; brasiliense, o natural do Brasil; e brasiliano, o indígena. (Mattos, 1997, p.10)

Com a abdicação de D. Pedro I ficou excluída a possibilidade da reunião das Coroas portuguesa e brasileira e, portanto, foi estabelecida definitivamente a cisão da "nação portuguesa", ainda que até a morte do ex-imperador, em 1834, haja prosperado um partido regressista no Brasil. Essa nova situação, no entanto, longe de simplificar, tornou ainda mais complexo o debate político sobre a natureza da identidade brasileira, ao minimizar a necessidade – avassaladora no Primeiro Reinado – de definir essa identidade como uma negação de "ser português".

Não havia dúvida sobre a existência de um corpo político autônomo, já reconhecido internacionalmente, chamado Brasil.

O que não havia era consenso sobre a natureza do Estado e muito menos da identidade brasileira. Não era tarefa fácil se despojar da identidade criada em torno da Coroa portuguesa, que bem ou mal havia mantido integrado por vários séculos um corpo político que se estendia pelos continentes europeu, americano, africano e asiático, em territórios mal definidos e abarcando populações extremamente heterogêneas. Ademais, ser português (ainda que português americano) era para as elites desse mosaico político uma garantia de sua superioridade perante os demais súditos da Coroa, pois essa condição era inacessível para as populações nativas, os mestiços, os escravos e outros grupos subalternos.

Durante a "experiência republicana" (Castro, 1985) das Regências, houve espaço para ensaios sobre a natureza e os contornos do novo corpo político autônomo, com o cuidado de não se questionar a legitimidade do imperador ainda menino, símbolo das hierarquias e relações sociais do período colonial, cuja preservação, no plano interno, buscava-se manter inalterada. No início, o período das Regências caracterizou-se pelo acirramento das tendências descentralizadoras (e até federativas), por uma profunda instabilidade política com sucessivas insurreições e graves ameaças secessionistas. São sintomas desse movimento em direção do enfraquecimento do poder do Rio de Janeiro a extinção do Conselho de Estado, a criação da Guarda Nacional[1] e o Ato Adicional.

---

1 A Guarda Nacional, criada por lei de 18 de agosto de 1831, baseava sua atuação nos municípios, subordinada localmente aos juízes de paz e, depois de 1850, ao ministro da Justiça. Era constituída pelos brasileiros de 21 a 60 anos que auferissem a renda mínima exigida para serem eleitores, compondo, em tese, uma milícia cidadã. A representação da cidadania, no entanto, refletia fielmente a ordenação da nação elitista e excludente que se pretendia forjar. Além de já excluir a maior parte da população pelo critério censitário (e, obviamente, os escravos), a distribuição de postos na Guarda Nacional obedecia às hierarquias vigentes e subordinava-se diretamente às elites regionais. Assim, a criação da Guarda Nacional, do mesmo modo que de outras milícias semelhantes nas repúblicas vizinhas, não contribuiu para

A partir de 1837, porém, observou-se o refluxo dessa tendência. As políticas do Estado brasileiro passaram a refletir cada vez mais os interesses de um grupo ainda recente – a oligarquia cafeeira do Vale do Paraíba –, que, com a bonança trazida pelo dinamismo do novo produto de exportação, pôde amortecer os conflitos entre as diversas elites regionais e restabelecer plenamente o caráter centralizador do Estado (ainda que preservando ampla margem de manobra para as várias oligarquias regionais em seus assuntos locais). A reversão da tendência descentralizadora e potencialmente desestabilizadora da ordem social, e até da integridade territorial do Império, foi refletida em algumas medidas: a Lei Interpretativa do Ato Adicional, a restauração do Conselho de Estado, a reforma da Guarda Nacional e a Lei de Terras. São ainda marcos importantes a volta do Partido Conservador ao poder, em 1848, e o esmagamento da Praieira no ano seguinte, marcando o fim das revoltas regionais. O golpe da maioridade e a restauração do Poder Moderador, em 1840, foram apenas uma etapa desse processo de consolidação do Estado imperial, que só culminou no correr da década de 1850.

Do ponto de vista da política externa, pode-se tomar como um marco dessa transformação a posse, em 1849, de Paulino Soares de Souza (que depois seria feito Visconde do Uruguai) como titular da carteira de Negócios Estrangeiros pela segunda vez. Após ter assistido à mudança de seu titular 27 vezes no período entre 1831 e 1849, a Secretaria de Estado dos Negócios Estrangeiros teve com Paulino uma gestão que durou quatro anos, quando foram formuladas diretrizes que foram observadas até o fim do Império.[2]

---

o fortalecimento do nacionalismo, na medida em que essas milícias eram "frequentemente as criaturas de poderes regionais e explicitamente destinadas a limitar as tendências centralizantes" (Centeno, 2002, p.234).

2 A partir de então, o Império passou a ter políticas definidas nos principais itens de sua pauta externa: comércio internacional, tráfico de escravos,

Também na política externa, as Regências abriram espaço para experimentação. A orientação de D. Pedro I em direção às Cortes europeias e o sistema de tratados, ambos alvos de duras críticas na Câmara dos Deputados, foram revertidos após o 7 de abril de 1831. Em seu Relatório de 1831 à Assembleia Geral Legislativa, Francisco Carneiro de Campos, secretário de Negócios Estrangeiros, prometeu aumentar a representação diplomática nos países americanos – então reduzida a Buenos Aires, Bogotá, Washington, Montevidéu e Lima – e enviar diplomatas ao México, a La Paz e a Santiago. Para não aumentar as despesas com essas medidas, pretendia fazer economias nas representações na Europa para "melhor estabelecer e dotar as da América". Chegou, inclusive, a antecipar a possibilidade de criação de uma liga americana para "repelir com toda a dignidade e orgulho as pretensões injustas das mais enfatuadas Nações estranhas" (RRNE, 1831, p.5-6).

Essa nova orientação carecia de bases firmes, pois as repúblicas vizinhas e até os Estados Unidos, àquele momento ainda um país essencialmente agrícola, não poderiam substituir a Europa como fonte de capitais e mercado para os produtos brasileiros. Ademais, a própria instabilidade interna do Império naquele período impossibilitava a implementação de políticas coerentes. Com a progressiva consolidação da economia cafeeira e do próprio Estado brasileiro, as relações externas do Império voltariam a se orientar em direção à Europa. Buscou-se, inicialmente, estender também aos países americanos a baixa tarifa que havia sido acordada com a Inglaterra no contexto do reconhecimento da independência, "como um corretivo ao sistema dos tratados: seriam desvirtuados pela universalização dos privilégios, extorquidos sob pressão pelas potências europeias" (Cervo, 1981, p.25). Apenas em 1844, com a expiração do tratado de comércio

---

fixação de limites, navegação fluvial e política platina. (Ver Santos, 2002, especialmente p.64-71).

assinado com a Inglaterra, o comércio internacional brasileiro sofreu uma reforma importante, com a introdução da chamada tarifa Alves Branco, que fixou taxas de 20% a 60%, muito acima dos 15% então prevalecentes.

Também no plano interno, as políticas do novo Estado padeciam de falta de consistência e continuidade. Ainda que buscando singularizar-se como corpo político autônomo, era difícil imaginar-se como uma nação, uma vez que a manutenção da escravidão como base do modelo econômico exigia a exclusão automática de grande parte da população do corpo da cidadania. Para responder a esse desafio, num ato de contorcionismo ideológico, a legitimação do Estado brasileiro independente se fez com base na ideia de continuidade e não de ruptura com a situação colonial.

A identidade brasileira provida pelo Estado dinástico apoiava-se em signos de continuidade da ordem interna da antiga Colônia. Fracamente integrado regionalmente e com uma população formada em grande parte por escravos, o Brasil enfrentava extraordinários desafios para a manutenção de sua unidade. Essa questão, balizada por um grande conjunto de circunstâncias estruturais e fortuitas, foi enfrentada pela criação de uma identidade que, ao contrário da de nossos vizinhos, não rompia com o passado colonial e, assim, contornava a necessidade da criação de um sentido de "comunidade imaginada" partilhado por todos os seus habitantes. No entanto, a emancipação política, ainda que legitimada pelos signos da continuidade, criou a necessidade premente de identificar esse novo corpo político, dar-lhe uma singularidade que pudesse servir de base para seu reconhecimento por seus membros. Esse processo de "invenção" de uma identidade se faz também em oposição ao "outro" e, consequentemente, há necessidade de definir o território e demarcar as fronteiras não só físicas, mas principalmente sentimentais que delimitem a "comunidade imaginada". Nesse contexto, o "outro" pode assumir várias formas: brasileiros *versus* portugueses, brasileiros *versus* africanos, América *versus* Europa, império *versus* repúblicas, civilização *versus* barbárie, um americanismo continental *versus* os nacionalismos particulares.

O recurso ao contraste com o "outro" indesejado resultou na curiosa tentativa de construir a autoimagem de um Brasil europeu, "civilizado" e estável, em contraste com a turbulência de nossos vizinhos. Se para os demais países americanos o "outro" era a Europa, para o Império o "outro" estava logo além de nossas fronteiras. A historiografia oficial logo consagrou essa fórmula. Analisando os trabalhos de Varnhagen e Von Martius, Prado (2001, p.131-2) comentou:

> Esses ideólogos do Império, que escreveram a história oficial do Brasil, defendiam a monarquia que se opunha às "repúblicas caóticas" da parte espanhola. Dessa maneira, estava clara a diferença que se devia estabelecer entre "nós" e "eles", entre o Brasil e os demais países da América do Sul, onde campeavam a desordem, a desunião e a fragmentação, todas alimentadas pelas ideias republicanas. O Brasil, em oposição, era forte, unido e, portanto, poderoso.

O contraste com nossos vizinhos foi retrabalhado à exaustão no plano ideológico, contrapondo-se um Brasil que se pretendia civilizado e europeu – como características subjacentes à condição de monarquia – aos nossos vizinhos bárbaros e conflituosos. Sobre o papel atribuído aos países da América hispânica na construção da identidade do Império brasileiro, Alambert (2000) lembra que as relações entre o Brasil e seus vizinhos estiveram marcadas por tensões e "diferenças exaltadas e violências consumadas" que se acirraram no processo de demarcação das fronteiras comuns. Também no plano ideológico essas diferenças apareciam, traduzidas "numa guerra de ideias assentada na defesa brasileira de sua 'civilização' imperial e escravista, em oposição às 'outras' nações americanas, já então formalmente republicanas e antiescravistas". Ele prossegue, argumentando que

Nosso liberalismo sonhava ser a *diferença*, a particularidade significativa diante do modelo liberal-revolucionário europeu que nossos "bárbaros" vizinhos meramente copiariam. No Brasil, conforme Roberto Schwarz escreveu em ensaio conhecido: "Impugnada a todo instante pela escravidão, a ideologia liberal, que era a das jovens nações emancipadas da América, descarrilava". Não éramos apenas uma "ideia fora do lugar" diante do modelo liberal europeu, mas fundamentalmente diante de nossos vizinhos americanos. Desse modo, seria impossível pensar qualquer conjunto de identidade "americana". (Alambert, 2000, p.303, grifo no original)

Em suma, Alambert (2000, p.303) propõe que "se a imagem que um país constrói de si está relacionada à diferença que impõe em relação à imagem de outras nações, então o 'outro' do Brasil foi toda a América Latina".

A imagem que as elites brasileiras procuram construir para o Império contrastava externamente com o "outro" latino-americano por sua pretensa paz, estabilidade e civilização. A contradição inerente a essa ideia de superioridade de uma civilização sustentada pela exploração do braço escravo e sua incompatibilidade com a criação de um sentimento nacional brasileiro não escapava aos ideólogos do Império. Ao analisar o projeto do Instituto Histórico e Geográfico Brasileiro de criação de uma historiografia "brasileira", Guimarães (1988, p.7) ressaltou que

Ao definir a Nação brasileira como representante da ideia de civilização no Novo Mundo, esta mesma historiografia estará definindo aqueles que internamente ficarão excluídos desse projeto por não serem portadores da noção de civilização: índios e negros. O conceito de Nação operado é eminentemente restrito aos brancos, sem ter, portanto, aquela abrangência a que o conceito se propunha no espaço europeu.

Ou seja, ao "outro" externo, somava-se um "outro" interno: escravos, índios, negros livres, mestiços e até mesmo brancos pobres. A ideia de "nação" de uma pequena elite de proprietários brancos não podia ser mais distante da nação como "comunidade imaginada". A construção das identidades nacionais no continente americano, e de modo geral, está intimamente associada ao declínio da escravidão. Num interessante artigo comparando os discursos justificadores da escravidão no sul dos Estados Unidos e no Brasil, Weinstein (2006, p.249-50) argumenta que

> o Sul dos Estados Unidos, e apenas no Sul dos Estados Unidos, pode ser categorizado como uma exceção à relação inversa, em termos históricos, entre construção da nação e sentimento pró-escravidão. Nós podemos ir mais longe e argumentar que, no caso do Sul antes da Guerra Civil, a ideologia pró-escravidão desempenhou um papel central na construção das solidariedades horizontais (entre os brancos) que Anderson aponta como cruciais para a comunidade imaginada nacional.

Ela acrescenta que, à diferença dos Estados Unidos, no Brasil o discurso pró-escravista baseava-se mais na identificação dos escravos como *africanos*. No sul dos Estados Unidos uma pessoa de pele escura, segundo os critérios estabelecidos de "pureza do sangue", não podia aspirar à cidadania. No Brasil imperial, apesar da óbvia discriminação racial, o negro nascido livre, mesmo tendo pais escravos, era cidadão e, se atingisse os critérios censitários, poderia até alcançar a categoria de cidadão "ativo", ou seja, passível de ocupar cargos públicos eletivos. Um escravo nascido na África, ainda que alforriado, por sua vez, estava limitado à condição de cidadão "passivo". Como assinalou Kraay (2001, p.114), "era o sentimento antiafricano que demarcava o outro lado da nação brasileira". O "outro" externo (que, nesse caso, confundia-se parcialmente com o "outro" interno) não estava só nos vizinhos republicanos.

Vale dizer, aliás, que se, para o Império, o "outro" externo eram as repúblicas latino-americanas, o inverso também é verdadeiro. O Brasil era visto com desconfiança por seus vizinhos republicanos, como um corpo estranho à ideia de América como contraposição à velha Europa e ao Antigo Regime. A noção de que o Imperador do Brasil pudesse estar envolvido numa conspiração arquitetada pela Santa Aliança contra as jovens repúblicas hispano-americanas possuía certamente um peso relevante na ideologia dos revolucionários do continente, que construíam a imagem do "outro" tendo como um dos pontos de referência o repúdio ao absolutismo europeu.

Por outro lado, as Cortes europeias de fato viam com bons olhos a existência de uma monarquia americana, questão nada irrelevante na primeira metade do século XIX, que assistiu, com a Santa Aliança, a uma tentativa de restauração do Antigo Regime na própria Europa. Lord Canning, o secretário de Assuntos Estrangeiros da liberal Grã-Bretanha, não deixaria de assinalar que "A única questão é se o Brasil independente de Portugal será uma monarquia ou uma república [...]. A preservação da monarquia numa parte da América é objetivo de vital importância para o Velho Mundo" (apud Maxwell, 2000, p.187). A ideia de uma aproximação entre o Império e as monarquias europeias não deixava de fazer sentido. O Império chegou, em certas ocasiões, a simpatizar com a intervenção europeia como forma de proteger seus interesses. Por exemplo, o então Visconde de Abrantes viajou à Europa, em 1844, para sondar os governos de Londres e de Paris sobre a possibilidade de eles intervirem no conflito entre as autoridades de Montevidéu e Manuel Oribe, este apoiado pela Confederação Argentina.

No entanto, a missão Abrantes, como antes a de Santo Amaro (em 1830), demonstrou, ao contrário, os claros limites dessas afinidades e a grande distância que separava a percepção do Império de si mesmo – como monarquia "branca", "civilizada" e "europeia" – da visão que os europeus tinham do Brasil: atrasado, escravista, exótico, "bárbaro". Em resposta à proposta de Abrantes, o chanceler inglês, Lorde Aberdeen, adiantou que a seu governo não interessava entrar em acordo com o Império em tal assunto porque, além de versar sobre um tema grave, tal coordenação teria de ter como pressuposto "um estado de boa inteligência entre os dois países". Ora, esse entendimento não existia. Com a não renovação do acordo comercial com a Inglaterra – reforçada pela decretação da tarifa Alves Branco – e a declaração da nulidade do acordo que estabelecia o fim do tráfico de escravos, nem mesmo a simpatia, que de fato existia, no reino da Rainha Vitória pela monarquia brasileira serviu para atrair o apoio inglês para a causa brasileira no Prata. Inclusive, no ano seguinte, as relações entre as duas monarquias atingiram um ponto de extrema tensão ao ser promulgada a Lei Aberdeen.

Na clivagem entre América e Europa, o Brasil dos oitocentos não se ajustava a nenhuma das duas metades: um país monárquico, reacionário, escravista, que estava, estranhamente, situado no continente americano. Esse isolamento, no entanto, não foi um resultado inescapável. Nas primeiras décadas do século XIX, não havia consenso sobre a forma de governo dos territórios dos antigos impérios espanhol e português nas Américas: repúblicas ou monarquias. Assim como no Brasil se discutia a solução republicana, nos países vizinhos flertava-se com soluções monárquicas. Inexistia, naquele momento de emancipação política, algo que se pudesse entender como um *sentimento nacional*. Esse sentimento tinha de ser inventado e construído, para servir de fonte de legitimação política e social dos Estados que iam se implantando. E, no caso brasileiro, dado o caráter essencialmente escravista da sociedade, era um desafio bastante complexo, pois "a identidade nacional brasileira emergiu para expressar a adesão a uma nação que deliberadamente rejeitava identificar-se com todo o corpo social do país, e dotou-se para tanto de um Estado para manter sob controle o inimigo interno" (Jancsó; Pimenta, 2000, p.174).

Era impossível pleitear a equivalência entre corpo social e nação, dada a necessidade – do ponto de vista das diversas oligarquias regionais, o que lhes conferia um importante interesse comum – de excluir *a priori* grande parte da população da ex-Colônia do corpo político. A ideia de nação brasileira, nesse ambiente político e social, era de difícil aplicação. A predominância do trabalho escravo como base econômica complicava em muito essa equação, pois não era possível construir uma nação excluindo-se enorme parcela da população dessa "comunidade imaginada". Do mesmo modo, como decorrência natural do modelo agroexportador, eram tênues os laços entre as diversas regiões e os centros econômicos da Colônia.

A escravidão não era exclusividade brasileira, mas certamente estava muito mais difundida, perdurou por mais tempo e, assim, constituía-se em traço muito mais marcante da sociedade brasileira do que das repúblicas hispânicas, cuja mão de obra era (com exceções locais que confirmam a regra) predominantemente indígena. Nesses países, a adoção do republicanismo contribuiu para a eliminação da escravidão, que, via de regra, ia sendo abolida *pari passu* ao avanço dos exércitos libertadores. Num primeiro momento, a nova retórica republicana buscou, inclusive, incluir plenamente na cidadania as massas de origem indígena e os mestiços. Assim, durante a luta no Peru, San Martín decretou que "daqui em diante não se denominarão os aborígenes, índios ou nativos: eles são filhos e cidadãos do Peru, e sob o nome de peruanos devem ser conhecidos" (Decreto de 27 de agosto de 1821).

O caso das Treze Colônias era ainda mais complexo. Formadas inicialmente por uma população de expatriados das perseguições religiosas europeias, a ênfase na liberdade religiosa impossibilitou a adoção de uma religião oficial em detrimento de outros credos, excluindo a possibilidade de um Estado baseado na legitimidade dinástico-religiosa. Vale notar, ainda, que em fins do século XVIII era persistente a ideia de que os regimes republicanos somente seriam possíveis em pequenas unidades políticas como as cidades-Estado, enquanto os grandes Estados seriam inevitavelmente monarquias. A república estadunidense foi, portanto, uma experiência que se fez sem um modelo.

Tendo sido os precursores das independências dos países do Novo Mundo, os revolucionários das Treze Colônias contornaram a delicada questão da escravidão *versus* cidadania, criando uma república em que o direito de propriedade podia ser entendido como o direito a possuir outros seres humanos, contradição que, anos depois, a Revolução Francesa destruiu definitivamente ao associar democracia, cidadania e direitos humanos. Na França, o repúdio à escravidão "figurou de forma proeminente na literatura antimonárquica e anti-imperial desde a década de 1730, e depois de 1790 foi colocada com destaque na agenda revolucionária" (Pagden, 1995, p.5). A França, que foi o protótipo da monarquia absolutista (ver, por exemplo, Burke, 1992), adotaria a ideia de cidadania de forma radical, transformando num curto espaço de tempo o entendimento dessa questão, não só no próprio país como na cultura política do Ocidente de um modo geral.

A transição da monarquia absolutista para a democracia representativa teve na Inglaterra, no entanto, uma trajetória mais complexa. A invenção da ideia de soberania popular na Inglaterra e, por consequência nos Estados Unidos, foi examinada em profundidade na obra *Inventing the People: The Rise of Popular Sovereignty in England and America*, de Edmund Morgan (1988). Nela, Morgan descreve a trajetória desse conceito em contraposição ao Direito Divino dos reis. Ele explica ter sido a ideia de soberania popular progressivamente lastreada no "valor, na independência e no poder militar" dos proprietários de terras, pois "o poder de um rei, era dito, vinha da força de seu povo, e a força de seu povo vinha da segurança de sua propriedade" (Morgan, 1988, p.155). Nesse esquema, somente os proprietários de terra, livres de pressões e capazes de resistir às ofertas dos poderosos, teriam independência suficiente para eleger os reais representantes do povo. As classes baixas não teriam, nesse entendimento, a capacidade de expressar a soberania do povo nas disputas com o poder do rei. Assim, a representação do povo no Parlamento, expressão da soberania popular, deveria estar restrita àqueles que pudessem desfrutar da liberdade conferida pela propriedade.

Em obra anterior (1975), ao examinar as bases ideológicas da escravidão na Virgínia, Morgan analisa de forma perspicaz a contradição entre a ideia de democracia e a manutenção da escravidão:

> No modo republicano de pensar que os americanos herdaram da Inglaterra, a escravidão ocupava uma posição crítica, ainda que ambígua: ela era o principal mal que os homens buscavam evitar para a sociedade como um todo ao controlar os monarcas e ao estabelecer repúblicas. Mas ela era também a solução para um dos principais problemas da sociedade, a questão dos pobres. Os virginianos podiam ser mais republicanos do que ingleses e os habitantes da Nova Inglaterra na medida em que eles tinham resolvido o problema: eles conceberam uma sociedade em que os pobres estavam escravizados. (Morgan, 1975, p.381)

A despeito do maior grau de integração social e econômica do seu núcleo central, as desconfianças e as diferenças entre os estados, especialmente no que se refere à escravidão, levaram os Estados Unidos a adotar um sistema fortemente federativo, mesmo em face da ameaça externa inglesa. O pacto federativo estadunidense adiava a questão, pois, apesar da hegemonia ideológica dos estados do norte, preservou a escravidão nos estados do sul, mantendo latente por quase um século uma contradição que debilitava os esforços de criação de um verdadeiro senso de comunidade e nacionalidade. A gravidade e a centralidade da questão podem ser medidas pela violência e pela intensidade da guerra civil que foi travada para cortar esse nó górdio do nacionalismo norte-americano.

Nos Estados Unidos, até a Guerra Civil, a clivagem entre Norte e Sul impediu a criação da nação. A fragilidade do sentimento nacional nos Estados Unidos antes da Guerra Civil é um fato bem documentado na historiografia estadunidense.[3] Como argumentou Boorstin (1965, p.405), "a independência não criou uma nação, mas treze". A invenção de uma identidade "estadunidense" não foi automática e, durante quase um século, a identidade coletiva baseava-se nas "pequenas pátrias" estaduais – seus habitantes sentiam-se, primordialmente, virginianos, nova-iorquinos etc. – e numa vaga ideia de América, como um modo de vida que os diferenciava da Europa. Essa última identidade não necessariamente se refletia numa ideia dos Estados Unidos como um país e, na medida em que a autonomia de cada estado federado era um tema muito sensível, não houve muito esforço para marcar uma identidade nacional acima dos estados. Só após a Guerra Civil, o governo central sentiu-se forte o suficiente para impor medidas e políticas para cimentar a nação. A etapa da "Reconstrução", após a Guerra Civil estadunidense, foi um dos episódios mais importantes de construção dos nacionalismos no século XIX. Por fim, a nação estadunidense seria consolidada com o progressivo enfraquecimento das lealdades estaduais e o fortalecimento da identidade "americana" comum. O uso do gentílico "americano" para definir essa identidade continuou permeado de ambiguidade, polissêmico, indicando tanto o continente americano como um todo, um "modo de vida" particular e o gentílico para os naturais dos Estados Unidos.

Como os Estados Unidos, mas cada uma ao seu modo, todas as nações do continente tiveram de se inventar. No caso do Brasil, a resposta ao difícil desafio de inventar uma identidade comum, politicamente operacional, para a ex-colônia portuguesa passou por dois grandes temas: a unidade da monarquia, agora "brasileira", e a invenção da ideia da preexistência de uma origem comum, ancorada na ideia de um território e de supostas características

---

3   Ver, por exemplo, Murrin (1987) e Boorstin (1965, especialmente p.327--430).

naturais e antropológicas anteriores à própria colonização, realçadas, subsidiariamente, por uma história comum.

A ideia de unidade da monarquia, no entanto, chocava-se com a realidade de um vasto território, pouco integrado, com regiões cujos laços econômicos com o exterior eram, muitas vezes, mais intensos do que umas com as outras. A criação de um sentido de comunidade foi um desafio extraordinário e, para superá-lo, a manutenção da referência à monarquia ajudou, pois facilitou a convivência dessas pátrias distintas sem necessidade de discutir suas inegáveis diferenças.

O resgate ou, mesmo, a invenção de tradições e de um passado comum é a base da construção dos sentimentos nacionais. Nesse terreno fértil, como lembra Magnoli (1997, p.17), "inventaram-se as tradições e floresceram as mitologias e as mitificações nacionais. A legitimidade conferida pelo passado distante funcionou como argumentação nacionalista um pouco em todos os lugares". Mas como definir como comum as trajetórias de Portugal até a casa grande e da África até a senzala? A resposta que a história[4] negava foi encontrada na geografia: "em termos de legitimidade, o passado é tanto melhor quanto mais remoto. A perfeição consiste em ancorar a nação na própria natureza, fazendo-a anterior aos homens e à história" (Magnoli, 1997, p.17).

---

4 A resposta dos historiadores a esse desafio viria, de forma consistente, com a criação do Instituto Histórico e Geográfico Brasileiro (IHGB) em 1839. O IHGB teve como uma de suas primeiras atividades justamente um concurso sobre como escrever a história do Brasil, aliás, vencido por Von Martius. Segundo Schwarcz (1999, p.127): "[...] o IHGB pretendia fundar a história do Brasil tomando como modelo uma história de vultos e grandes personagens sempre exaltados tal qual heróis nacionais. Criar uma historiografia para esse país tão recente, 'não deixar mais ao gênio especulador dos estrangeiros a tarefa de escrever nossa história [...]', eis nas palavras de Januário da Cunha Barbosa a meta dessa instituição, que pretendia estabelecer uma cronologia contínua e única, como parte da empresa que visava a própria 'fundação da nacionalidade'".

Uma das pedras fundamentais na arquitetura dessa identidade mais "natural" do que histórica foi a instrumentalização do mito geográfico da ilha-Brasil, uma unidade geográfica preexistente, definida e imutável.

Segundo essa interpretação, a cartografia portuguesa sobre o Brasil refletiu e difundiu a lenda de uma entidade territorial segregada, envolvida pelas águas de dois grandes rios, cujas fontes se situavam num lago unificador. Dezenas de cartas quinhentistas e seiscentistas delineiam os contornos da Ilha, de proporções continentais, emoldurada pelos cursos do Amazonas e do Prata, que se encontram depois de descrever arcos convergentes. A lenda precede as primeiras tentativas de exploração interior. O lago unificador, que cumpre a função mítica de lugar de origem, recebeu diferentes denominações: *Dourado, Eupana, Laguna encantada del Paytiti, Paraupaba*. Também foi sendo deslocado cada vez mais para o ocidente, enquanto as terras interiores eram devassadas pela curiosidade das bandeiras. Assim, no início da descrição lendária, ele interligava as águas do Tocantins às do São Francisco, localizando-se em terras logo alcançadas pelos exploradores. Depois, quando a lenda alcançou a maturidade, passou a integrar os cursos do Madeira, então encarado como formador do Amazonas, e do Paraguai. A repetição, através de relatos e cartas, da imagem insulada do território conferiu-lhe aceitação mais ampla e a introduziu na cartografia europeia da época. O relato tornou-se, para todos os efeitos, a descrição verdadeira da terra do Brasil: nas palavras de Cortesão, não subsistia dúvida sobre a existência, na América do Sul, de "um todo geográfico geometricamente definido e quase insulado". (Magnoli, 1997, p.45-6)

Vale notar que a construção do mito da ilha-Brasil foi uma empresa da colonização portuguesa e não tinha como fim a criação de qualquer ideia de sentimento nativista e muito menos nacionalista. Destinava-se, na verdade, a servir de substrato ideológico à expansão da colonização portuguesa ao interior do continente, desprezando a linha artificial criada pelo Tratado de Tordesilhas em nome de uma realidade geográfica anterior à colonização, herança que cabia ao colonizador receber: o "destino manifesto" brasileiro era ter o que sempre teria sido seu.

Com o Império, o mito da ilha-Brasil ganhou novo significado, passando a lastrear sua própria identidade. Ao território comum somou-se a ideia de uma mítica origem comum, buscada antes da chegada do português e da escravidão. Ao largo da dicotomia senhor/escravo foi feita uma releitura da cultura ameríndia, criando-se também o mito da existência de uma unidade cultural dos povos que habitavam o território cujos limites coincidiam com a ilha-Brasil. Ao conteúdo geográfico dessa ideia de origem comum, somar-se-ia também um conteúdo antropológico pela exaltação dos indígenas, que encontrará ressonância na literatura romântica do século XIX. O romantismo brasileiro[5] alcançou grande repercussão com o indígena como símbolo e tema de muitas de suas tramas. O índio representado pelos românticos, no entanto, era idealizado e "embranquecido". O negro e até o branco colonizador eram rejeitados em prol da ideias de um indígena bom, puro, honesto e corajoso. Nessa linha de difusão do modelo do "bom selvagem" de Rousseau, o indianismo marcará a literatura brasileira do século XIX com obras como *A confederação dos tamoios* (Domingos José Gonçalves Magalhães), *I-Juca-Pirama* (Gonçalves Dias), *Iracema* e *Ubirajara*

---

5   Como lembra Schwarcz (1998, p.139-40), a relação entre o movimento romancista e a construção dos sentimentos nacionais não é exclusividade brasileira, mas aqui ganhou características próprias que lhe retiraram o caráter popular: "O romantismo no Brasil não foi apenas um projeto estético, mas também um movimento cultural e político, profundamente ligado ao nacionalismo. Diferente do movimento alemão de fins do século XIX, tão bem descrito por Elias, o nacionalismo brasileiro, pintado com as cores do lugar, partiu sobretudo das elites cariocas que, associadas à monarquia, se esforçavam em chegar a uma emancipação em termos culturais. Os temas eram nacionais, mas a cultura, em vez de popular, era cada vez mais palaciana e voltada para uma mera estetização da natureza local".

(José de Alencar) e *O guarani* (também de Alencar, transformado em ópera por Carlos Gomes).

O caráter conservador do romantismo brasileiro ficava claro na tentativa de reduzir a sociedade brasileira a visões idealizadas dos elementos branco e indígena, ocultando a presença da imensa população negra de cuja exploração vivia a economia. Essa contradição é bem assinalada por Dante Moreira Leite:

> (...) o indianismo tinha conteúdo ideológico: o índio foi, no Romantismo, uma imagem do passado, e, portanto, não apresentava ameaça alguma à ordem vigente, sobretudo à escravatura. Os escritores, políticos e leitores identificavam-se com esse índio do passado, ao qual atribuíam virtudes e grandezas; o índio contemporâneo que, no século XIX como agora, se arrastava na miséria e na semiescravidão não constituía um tema literário. Finalmente, a ideia de que o índio não se adapta à escravidão servia também para justificar a escravidão do negro, como se este vivesse feliz como escravo. (Leite, 1992, p.172)

Aproveitando-se da imagem do "bom selvagem", o romantismo brasileiro buscava a construção de uma literatura "nacional" que servisse de contraponto à literatura da ex-metrópole e servisse também de base para a criação de um patriotismo brasileiro. A construção de um sentimento partilhado de uma "pátria" comum, acima do arquipélago de "pequenas pátrias", era uma batalha a ser combatida em muitas frentes. Como bem assinalou Antonio Candido,

> (...) a literatura foi considerada parcela dum esforço construtivo mais amplo, denotando o intuito de contribuir para a grandeza da nação. Manteve-se durante todo o romantismo esse senso de dever patriótico, que levava os escritores não apenas a cantar a sua terra, mas a considerar as suas obras como contribuição ao progresso. Construir uma "literatura nacional" é afã, quase divisa, proclamada nos documentos do tempo até se tornar enfadonha. (Candido, 1993, p.12)

O dia em que adiaram o Carnaval

É também no período imperial que se difunde o mito da existência anterior à chegada dos jesuítas de algo que se podia conceber como uma *língua geral* tupi-guarani que serviria de língua franca entre os povos da ilha-Brasil. Coube a ninguém menos que Varnhagen[6] contribuir para esse mito, ainda que ele negasse aos indígenas a possibilidade de ter sentimentos de verdadeiro patriotismo:

> Nos selvagens não há o sublime desvelo que chamamos patriotismo, como sentimento elevado que nos impele a sacrificar o bem-estar pela glória da pátria (...). Essas gentes vagabundas que, guerreando sempre, povoaram o terreno que hoje é do Brasil, eram pela maior parte verdadeiras emanações de uma só raça ou grande nação; isto é, precediam de uma origem comum e falavam dialetos da mesma língua que os primeiros colonos do Brasil chamaram geral, e era a mais espalhada e das principais de todo este continente. (apud Odália, 1979, p.37-8)

O fato é que a uniformidade linguística da ilha-Brasil era tão pouco real como o próprio conceito de ilha-Brasil. A chamada língua geral foi uma criação da Companhia de Jesus como meio de unificar e facilitar a cristianização dos indígenas. Ela não antecede, portanto, a colonização portuguesa, mas, ao contrário, é um produto direto desta e tampouco teve a disseminação geográfica que os propagadores desse mito queriam fazer crer.

---

6   É reveladora a descrição que Bosi (1994, p.100) faz de Varnhagen, diplomata, historiador e ativo membro do IHGB: "Erudito de estofo germânico e educação portuguesa, deu o mais cabal exemplo de quanto era possível fundir um pensamento retrógrado com o indianismo sentimental. Por outro lado, a historiografia de Varnhagen, aliás pioneira pela riqueza de documentos, estava marcada pelos valores do passadismo; nada lhe era mais antipático do que o levante popular ou o intelectual 'frondeur': leia-se a propósito o que escreveu, na *História Geral do Brasil*, sobre a revolução pernambucana de 1817; por outro lado, foi dos primeiros a engrossar a corrente dos desfrutadores das lendas indígenas, no *Sumé*, poema 'mítico-religioso-americano' e no *Caramuru*, romance histórico em versos, que revivem, à custa dos hábitos nativos, as intenções apologéticas de Santa Rita Durão".

Fez-se também presente a necessidade de criar uma historiografia "genuinamente brasileira", tarefa da qual se incumbiu o Instituto Histórico e Geográfico Brasileiro (IHGB), que lançaria, como uma de suas primeiras iniciativas, um concurso sobre como escrever a história do Brasil. Em sua edição de janeiro se 1845, a revista do IHGB publicou a dissertação do vencedor do concurso, Von Martius, em que era defendida a necessidade da assimilação das diferentes raças brasileiras, ainda que tratando o índio e, sobretudo, o negro, em tom derrogatório. O artigo concluía com uma apaixonada defesa das instituições monárquicas, incitando os historiadores a tentar convencer os republicanos "da inexequibilidade de seus projetos utópicos, da inconveniência de discussões licenciosas dos negócios públicos, por uma imprensa desenfreada, e da necessidade de uma monarquia num país onde há um tão grande número de escravos".[7]

---

7   A conclusão do artigo de Von Martius é representativa da tentativa de criar uma identidade acima das grandes contradições brasileiras do século XIX: "[...] A história é uma mestra, não somente do futuro, como também do presente. Ela pode difundir entre os contemporâneos sentimentos e pensamentos do mais nobre patriotismo. Uma obra histórica sobre o Brasil deve, segundo a minha opinião, ter igualmente a tendência de despertar e reanimar em seus leitores brasileiros amor da pátria, coragem, constância, indústria, fidelidade, prudência, em uma palavra, todas as virtudes cívicas. O Brasil está afeto em muitos membros de sua população de ideias políticas imaturas. Ali vemos republicanos de todas as cores, ideólogos de todas as qualidades. É justamente entre estes que se acharão muitas pessoas que estudarão com interesse uma história de seu país natal; para eles, pois, deverá ser calculado o livro, para convencê-los por uma maneira destra da inexequibilidade de seus projetos utópicos, da inconveniência de discussões licenciosas dos negócios públicos, por uma imprensa desenfreada, e da necessidade de uma monarquia em um país onde há um tão grande número de escravos. Só agora principia o Brasil a sentir-se como um Todo Unido. Ainda reinam muitos preconceitos entre as diversas províncias: estes devem ser aniquilados por meio de uma instrução judiciosa; cada uma das partes do Império deve tornar-se cara às outras; deve procurar-se provar que o Brasil, país tão vasto e rico em fontes variadíssimas de ventura e prosperidade civil, alcançará o seu mais favorável desenvolvimento, se chegar,

A construção da nacionalidade partiu também da releitura do passado colonial de forma a enxergar nas disputas territoriais entre as duas Coroas ibéricas o embrião da lógica do resgate português de uma entidade territorial e civilizacional predefinida, base da antecipação de uma nação ainda incipiente. Nesse sentido, é ilustrativa a atribuição de sentimentos brasileiros ao negociador da Coroa portuguesa no Tratado de Madri, Alexandre de Gusmão.[8] A tentativa de ver nas negociações do Tratado de Madri um prenúncio do propósito de defesa de interesses "brasileiros" oculta seu verdadeiro contexto, qual seja, as disputas das monarquias portuguesa e espanhola pela posse da América do Sul.

Não há dúvida de que o processo de emancipação brasileira foi conservador em sua vertente política. A transmigração da Corte portuguesa criou uma situação única no continente americano, de ter em território colonial a sede da monarquia e, por consequência, de todo o império português. O pacto colonial já havia sido abandonado, na prática, com a transmigração da família real ao Brasil e, desde 1815, mesmo formalmente, o Brasil estava, como sede do Reino Unido, ao menos em pé de igualdade com Portugal: "O que estava em jogo no início da década de 1820 era mais uma questão de monarquia, estabilidade, continuidade

---

firmes os seus habitantes na sustentação da monarquia, a estabelecer, por uma sábia organização entre todas as províncias, relações recíprocas. [...] Justamente na vasta extensão do país, na variedade de seus produtos, ao mesmo tempo em que os seus habitantes têm a mesma origem, o mesmo fundo histórico, e as mesmas esperanças para um futuro lisonjeiro, acha-se fundado o poder e a grandeza do país. *Nunca esqueça, pois, o historiador do Brasil, que para prestar um verdadeiro serviço à sua pátria deverá escrever como autor monárquico-constitucional, como unitário no mais puro sentido da palavra*" (Martius, 1845, p.401-2).

8   Apontado como o "diplomata brasileiro que dirigia a política exterior de Portugal" (Delgado de Carvalho), "o autor de nossa certidão de batismo, passada em Madri, quando o Brasil já tinha 250 anos" (Fernando G. Reis) e "o grande advogado dos interesses brasileiros no século XVIII" (Synésio S. Goes), apud Magnoli, 1997, p.75.

e integridade territorial do que de revolução colonial" (Maxwell, 2000, p.186).

Ao contrário dos Estados Unidos e de seus vizinhos hispânicos, a independência do Brasil situou-se, na verdade, na contramão dos ventos revolucionários e liberais. A solução adotada, um império aristocrático e escravista nos trópicos, representou muito mais continuidade do que ruptura. Da ideia de unidade da monarquia decorria, também, a unidade territorial. Ao contrário da vizinhança hispânica, o Império logrou transformar quase todo o território colonial português na América numa única unidade geopolítica, esmagando as rebeliões de cunho regional.

No plano do discurso, essa ruptura conservadora alicerçou-se sobre a "ideia de uma entidade preexistente, conservada a salvo das turbulências do mundo exterior, protegida sob o manto lusitano, até conhecer a luz do dia no momento da maturidade", ideia essa que "retoma e desenvolve o enfoque mitológico da constituição da nacionalidade" (Magnoli, 1997, p.85). A monarquia foi associada à integridade territorial, numa operação ideológica que a fazia parecer "responsável pela manutenção da 'grandeza' do território brasileiro, dádiva 'natural' da Divina Providência e que demonizava as repúblicas hispânicas vítimas da 'dolorosa fragmentação', fruto de sua 'própria História'" (Prado, 2001, p.137).

A coroação de D. Pedro como Imperador do Brasil serviu de anteparo contra a ameaça de desintegração republicana e como instrumento para a unidade política e territorial. A centralização real e simbólica das instituições políticas serviu de elemento integrador numa sociedade marcada pela fraca coesão regional, pela escravidão e por fortes desigualdades sociais e econômicas. Nesse contexto, a manutenção da monarquia representou uma aposta na manutenção do equilíbrio entre os diversos grupos dominantes regionais.

Ao contrário de nossos vizinhos e – de modo paradigmático – dos Estados Unidos, as instituições políticas brasileiras foram construídas a partir de suas projeções desde o passado colonial e não em oposição a esse passado. O sentido de identidade brasileira distingue-se radicalmente da ideia de ruptura da independência estadunidense. Vale lembrar que lá a autonomia foi produto de um processo revolucionário que "significava a ruptura sob três registros: o geográfico, pela separação entre o Novo e o Velho Mundo; o ideológico, pela instalação do contrato social no lugar do direito dinástico; o institucional, pela fundação da República". O caso brasileiro foi, em muitos sentidos, a antítese desse processo, como "uma manobra continuísta, destinada a conservar a dinastia pela transferência da sede geográfica do Império". A identidade do corpo político brasileiro se fazia em torno do esforço de manutenção das relações sociais do arranjo político imediatamente anterior à independência: "o Brasil independente é a reafirmação do Brasil português" (Magnoli, 1997, p.94).

Em virtude dessa gênese distinta, a construção do "outro" – elemento fundamental no processo de criação de uma identidade própria – foi levada a cabo de modo extremamente singular no caso brasileiro. Para as repúblicas hispano-americanas e para os Estados Unidos, o "outro" era o Velho Mundo, a Europa, o Antigo Regime ou outras formulações que marcavam o sentido de ruptura com o passado colonial. Para a monarquia brasileira, essa ruptura não era possível e o "outro" era justamente o conjunto de nossos vizinhos.

A legitimidade trazida pela monarquia possuía ainda a virtude fundamental de pairar sobre as grandes contradições sociais e regionais brasileiras. Permitia uma conciliação improvável entre os interesses regionais díspares e contribuía para a exclusão da maioria da população da ideia de cidadania. A conveniência dessa solução foi também ressaltada por Schwarcz:

> Como símbolo da união, a realeza parecia ser a melhor saída possível para evitar a autonomia e a possível separação das pro-

víncias; somente a figura de um rei congregaria esse território gigantesco, marcado por profundas diferenças. É assim que as elites locais optam pela monarquia, na esperança de ver no jovem rei um belo fantoche. (Schwarcz, 1998, p.38)

O aparelho de Estado legado pela Corte portuguesa era, ademais, um instrumento valioso na tentativa de manter desimpedido o fluxo da mão de obra escrava que já se encontrava sob ataque da potência mundial daquele momento. Contar com uma diplomacia experiente e que pudesse falar em nome dos interesses das diversas pátrias brasileiras era, sem dúvida, uma vantagem nada desprezível nas negociações com a Coroa inglesa que, naquele momento, já pressionava pelo fim do tráfico. A despeito de sua eventual convicção pessoal nessa questão, o próprio José Bonifácio demonstra perfeito entendimento de que a luta pela manutenção do tráfico é o ponto vital do mandato conferido pela "totalidade da população do interior" ao Estado imperial.

> Estamos totalmente convencidos da inadequação do tráfico de escravos, (...) mas devo frisar candidamente que a abolição não pode ser imediata, e eu explicarei as duas principais considerações que nos levam a essa determinação. Uma é de ordem econômica, a outra de ordem política.
> A primeira se baseia na absoluta necessidade de tomarmos medidas para garantir um aumento da população *branca* antes da abolição, para que as lavouras do país possam continuar produzindo, caso contrário, com o fim do suprimento de negros, a lavoura diminuirá, causando transtornos (...).
> A segunda consideração diz respeito à conveniência política, na medida em que afeta a popularidade e, talvez até, a estabilidade do governo. Poderíamos enfrentar a crise e a oposição daqueles que se dedicam ao tráfico, mas não podemos, sem um grau de risco que nenhum homem de sã consciência possa pensar em correr, tentar no momento presente propor medida que iria indispor a totalidade da população do interior. (Carta de José Bonifácio ao enviado bri-

O dia em que adiaram o Carnaval

tânico Henry Chamberlain em abril de 1823, apud Maxwell, 2000, p.190, grifo no original)

O mandato conferido ao novo Estado no sentido da defesa do tráfico e da escravidão era uma das contrapartidas à legitimidade dada ao poder emanado do Rio de Janeiro. Não passava despercebida a vantagem de contar para essa tarefa com um corpo de burocratas já experientes, herança da situação de Reino Unido, e ter no regime monárquico uma solução potencialmente mais palatável nas Cortes europeias, onde urgia buscar o reconhecimento internacional da nova situação política. A eventual desintegração da ex-colônia portuguesa em diversas unidades politicamente autônomas significaria dispersar esforços que poderiam ser concentrados na defesa desses interesses comuns. Faltavam às diversas elites regionais a experiência internacional e a organização que apenas a Corte carioca poderia suprir.

A despeito de suas inerentes vantagens, do ponto de vista das elites brasileiras das primeiras décadas do século XIX, para o observador contemporâneo pode parecer inusitada a opção de lastrear a legitimidade do nascente Estado brasileiro em bases distintas da ideia de nação, que hoje nos parece inescapável. Vale lembrar, no entanto, que então o nacionalismo como noção política era ainda quase uma novidade. Por outro lado, a legitimidade dinástica, mesmo que já fortemente contestada, era um princípio político ainda importante, que lutava para não ser esquecido (como bem ilustra a criação da Santa Aliança) e só entraria em decadência irreversível a partir da "Primavera dos Povos". Essa erosão do modelo geral, na segunda metade daquele século, não deixará, inclusive, de ter consequências no caso brasileiro. Mesmo tendo em conta a distância histórica que nos separa desse contexto, ainda assim não é uma tarefa trivial apreender a força que a legitimidade dinástico-religiosa possuía antes de sua substituição pelos nacionalismos. Sobre isso, Anderson observa:

Talvez seja difícil, hoje em dia, que alguém se coloque empaticamente dentro de um mundo em que o reino dinástico era visto pela maioria dos homens como o único sistema "político" imaginável. Pois, de várias maneiras essenciais, a monarquia "autêntica" é transversal a todas as concepções modernas de vida política. O governo do rei organiza tudo em torno de um centro elevado. Sua legitimidade deriva da divindade, e não das populações que, afinal de contas, são súditos, não cidadãos. (Anderson, 1989, p.28)

O fulcro da explicação para o enorme poder de mobilização em torno da ideia do soberano e da dinastia reinante está, como bem demonstrou Kantorowicz (1998), na experiência religiosa, explicada pela teologia política medieval que abraçava a tese dos "dois corpos do rei". Os monarcas, ao lado de seu corpo mortal e sujeito às debilidades e defeitos de todos os seres humanos, desfrutariam de um "corpo político" invisível, mas "composto de Política e Governo, e constituído para a Condução do Povo e a Administração do bem-estar público". Assim, "o que o Rei faz em seu corpo político não pode ser invalidado ou frustrado por qualquer incapacidade em seu corpo natural". (Maitland apud Kantorowicz, 1998, p.21)

A lealdade ao corpo político da realeza se reforçava com a participação dos principais envolvidos no jogo político nos extensos e complicados rituais e no cerimonial da nobreza e da Corte, que reforçavam a coesão social entre os nobres e marcavam sua superioridade e diferença com a massa da população. A evolução da etiqueta e dos costumes na transição da Idade Média para a Idade Moderna, que não por acaso foi chamada por Norbert Elias (1990/1993) de "o processo civilizador", consolidou uma concepção de mundo e sinalizava toda uma ordem de relações sociais. No imaginário popular, além do seu papel social objetivo, e mesmo como garantia deste, a realeza trazia em si o elemento da eficácia mágica, possuindo os reis, nessa visão, poderes e virtudes sobre-humanas. Sobre a crença popular nos poderes taumatúrgicos dos reis, a obra clássica de Marc Bloch (1993) é uma referência definitiva. Nela o autor desvenda a eficácia mágica da realeza, legitimada na crença nos poderes curativos dos reis ingleses e franceses dos séculos XII a XVIII. A adesão ao poder real e sua legitimidade derivaria, nesse contexto, da aceitação de seu caráter supra-humano.

Nesse contexto, em que a legitimidade nacional era um conceito que apenas começava a se afirmar, a opção pela monarquia como esteio ideológico de uma nova entidade política era ainda possível. Mas não era de nenhum modo uma opção isenta de problemas, como o demonstram as tentativas frustradas de estabelecer outras monarquias americanas: no México, a curta experiência do general Iturbide, em 1822, e a caricata tentativa de Maximiliano, fuzilado em 1867; e, no Haiti, o Império de Dessalines, de 1804 a 1806. Mas o fato é que parte da América hispânica, ainda por várias décadas depois das independências, flertou com a solução dinástica.

O papel da monarquia como fonte de legitimidade do Estado e sua relação com a construção da nacionalidade brasileira é um tema ainda insuficientemente estudado, mas fundamental para o entendimento das lutas internas e também das posições da política externa do Estado brasileiro no século XIX. Naturalmente, a legitimidade da Coroa brasileira sofreu mudanças de intensidade, forma e conteúdo ao longo de seus 67 anos de existência. Na evolução desse princípio influíram variáveis externas e internas. Vale lembrar que o século XIX marcou a decadência irreversível da legitimidade dinástica como princípio de coesão social. As monarquias que sobreviveram àquele século se transformaram em adornos para os Estados nacionais, que delas podem prescindir sem risco de abalos sociais ou políticos irreparáveis. São antes símbolos de eras passadas, reaproveitadas e relidas como indicadores de uma tradição e uma história comum que lastrearia o sentimento nacional. Para sobreviver, as monarquias europeias tiveram de se reinventar como dinastias de características nacionais e constitucionais, processo que também foi tentado, sem sucesso, no caso brasileiro.

Ao abalo das guerras napoleônicas, seguiu-se a tentativa de restabelecimento do princípio dinástico, simbolizada pela Santa Aliança. Mas, após 1848, passar-se-ia a matar e morrer cada vez menos em nome de Deus, do Rei e da Pátria e cada vez mais em nome da nação.[9] A despeito das vantagens objetivas que a adoção da monarquia e a continuidade da legitimação dinástica traziam para os diversos grupos dominantes regionais, a opção por D. Pedro não resultou de circunstâncias inescapáveis. Foi, antes, uma escolha conservadora, na linha da menor possibilidade de ruptura, mas foi uma aposta, cujo sentido deve ser compreendido à luz da força que o princípio dinástico-religioso ainda preservava, mas que logo seria posto em xeque. Nesse sentido, a aposta de 1822 na legitimidade da Coroa brasileira estava na contramão de um movimento histórico de maior alcance. O Império, inclusive, terá seu apogeu já após a inflexão definitiva da legitimidade dinástica como conceito político.

Ainda que conservadora, a mudança trazida pela rejeição dos laços com a Coroa lusitana era uma novidade para a qual era necessário buscar apoio. A transferência da legitimidade do rei de Portugal para a nova realeza brasileira era um processo que devia ser enfrentado. Do ponto de vista interno, o desafio era transferir a lealdade do corpo social ao novo monarca, agora não mais português, inventando-se tradições e rituais que dessem visibilidade e apoio ao novo regime. Vários são os exemplos dessa prática. Schwarcz revela o seguinte:

---

9 "A nação é imaginada como *comunidade* porque, sem considerar a desigualdade e exploração que atualmente prevalecem em todas elas, a nação é sempre concebida como um companheirismo profundo e horizontal. Em última análise, essa fraternidade é que torna possível, no correr dos últimos dois séculos, que tantos milhões de pessoas não só matem, mas morram voluntariamente por imaginações tão limitadas" (Anderson, 1989, p.16).

Foi por isso que, logo após a independência política de 1822, se investiu muito no cerimonial da realeza brasileira e no estabelecimento de determinadas memórias. D. Pedro foi aclamado imperador em 12 de outubro de 1822 – data a princípio considerada mais importante que o próprio Sete de Setembro. Além disso, desejando romper com o costume português, de um lado, e influenciado pela sagração e coroação de Napoleão, em 1804, de outro, D. Pedro I envolve-se na realização de uma importante cerimônia religiosa, de origens bíblicas, e regida, com detalhes, pelo livro I do antigo *Pontifical romano*. Nesse documento estabelecia-se que os soberanos deveriam ser ungidos e sagrados no contexto solene da missa pontifical, costume que os reis portugueses haviam abolido fazia muito tempo. [...] Por meio da alteridade buscava-se destacar o surgimento de uma nova história, por suposto diferente da antiga metrópole portuguesa. (Schwarcz, 1998, p.38-9)

A construção e a evolução da legitimidade do soberano brasileiro foi um processo baseado em *símbolos do poder, cerimônias e imagens* (Ribeiro, 1995) que traziam a monarquia para o cotidiano da população. Desde a cerimônia de coroação, muito foi investido em termos de representação desse poder para disseminá-lo e legitimá-lo. O modo e as estratégias de legitimação do Estado a partir de 1822 variaram significativamente ao longo das quase sete décadas do império. Durante o Primeiro Reinado, a prioridade era garantir a transferência do complexo emaranhado de lealdades políticas prevalecentes na ex-Colônia da Coroa portuguesa para a nova monarquia brasileira, com o menor dano possível. Nessa operação equacionou-se o princípio dinástico à ideia de civilização, que foi contraposta à anarquia que se fazia crer predominar em nossos vizinhos. A monarquia brasileira, com a consolidação progressiva do Estado, no Segundo Reinado, passaria a ser divulgada com base na representação de um império que se confundiria com as monarquias europeias em termos de legitimidade e propósitos: uma dinastia de raízes Bragança, Bourbon e Habsburgo e um país afeito às novas tecnologias, ao progresso e à civilização. Ao mesmo tempo, a distância e a diferença de condições geográficas e ecológicas entre o Brasil e a Europa davam ao reino brasileiro a feição de monarquia "tropical", caracterizada pela exuberância de sua natureza, a presença dos indígenas e a escravidão.

Conciliar essas duas projeções, de civilização, que nos aproximava da Europa, e de monarquia tropical, que nos redimiria de nossas mazelas sociais, era uma tarefa difícil, pois seu caráter contraditório era por demais evidente. A imagem que a monarquia projetava estava eivada de incongruências. Civilizado era o Brasil, como civilizada era a Europa, governados por cabeças coroadas, num momento em que a Santa Aliança podia fazer crer numa volta do Antigo Regime. Mas nada menos civilizado do que a escravidão. O Brasil movia-se entre a afirmação da legitimidade de seu príncipe e a busca de autonomia *vis-à-vis* a antiga metrópole. Essa contradição movia a política brasileira e ficou clara com a crise de sucessão do trono português, iniciada em 1828, que passou a quase monopolizar as atenções de D. Pedro. Num momento em que ainda não se poderia contar com a prosperidade que o café traria ao Império – e que permitiu a posterior acomodação das desavenças entre as elites – o voluntarismo de D. Pedro I revelou-se incômodo e acabaria por levar à abdicação, em 7 de abril de 1831, abrindo espaço para a experiência das Regências. "Tal qual um instrumento, colocado no trono pela mão das elites, era também por elas destituído" (Schwarcz, 1998, p.50). D. Pedro partiu para sua tentativa de recuperar o trono português para sua filha, D. Maria da Glória, e abriu espaço para um período de experiência "republicana", em que o Poder Moderador conferido pela Constituição imperial ficou sem efeito, pois o novo monarca estava inabilitado pela pouca idade. Vale notar que, para amparar a experiência das Regências, foi montada uma operação ideológica que, se por um lado, tentava preservar a imagem e a simbologia do imperador-

-menino, em nome do qual os regentes governavam, por outro, passou a desqualificar a figura de Pedro I.

No período das Regências, pôde-se experimentar com formas quase republicanas. No entanto, a instrumentalidade da monarquia como princípio político contra a perigosa descentralização do período regencial logo ficou patente com a opção de proclamar a maioridade do ainda adolescente D. Pedro II. A volta da monarquia, em todas as suas dimensões, com o golpe da maioridade, acabaria por ser uma manobra política apoiada por conservadores e liberais, cabendo a estes, inclusive, a iniciativa de criar, em 1840, o chamado Clube da Maioridade, que deu forma ao projeto.

Ninguém melhor do que Oliveira Lima para ilustrar essa opção pelo jovem príncipe. Para ele, a maioridade não passou de "uma revolta do instinto de conservação". Vencida a etapa de intensas lutas do período regencial, a monarquia podia ser resgatada em todo o seu conteúdo simbólico como fonte da reafirmação da unidade nacional e do projeto político-social das elites brasileiras do século XIX. A tendência descentralizadora do início das Regências não foi suficiente para eliminar a instrumentalidade da monarquia como elemento de coesão social. Com a reação conservadora (1836-1840), a monarquia pôde voltar a cumprir seu papel de representação da vontade coletiva e projeção da identidade brasileira. "Faltava apenas lidar com a reduzida idade do monarca: um detalhe desprezível diante de tão grande e detalhado ritual" (Schwarcz, 1998, p.71).

Duas instâncias se fundiriam na reabilitação plena do princípio dinástico, representada pelo golpe da maioridade: de um lado, a utilidade da Coroa como elemento de arbitramento dos conflitos (já não tão agudos) intraelite, tão bem demonstrado pelo instituto do Poder Moderador, privativo do imperador e, portanto, reativado. Por outro lado, o ainda poderoso papel da monarquia como fonte de lealdade política da população, atraída pela mística da realeza, que nos equiparava à Europa e à civilização. Como sintetizou Schwarcz:

Talvez a sagração de D. Pedro II represente mesmo um primeiro momento em que se fundem duas instâncias. De um lado, era evidente o lado instrumental do ritual por parte das elites, que com ele recolocavam um imperador como símbolo da nação, e encontravam na monarquia um sistema necessário de arbitramento dos conflitos entre elas. Ou seja, tomado desse ângulo, tratava-se claramente de um golpe das elites e para as elites. De outro lado, porém, a riqueza do ritual e a força de sua divulgação levaram a uma explosão do imaginário popular, que, na "chave das festas", relia a mística desse pequeno rei brasileiro, "sagrado e encantado". (Schwarcz, 1998, p.83)

O período que vai da sagração de D. Pedro II (1841) ao início da Guerra do Paraguai (1864) representa o momento de consolidação da monarquia e seu apogeu como princípio de legitimação do Estado brasileiro. Numa primeira fase, a ênfase ficou na dimensão simbólica do jovem soberano que "reina, mas não governa", dedicado às artes e às letras: a identidade entre a monarquia e a civilização era um elemento a ser reforçado e destacado. Ainda adolescente, D. Pedro II limitava-se a seu papel simbólico, investindo em sua educação, voltada para as ciências e as letras. A partir de 1840, D. Pedro passaria a frequentar assiduamente as reuniões do Instituto Histórico e Geográfico Brasileiro, então a instituição mais representativa da cultura e da ciência brasileira. Foi nesse cenário que o jovem monarca, ressoando Luís XIV, depois proclamou: "A ciência sou eu". Era, claramente, o "momento em que D. Pedro passa a ser artífice de um projeto que visava, por meio da cultura, a alcançar todo o Império" (Schwarcz, 1998, p.131).

Com a crescente prosperidade trazida pelo café, o Império estabilizou-se e, na medida em que os conflitos intraelite eram amortecidos pela abundância de recursos, o Estado também se fortaleceu. Favorecido, inclusive, por sua crescente maturidade, o imperador pôde, sem perda de sua dimensão simbólica, passar a atuar cada vez mais também na operação da política do Estado brasileiro. A prosperidade e a pacificação interna finalmente aproximaram os fatos à imagem que o Império tentava fazer de si como uma ilha de estabilidade e civilização em meio às turbulentas repúblicas vizinhas. No plano externo, isso se traduziu na adoção consistente de princípios e políticas e, no plano interno, houve maior espaço para a participação pessoal do imperador na condução dos negócios do Estado, movimento bem representado pela criação, em 1847, da função de presidente do Conselho de Ministros, privativa do imperador.

No resto do mundo, no entanto, a lealdade à Coroa estava rapidamente passando a segundo plano, superada pela ubiquidade dos nacionalismos. Essa contradição seria resolvida pela crise do princípio monárquico também no Brasil. Mas, assim como os soberanos europeus, a monarquia brasileira também buscou fórmulas que permitissem sua sobrevivência.

A tentativa de adaptar as monarquias ao sentimento nacional, irreversivelmente hegemônico como princípio político após a segunda metade do século XIX, foi um movimento recorrente na Europa como bem o atesta a sobrevivência ainda hoje de várias monarquias. Para tanto, buscou-se identificar as diversas dinastias às nações em processos que ficaram conhecidos como "nacionalismos oficiais" (Seton-Watson, 1997, p.148): tentativas de fusão voluntária do princípio dinástico à nação. O exemplo clássico desse processo é o intento de "russificação" do domínio czarista, que representou a tentativa de promover "uma fusão violenta e consciente de duas ordens políticas opostas, uma antiga, outra inteiramente nova" (Anderson, 1989, p.97). As monarquias que superaram esse desafio passaram, paradoxalmente, a ser um símbolo da suposta antiguidade dessas nações, unindo dois conceitos até então contraditórios.

No caso brasileiro, o marco para essa reação diante do novo contexto foi dado pela Guerra da Tríplice Aliança. O esforço de guerra deixou patentes os limites de um Estado que não podia recorrer à nação – nem mesmo para a defesa de seus interesses vitais – num momento histórico em que a junção dos dois conceitos (nação e Estado) tornava-se hegemônica. A caricatura de nação, restrita à elite branca e proprietária, se desfez com a incorporação forçada do "outro" interno na luta contra o inimigo externo.

O conflito mostrou, sem disfarces, a escassa capacidade mobilizadora do Estado imperial. Mesmo enfrentando (com o auxílio da Argentina e do Uruguai) um oponente com uma população e recursos muitas vezes menores, a guerra contra o Paraguai exigiu cinco longos anos de conflito e impôs ao Tesouro um enorme déficit, que se arrastou até o fim do Império. Ao longo do conflito, o Império empregou cerca de 110 mil soldados e marinheiros, o que representa apenas em torno de 1,5% da população, estimada em 9 milhões de habitantes (Beattie, 2001, p.38). Mas o esforço para recrutar e mobilizar mesmo essa reduzida fração da população mostrou-se um desafio quase intransponível. No início da guerra, D. Pedro II convocou a população livre para a defesa da pátria que afinal tinha sofrido a invasão das forças paraguaias na província de Mato Grosso e depois no Rio Grande do Sul. No entanto, poucos responderam ao chamado feito pelo *voluntário número um* da pátria. A reação decepcionante refletiu, por um lado, o pouco apelo que tinha para a população defender uma nação altamente excludente e racista como a desenhada pelas elites imperiais e, por outro, o profundo estigma que as tropas sofriam como repositório de criminosos e marginais de toda sorte, fruto do sistema de alistamento compulsório, igualmente voltado ao controle direto dos pobres sem ocupação definida.

Contrariando o pressuposto de que a participação na Guarda Nacional servia como garantia para escapar do recrutamento, e premido pelas circunstâncias, o governo passou a exigir a participação dos membros da Guarda no esforço de guerra, prometendo, no momento da convocação, que eles serviriam por apenas um ano, promessa que logo seria descumprida. Como forma de estimular o alistamento, criaram-se os batalhões de *Voluntários da Pátria*, em janeiro de 1865. Estes recebiam melhores salários e bônus no alistamento, ademais da promessa de benefícios em dinheiro e concessão de terras ao fim do conflito, e pensões para as viúvas e órfãos e para os veteranos mutilados. Essas condições seriam estendidas, depois, aos membros da Guarda Nacional alistados, mas não às tropas regulares. Ainda assim, a resposta da população ficou aquém das expectativas e "o governo recrutou à força muitos, senão a maioria, dos Voluntários da Pátria e dos membros da Guarda Nacional" (Beattie, 2001, p.45). Uma extensa campanha de captura de recrutas foi então empreendida nos campos e nas cidades, provocando uma grande fuga de possíveis recrutados para as matas. Fazia-se valer o dito: "Deus é grande, mas o mato é ainda maior".

Se as necessidades derivadas do conflito mostraram a inadequação da distinção prevalecente entre cidadão e soldado, a fronteira entre soldado e escravo foi novamente, como durante a guerra pela independência, posta à prova. A despeito do fato de que pelo menos 7 mil ex-escravos serviram no Exército e na Armada brasileira durante a Guerra do Paraguai,[10] em nenhum momento o governo imperial pôs em questão o direito dos senhores à propriedade de seus escravos, como seria o caso numa política de recrutamento direto de escravos. A despeito da longa duração e das pressões derivadas do conflito, foi mantida a política estabelecida durante a guerra de independência de recusar o recrutamento de escravos fugidos e devolvê-los a seus donos. Coerentemente com a doutrina de 1823, manteve-se a prática de

---

10 Não há consenso sobre o número de ex-escravos que participaram do conflito. Os dados oficiais sustentam uma participação de pouco mais de 4 mil homens no exército e cerca de 2.900 na armada, em contraste com autores que falam de uma contribuição entre 20 mil e 100 mil ex-escravos. Os autores aqui citados, no entanto, concordam que o número verdadeiro deve situar-se por volta da cifra oficial de 7 mil homens (Kraay, 1997,p.229 e Beattie, 2001, p.52).

buscar, por meio da compensação a seus proprietários, a alforria dos escravos que, não tendo sua condição detectada, participaram efetivamente do esforço de guerra.

EFETIVO DO EXÉRCITO BRASILEIRO DURANTE A GUERRA DA TRÍPLICE ALIANÇA

	Número	%
Homens livres	86.895	95,6
Voluntários da Pátria	37.438	41,2
Oriundos da Guarda Nacional	31.198	34,3
Exército regular	17.465	19,2
Substituições por homens livres	794	0,9
Escravos libertos	4.003	4,4
Doados por seus senhores	799	0,9
Substituições por escravos	948	1,0
Doados pelo governo	449	0,5
Alforrias indenizadas	1.807	2,0
Efetivo total	90.898	100

Fontes: Relatório do Ministério da Guerra (1872); Kraay (1997, p.231).

No início do conflito, no auge de um curto fervor patriótico, registraram-se doações de escravos como contribuição ao esforço de guerra. Os escravos doados por seus senhores eram alforriados e imediatamente alistados compulsoriamente às tropas brasileiras. A onda de patriotismo, no entanto, logo se desvaneceu e tanto as doações de escravos como o alistamento de homens livres voluntários se fizeram mais raros. Nesse contexto, seriam cada vez mais usados artifícios para fugir do recrutamento. Entre as fórmulas possíveis, estava prevista a possibilidade de o recrutado apresentar um substituto que seria alistado em seu lugar. Esses substitutos poderiam ser homens livres ou escravos e os dois casos foram verificados, na medida inclusive em que o recrutamento recaía basicamente nas camadas mais pobres da população livre, que não possuía escravos. Havia ainda a possibilidade de evadir-se do serviço militar com o pagamento de 600 mil-réis, quantia inacessível para as camadas mais pobres. Vale notar ainda que esse valor era inferior ao preço de mercado de um escravo com condições físicas para ser aceito pelo Exército, o que fazia que as substituições por escravos fossem antieconômicas para os poucos donos de escravos afetados diretamente pelo recrutamento, sendo preferível o pagamento da isenção em dinheiro. Essas duas isenções seriam extintas em setembro de 1867, tendo sido as substituições delas decorrentes responsáveis por modestos 2% do contingente da tropa do Exército.

A partir de fins de 1866, sem perspectivas para o fim da guerra e com dificuldades crescentes para o recrutamento de novos soldados, iniciou-se um forte debate sobre a necessidade de estender o recrutamento à população escrava. No Brasil, esse passo nunca seria tomado. Em contraste, nos Estados Unidos, até mesmo os confederados (a despeito do racismo exacerbado das elites sulistas), quase ao fim da Guerra Civil, se renderam à necessidade de mais tropas e decidiram pela incorporação dos escravos aos exércitos sulistas.

Por decisão do imperador, o assunto foi discutido na sessão do Conselho de Estado de 5 de novembro de 1866. Na ocasião, D. Pedro propôs três questões:

1ª Continuando a guerra, será conveniente lançar mão da alforria de escravos para aumentar o número de soldados do Exército?
2ª Que escravos serão preferíveis para o fim de que trata o primeiro quesito: os da nação, os das ordens religiosas ou os dos particulares?
3ª Como realizar essa medida? (Atas do Conselho de Estado, 1978, p.71).

O debate que se seguiu deixou bem clara uma forte resistência a qualquer medida que pusesse em questão o direito de propriedade dos senhores sobre seus escravos. Alguns membros do Conselho, como o Visconde de Jequitinhonha, se opuseram em princípio à alforria de escravos, considerando a medida "impolítica, indecorosa, ineficaz e muito onerosa aos cofres públicos" (Atas do Conselho de Estado, 1978, p.73). De modo geral, a alforria dos escravos pertencentes ao governo e às missões religiosas foi considerada factível, pois dependia apenas da vontade do governo, mas de pouca utilidade pelo pequeno número de escravos atingidos. A despeito de ter sido aventada a hipótese da desapropriação *por necessidade pública* dos escravos de particulares pelo governo, mesmo os conselheiros que responderam positivamente à primeira pergunta formulada pelo imperador descartaram a medida, admitindo apenas a compra de escravos pelo governo, observado o pleno respeito ao direito de propriedade.

Mesmo a compra de escravos sofreu reparos, preferindo alguns conselheiros "recorrer aos contratos de soldados estrangeiros, os quais (...) se obteriam na Europa por quantia muito inferior, e poderiam depois da guerra ser muito úteis como colonos" (Itaboraí apud Atas do Conselho de Estado, 1978, p.74). O receio de que a incorporação dos escravos no esforço de guerra solapasse as bases da escravidão ficaria patente na argumentação do Visconde de Itaboraí:

> Alegar-se-á porventura o perigo do emprego de soldados estrangeiros, o nenhum interesse que tomam pelo País a que vierem servir, os nenhuns laços que os prendem à causa que defendemos; mas ainda com este desconto são eles menos perigosos que os escravos tirados um dia do estado de abjeção em que vivem para se lhes confiarem as armas no outro dia, nutrindo em seus corações a má vontade, as indisposições, os rancores que acumulam durante o cativeiro, mormente conhecendo, como não podem deixar de fazê-lo, que se lhes dará a liberdade, não por sentimentos de justiça ou mesmo de generosidade, mas pela necessidade de opô-los aos inimigos de seus senhores. (...) Chamar os escravos a defender com os homens livres a integridade do Império, e a vingar os ultrajes recebidos de uma pequena República é confessar de modo mais autêntico e solene perante o mundo civilizado que somos impotentes para, sem auxílio de nossos escravos defender-mo-nos como

nação; e desde então lhes parece impossível acharem-se razões que possam justificar o fato de continuarmos a conservá-los deserdados de seus direitos de homens, das vantagens da vida civil: seria em sua [de Itaboraí] opinião o passo mais adiantado e mais decisivo para a próxima e rápida emancipação. (Itaboraí apud Atas do Conselho de Estado, 1978, p.74-5)

A linha demarcatória do direito de propriedade não seria ultrapassada, mas, na medida em que o sistema de recrutamento da população livre não conseguia suprir as necessidades da guerra, o governo imperial renovaria o apelo para a doação de escravos e passaria, depois, a comprar escravos para, alforriados, integrar compulsoriamente as tropas. Para dar o exemplo, o governo imperial passou a libertar parte de seus escravos, tendo D. Pedro iniciado o processo pessoalmente com a alforria concedida (e o imediato recrutamento) de 67 escravos de sua propriedade. A contribuição direta do Estado seria, no entanto, quase simbólica, totalizando menos de quinhentos escravos cedidos ao esforço de guerra. Foi ainda criado um fundo para a compensação dos senhores que aceitassem contribuir com seus escravos para as tropas brasileiras. Novamente, o próprio imperador deu o exemplo contribuindo com 100 mil contos de réis para o fundo (Kraay, 1997, p.236).

Premido pelas circunstâncias, em sua mensagem de abertura dos trabalhos do Parlamento em maio de 1867, o imperador, ainda que de modo cauteloso, pediu aos congressistas que examinassem a questão do fim da escravatura:

O elemento servil no Império não pode deixar de merecer oportunamente a vossa consideração, provendo-se de modo que, respeitada a propriedade atual, e sem abalo profundo em nossa primeira indústria – a agricultura –, sejam atendidos os altos interesses que se ligam à emancipação. (Falas do Trono, 1977, p.374)

Todavia, não ousando questionar o direito de propriedade dos senhores sobre seus escravos, restava ao governo imperial a opção de buscar a aquiescência dos escravocratas por meio de indenizações pelos escravos recrutados, opção que teria seus limites na crescente crise financeira do Estado. As alforrias indenizadas refletiram a estrita observância ao direito de propriedade da classe escravocrata. Em vez de expropriá-los, o Império sujeitou-se a buscar no mercado de escravos, agravando sua situação fiscal, os novos recrutas de que necessitava desesperadamente para preencher as fileiras do Exército. As poucas mais de 1.800 alforrias indenizadas contribuíram com apenas 2% do total das tropas, expondo as dificuldades de mobilizar um contingente compatível com as exigências de um esforço de guerra prolongado.

Houve ainda uma última via de participação dos escravos no conflito – esta sim potencialmente atentatória ao direito de propriedade dos senhores de escravos –, o recrutamento de escravos fugitivos. Também neste caso, no entanto, confirmou-se o primado do direito de propriedade dos senhores sobre as necessidades da guerra. Havia a proibição formal desse tipo de recrutamento e cabia ao voluntário provar sua condição livre para ter seu alistamento aceito. Os escravos fugitivos inadvertidamente recrutados foram rotineiramente devolvidos aos seus donos, durante e após o conflito, desde que os donos pudessem provar a sua propriedade e que os escravos em questão não tivessem tido uma participação no conflito que de algum modo os destacassem. Nesse último caso, aplicava-se a política inaugurada em 1823 e era negada a devolução do escravo, mas concedida indenização ao seu antigo senhor (Kraay, 1997, p.234).

O conflito contra o Paraguai contribuiu para acentuar a decomposição do Estado imperial. Os limites de uma sociedade escravista na mobilização, seja de seus escravos, seja de sua população livre (cuja maior parte, com razão, não se reconhece na nação excludente defendida pelas elites), ficaram muito evidentes. Como reação a essa percepção seria tentada uma reformulação do sistema de recrutamento, colocando-o em bases mais racionais. Para o espanto de seus proponentes, essa reformulação encontrou, no entanto, uma forte e aberta resistência da população.

Em 1874, seria aprovada a Lei nº 2.556, no bojo de um amplo programa de reformas modernizantes, que incidiram também sobre a instrução pública, a questão da escravidão, a magistratura, a Guarda Nacional e o regime eleitoral. Essa Lei estabeleceu o alistamento militar com base num sorteio entre os homens livres e libertos entre 19 e 30 anos. O tempo de serviço dos sorteados que voluntariamente aceitassem a convocação seria de seis anos e o dos refratários se estenderia por oito anos. Em tempos de paz, estavam restabelecidas as hipóteses de substituição e de comutação pecuniária. Foram também abolidos os castigos corporais no Exército (na Marinha isso só aconteceria na República, em decorrência da chamada Revolta da Chibata). Buscava-se eliminar os elementos mais arcaicos e arbitrários da disciplina militar e com isso reduzir o estigma associado à condição de soldado.

As tentativas de aplicação da Lei em 1875 e nos anos seguintes foram respondidas por uma forte reação popular que surpreendeu o governo e acabaria por transformar a Lei em letra morta. Em várias províncias do Império, multidões investiram contra as juntas de alistamento, destruindo os papéis destinados a esse fim. Os *rasga-listas* seriam acusados de fanatismo e ignorância por sua resistência a uma medida que, no entender de seus defensores, tinha um objetivo "modernizante e civilizatório, e cuja implantação tornaria mais equitativo e suave o serviço das armas" (Mendes, 1999, p.3). A extensão e a aparente coordenação do movimento surpreenderam as autoridades, que o atribuíram a uma conspiração dos liberais.

A revolta dos *rasga-listas*, como a revolta dos *quebra-quilos*, a *guerra dos marimbondos* e uma série de outros movimentos que só iriam terminar com Canudos e o Contestado, já na República, inserem-se num contexto de rebeliões contra medidas modernizadoras derivadas da dissolução das relações sociais do Antigo Regime. Como nas revoltas camponesas da Europa dos séculos XVII e XVIII, as camadas pobres da população brasileira reagiam ao que entendiam como uma quebra da *economia moral*. No entender de Thompson (1971), a defesa dos direitos e costumes tradicionais estava baseada num consenso comunitário que dava legitimidade às relações sociais vigentes. A ruptura desse consenso no caso analisado por Thompson, pela introdução de práticas de mercado na regulação da economia agrícola, foi respondida por motins que obedeciam a regras precisas, objetivos bem definidos e uma considerável autorrestrição por parte dos amotinados.

As revoltas seriam explicadas menos pela severidade, injustiça ou exploração vividas pelas populações rurais (e não só rurais), mas principalmente pela alteração brusca dessas condições em função da adoção de um novo modelo percebido consensualmente como injusto, representando o rompimento com regras e costumes tradicionalmente aceitos. Esses movimentos seriam antes de tudo reativos e legitimistas, buscando restaurar uma ordem percebida como natural, transgredida pela ação ou omissão das autoridades.

Mendes (1999, p.8, grifo no original) assinalou:

> Apesar de toda a arbitrariedade e confusão, no entanto, o recrutamento forçado estabelecera um modo de convivência precário, mas relativamente estável, com alto grau de certeza acerca dos grupos sobre os quais recairiam, provavelmente, os encargos. O recrutamento cumpria importantes funções de controle social. Seu funcionamento obedecia a certa *economia moral* no contexto da paróquia, punindo seletiva e preferencialmente indivíduos turbulentos, pequenos criminosos, maridos infiéis, filhos ingratos, trabalhadores pouco diligentes. O modo altamente discricionário de realização das levas era equilibrado pelas precárias garantias da extensa rede de isenções consensuais que, embora nem sempre respeitadas, atribuíam *sentido* às decisões de *local justice* de distribuição dos encargos com referência a certo *utilitarismo corporativo*.

O caráter impessoal das loterias ameaçava as hierarquias e redes de proteção existentes mesmo dentro do mundo dos homens livres pobres, reduzindo as possibilidades de negociação e barganha oferecida pela malha de parentes, amigos, clientes e patrões que ofereciam proteção contra a ameaça de recrutamento. O sorteio eliminaria a distinção entre protegidos e desprotegidos e era percebido como uma ameaça às hierarquias vigentes mesmo entre as camadas populares. "Paradoxalmente, as fontes do ódio popular à lei baseavam-se precisamente na crença da justiça da distribuição *desigual* do encargo e no temor de sua distribuição incerta" (Mendes, 1999, p.12, grifo no original). A visão de mundo que consagrava as hierarquias e as supostas desigualdades *naturais* da sociedade no Antigo Regime não seria transformada facilmente e a atuação impessoal do Estado, na questão do recrutamento como em outras instâncias, era percebida como perturbadora de uma ordem natural.

A Guerra da Tríplice Aliança constituiu-se no apogeu do Império e o início da rápida decadência da legitimidade do monarca como condutor dos destinos de uma nação que, na verdade, lhe era estranha.[11] A própria insistência de D. Pedro em só terminar o conflito com a captura ou morte de Solano Lopéz, política que serviu para prolongar desnecessariamente a guerra, parece muito mais o produto da lógica de um conflito entre sobera-

---

11 Como bem assinalou Anderson (1989, p.94-5), a contradição entre nação e dinastia era um problema ainda por resolver. "Pois, como vimos, a legitimidade fundamental da maioria dessas dinastias nada tinha a ver com a condição de nacional. Os Romanov reinavam sobre tártaros e letões, alemães e armênios, russos e finlandeses. Os Habsburgo erguiam-se sobre magiares e croatas, eslovacos e italianos, ucranianos e austro-alemãos. Os hanoverianos governavam bengalis e quebequenses, bem como escoceses e irlandeses, ingleses e galeses. Além disso, na Europa continental, muitas vezes membros das mesmas famílias dinásticas reinavam em Estados diferentes, às vezes adversários. Que nacionalidade se poderia atribuir aos Bourbon que governavam na França e na Espanha, aos Hohenzollern, na Prússia e na Romênia, aos Wittelsbach, na Baviera e na Grécia?"

nos – o que não se fez sem danos à legitimidade do imperador: "Os anos da Guerra do Paraguai deixariam marcas profundas na representação de D. Pedro II que, de alguma maneira, era responsabilizado, se não por tudo, ao menos pelo desgastante prolongamento do conflito" (Schwarcz, 1998, p.319). A sociedade escravista mostrou-se claramente anacrônica e incompatível com a criação de forças armadas modernas que serão, em todo o mundo, símbolos e fábricas do nacionalismo. Voltadas para o combate de ameaças externas, tendo como base a cidadania, as Forças Armadas, reformuladas como a nação em armas, passaram a apropriar-se de forma natural e automática do discurso nacional como fonte de coesão e doutrinamento.

O fim da guerra não resolveu essas contradições e a partir daí a balança entre o princípio dinástico e o nacional passaria a pender cada vez mais para este último. A participação forçada de setores antes claramente excluídos da cidadania – escravos, negros, mestiços e brancos pobres –, na defesa de uma nação que lhes era estranha, obviamente não resultou em seu acesso aos direitos da cidadania, mas foi seguramente um fator determinante na desmoralização institucional do Império, pois deixou a descoberto a ineficácia do discurso nacionalista numa monarquia escravista e aristocrática. Salles (1990, p.81) acrescenta que, entre os estamentos marginais, a guerra também serviu para deixar claro que "as fronteiras sociais e raciais entre esses setores e a massa de escravos eram tênues ou mesmo inexistentes, havendo, além dos vínculos raciais, os de parentesco". No Brasil, conclui Salles, não havia a "identidade que unia 'brancos e livres' em contraposição aos 'negros e escravos' do Sul dos Estados Unidos".

Após a vitória contra o Paraguai, o imperador ainda tentou adaptar sua projeção simbólica aos novos tempos. Com o fim do conflito, o Império faz a tentativa de reinventar sua dimensão simbólica, transformando D. Pedro em "monarca-cidadão". O cerimonial foi simplificado, o imperador afastou-se dos eventos da elite carioca, a própria representação do soberano foi modificada e este passou cada vez mais a apresentar-se aos olhos da população despido dos símbolos tradicionais de poder da monarquia: um imperador sem cetro, sem coroa e sem sua indumentária de monarca. Essa transição do soberano pela graça divina para um soberano alicerçado na cidadania estava sendo testada por toda a Europa, com diferentes graus de sucesso. No Brasil, o quadro era especialmente complexo, em vista da situação periférica do país, situado na América republicana, e da questão da escravidão, associada ao próprio Império. O país não estava imune ao rápido descrédito na crença em capacidades extraordinárias – ou mesmo poderes "sobrenaturais" – que diferenciariam os reis de seus súditos. O imperador era cada vez mais visto apenas como mais um cidadão voluntarioso, e as contradições da monarquia brasileira eram mais e mais visíveis: o princípio da soberania popular como forma de legitimação crescia, chocando-se com o Direito Divino na monarquia; a Constituição outorgada era monarquista, mas vivia-se um regime cada vez mais parlamentarista. A política de D. Pedro não escapava a essas contradições, como bem assinalou Schwarcz:

A política de D. Pedro II era também marcada por ambiguidades: o monarca apenas suavizava os rituais. Renunciou na década de 1870 ao título de soberano (porque a soberania era do povo); depois de sua primeira viagem à Europa, em 1871, deixou de lado o costume português do beija-mão; manteve a liberdade de imprensa, e rejeitou títulos e estátuas. Porém, resistiu ao debate político, compactuando com um parlamentarismo fraudulento e, apesar de afirmar-se publicamente contrário à escravidão, usou timidamente de seu poder de forma explícita no sentido de apressar a abolição desta. Com efeito, se o final da escravidão era matéria da maior apreensão, de toda maneira a política foi antes a de "deixar correr, deixar passar", enquanto se caprichava, mesmo, na fachada europeizante do Império. (Schwarcz, 1998, p.323-4)

Na tentativa de equacionar essas contradições, usando-se a feliz expressão de Gilberto Freyre, D. Pedro trocou a "coroa pela cartola", procurando apresentar interna e externamente uma imagem que não se coadunava com a realidade do país. Iniciou uma série de viagens pelo exterior e fez o Brasil se representar nas grandes exposições internacionais que simbolizavam a modernidade e a civilização do fim do século. A tentativa de veicular uma imagem de modernidade e cosmopolitismo fez do Brasil presença assídua nas exposições internacionais em que eram apresentados os avanços tecnológicos daquela última metade de século: Londres (1862), Paris (1867), Viena (1873), Filadélfia (1876) e outra vez Paris (1889). Os estandes brasileiros, no entanto, mais confirmavam do que negavam a condição de país distante, exótico, atrasado e escravocrata, com a exposição dos poucos produtos de exportação e a ênfase na exuberância da natureza tropical. É sintomática desse esforço a presença do imperador na exposição da Filadélfia, em 1876, para marcar e comemorar o primeiro centenário da revolução americana, modelo republicano por excelência. Única cabeça coroada num evento para celebrar a república estadunidense, num esforço frívolo, "rompíamos com o boicote das monarquias tentando mostrar que éramos 'a mais republicana das realezas' e que, em se tratando de direitos humanos, conformávamos mesmo uma monarquia-cidadã" (Schwarcz, 1998, p.405).

O fato é que a monarquia brasileira não foi bem-sucedida em seu intento de se adaptar ao novo mundo das nacionalidades. Em 1889, a Coroa brasileira não servia mais como fonte de legitimação do Estado brasileiro e não contou com defensores para sua permanência como um adorno da nação, como foi o caso das monarquias europeias que conseguiram sobreviver à primavera dos povos. A monarquia caiu, sem resistência, perante um povo que assistiu a tudo, bestializado.

4
Somos da américa e queremos ser americanos

(...) o Exército, a Armada e o povo decretaram a deposição da dinastia imperial e consequentemente a extinção do sistema monárquico representativo; foi instituído um Governo Provisório que já entrou no exercício de suas funções e que as desempenhará enquanto a Nação soberana não proceder à escolha do definitivo pelos seus órgão competentes; este Governo manifestou ao Sr. D. Pedro de Alcântara a esperança de que ele fizesse o sacrifício de deixar com sua família o território do Brasil e foi atendido; foi proclamada provisoriamente e decretada como forma de governo da Nação Brasileira – a República Federativa –, constituindo as Províncias os Estados Unidos do Brasil.[1]

Em texto já consagrado, José Murilo de Carvalho (1990, p.32) admitiu que, nos anos iniciais da República, ainda não existia no Brasil um sentimento de nacionalidade. O que havia era "alguns elementos que em geral fazem parte de uma identidade nacional, como a unidade da língua, da religião e mesmo unidade política". O ensaio de nacionalismo criado pela Guerra da Tríplice

---

1 Circular do governo brasileiro, assinada pelo Chanceler Quintino Bocaiúva, às legações estrangeiras no Rio de Janeiro, em 18 de novembro de 1889. Arquivo Diplomático do Reconhecimento da República, 1989, p.3.

Aliança "fora muito limitado pelas limitações impostas pela presença da escravidão". De fato, a trajetória percorrida para a consolidação de um sentimento nacionalista – como principal vínculo emotivo entre os brasileiros e base de sustentação política do Estado – estava ainda em sua fase inicial. Havia, já desde várias décadas, uma unidade política autônoma, reconhecida internacionalmente, chamada Brasil, mas seus habitantes eram oficialmente súditos do imperador. Havia, certamente, um sentimento de patriotismo que, nas quase sete décadas do Império, foi progressivamente estendido das "pequenas pátrias" para uma ideia de pátria que englobasse todo o vasto território do Império. Mas era impossível imaginar esse Estado territorial como uma "comunidade imaginada", como ficou cruamente demonstrado pela incapacidade de mobilizar a população para defender essa "nação" excludente, hierárquica e elitizada, mesmo diante da invasão do território por um inimigo externo.

Ao mesmo tempo, em fins do século XIX, ficou claro quão defasado o Brasil estava dos grandes países europeus e dos Estados Unidos. A fantasia da "monarquia tropical" não conseguia mais esconder o atraso das relações sociais e das formas ideológicas que cimentavam a sociedade brasileira. No mundo ocidental, o nacionalismo já tinha se afirmado como a principal fonte de coesão política, mesmo nos países que conservaram monarquias. Essas casas reinantes passaram a representar a pretensa antiguidade de nações que, em muitos casos, acabavam de se inventar. A Primeira Guerra Mundial completou inapelavelmente esse processo. As instituições e as mentalidades passavam por uma completa reformulação. Os Estados, cada vez mais laicos, passaram a contar com escolas públicas e as Forças Armadas como estruturas básicas na consolidação do sentimento nacional. Essas últimas perderam muito de seu papel de instituição de controle direto das classes perigosas (pelo alistamento compulsório por longos períodos) e foram substituídas nessa função pela multiplicação de penitenciárias, asilos e manicômios. O Exército passou a representar a "nação em armas", adquirindo uma nova significação social e, mesmo, política.

A ideia de uma cidadania, em tese fraterna, ligada por vínculos horizontais de empatia e disposta a morrer pela nação, passou a dominar o discurso político. A idealização desse corpo de cidadãos, portanto, passou a refletir a própria nação e a discussão sobre seu vigor físico e intelectual passou ao primeiro plano das preocupações dos Estados. Nesse terreno, tiveram curso teorias sobre as "raças" que formariam essas nações e também surgiu a preocupação com a saúde, o compromisso cívico e a moral da cidadania, o que gerou grandes avanços nas condições de higiene, alimentação e educação da massa da população. As grandes metrópoles passaram por intervenções urbanas para adequá-las às novas necessidades. A prática de esportes se difundiu, iniciando a vinculação que será, ao longo do século XX, cada vez mais forte entre o esporte e a promoção do sentimento nacional. A escola pública tornou-se ubíqua. O alistamento militar universal tornou-se norma. O simbolismo das bandeiras, hinos e escudos pátrios passou ao dia a dia das práticas sociais.

Com o Império, o Brasil estava visivelmente defasado e seu Estado ainda amarrado num tipo de legitimidade já em irreversível processo de superação no Ocidente. A geração de intelectuais brasileiros de 1870 não ficou indiferente a essa realidade e "aceitou aquelas ideias que permitiam pensar a integração do Brasil na cultura ocidental. O positivismo, o darwinismo, o spencerismo e o materialismo preencheram o mesmo papel; essas correntes veicularam uma filosofia da história que possibilitava essa integração ao moderno, ao científico ou ao Estado positivo" (Oliveira, 1990, p.81). Muitas dessas ideias, inclusive, chegariam ao Brasil quando já se encontravam em decadência na Europa.[2] Um bom exemplo é o darwinismo racial de Gobineau, que escreveu seu *Essai sur l'inegalité des races humaines* em 1854.

---

2 Essa defasagem é explicada por Ortiz (2005, p.25-35).

Para ele, os cruzamentos entre as raças têm efeitos devastadores. No Novo Mundo, pior, com o cruzamento das raças negra e indígena. Num país em que a grande maioria da população era composta de negros e mestiços, essa ideia era aterradora para os intelectuais que queriam pensar o Brasil a partir da ideia de uma "raça" brasileira.

Sem poder contar plenamente com as novas estruturas sociais e ideológicas – entre as quais o nacionalismo desempenhará papel crucial –, o Império desmoronou sem resistências, mas seu fim se traduziu numa grave crise de legitimidade do Estado brasileiro. Ainda que já bastante desmoralizada, não era fácil abandonar a identidade criada pela condição de súdito do imperador do Brasil, que legitimava um sentimento patriótico ao mesmo tempo em que justificava as graves desigualdades sociais brasileiras. Num universo ideológico comandado pela legitimidade dinástico-religiosa, cada um sabia perfeitamente seu lugar, dado por seu nascimento: a desigualdade era a "ordem natural das coisas", que cabia aceitar.

Com o fim do Império não foi mais possível evitar a derrocada do mundo de valores e mentalidades do Antigo Regime, cuja sobrevivência no Brasil, na virada para o século XX, indicava o grau de arcaísmo e descompasso da sociedade brasileira. Essa mudança, todavia, não foi nada fácil e acabou refletida numa longa transição marcada por uma crise de legitimidade do Estado brasileiro, traduzida na ressurgência de revoltas regionais, que chegaram ao grau de violência da Revolução Federalista (1893-1895) que teve o apoio das forças participantes da Revolta da Armada (1893-1894). Num momento em que as antigas mentalidades e controles ideológicos eram postos em xeque, não faltaram também movimentos messiânicos, de proporções então desconhecidas, como a Guerra de Canudos (1896-1897) e a Guerra do Contestado (1912-1916). No meio urbano, a quebra da antiga economia moral refletiu-se em graves conflitos, como a Revolta da Vacina (1904) e a continuada resistências às inovações propostas para o serviço militar, que recaía cada vez mais nas populações marginais dos centros urbanos. Aliás, no âmbito militar, é digna de nota a Revolta da Chibata (1910), movimento que reivindicou, entre outras coisas, o fim dos castigos físicos na Marinha, uma prática então já absolutamente defasada e socialmente inaceitável.

Em meio à crise de legitimidade do Estado, a definição do caráter do nacionalismo brasileiro, que passaria à condição de principal sustentáculo ideológico desse Estado, foi a tarefa mais urgente e importante com que se defrontaram as primeiras gerações de intelectuais da República. Desfeita a fantasia da "monarquia tropical", como imaginar ou inventar o Brasil? Como ressaltou Carvalho (1990, p.32), a "busca de uma identidade coletiva para o país, de uma base para a construção da nação, seria tarefa que iria perseguir a geração intelectual da Primeira República (1889-1930)". Havia, no início do governo republicano, duas grandes vertentes interpretativas, dois modelos de identidade nacional. A primeira via de modo positivo as tradições e a colonização portuguesa, como fonte da singularidade e da riqueza nacional. "Para ela, a nacionalidade simbolizava a defesa e a valorização do singular. Daí a repulsa em tomar como modelo a sociedade americana, fruto da colonização inglesa e do protestantismo" (Oliveira, 1990, p.23). Uma segunda interpretação via na República um momento de ruptura com esse passado, criando oportunidade para a integração do Brasil ao mundo americano, à modernidade. "A nacionalidade seria, para os republicanos, o resultado da luta contra o passado, da construção de uma nova sociedade organizada politicamente pelos nacionais e na qual as classes empresariais teriam lugar de destaque" (Oliveira, 1990, p.23-4).

A busca de uma originalidade brasileira criada pela conjugação da colonização portuguesa e da prodigiosa natureza do país deu lugar a um nacionalismo conservador, na linha de Eduardo Prado, ou de corte ufanista, como o de Afonso Celso, autor do paradigmático *Porque me ufano do meu país* (1900). Nesse livro, Afonso Celso apontou onze razões que, a seu ver, justificariam o sentimento de amor pelo Brasil: 1) sua grandeza territorial; 2) sua beleza; 3) suas riquezas; 4) a variedade e amenidade de seu clima; 5) a ausência de calamidades; 6) a excelência dos elementos que entraram na formação do tipo nacional; 7) os nobres predicados do caráter nacional; 8) o fato de nunca ter sofrido humilhações, nunca ter sido vencido; 9) seu procedimento cavalheiroso e digno para com os outros povos; 10) as glórias a colher nele; 11) sua história. Essa longa lista centra-se no território e na natureza e, subsidiariamente, na história e na composição racial da população. A brasilidade seria um atributo natural e, portanto, inescapável das grandezas do Brasil. Essa linha interpretativa, apesar de ingênua, teve e continua a ter grande influência na discussão da identidade brasileira.

Dentro dessa ideia de singularidade, teve também imensa repercussão a interpretação, de caráter marcadamente pessimista, da identidade brasileira como produto da relação muito particular entre "raça" e "meio". Autores como Nina Rodrigues, Sílvio Romero e Euclides da Cunha buscaram construir uma explicação para o caráter nacional brasileiro e para o "atraso" nacional com base nas teorias de corte evolucionista que legitimavam a posição hegemônica da civilização ocidental como decorrência natural de sua "superioridade" racial e de pretensas leis naturais da história. A interação entre raça e meio fundamentaria as explicações para as diversas características brasileiras e suas diferenças em relação ao modelo civilizatório que se perseguia. O meio ambiente brasileiro é radicalmente diferente do europeu e, portanto, a civilização europeia não pode ser integralmente transplantada para o solo brasileiro. O homem brasileiro também é distinto: "o mestiço é para os pensadores do século XIX mais do que uma realidade concreta, ele representa uma categoria através da qual se exprime uma necessidade social: a elaboração de uma identidade nacional" (Ortiz, 2005, p.20-1). A temática da mestiçagem passou a ser o fulcro e, ao mesmo tempo, a grande interrogante para a construção de uma identidade nacional que não condenasse o Brasil à inferioridade irremediável. O ideal nacional tornou-se, nessa perspectiva, um objetivo a ser perseguido no futuro, após um processo de branqueamento da sociedade brasileira, no qual seus traços inferiores acabariam redimidos pela vitória da raça superior. Até lá, a nação brasileira seria imperfeita, quase uma meta e não uma realidade concreta.

Nessa linha de pensamento, o mestiço era interpretado como símbolo da brasilidade que apontava, no futuro, para uma perfeita integração racial e cultural. Como ressaltou Rezende Mota (2000, p.107):

> A nação existia, sim, mas era social, política e economicamente atrasada e, além disso, eivada de vícios étnicos, já que produto de raças "inferiores". Embora a seleção natural apontasse para um país branco e a lei do progresso, para um "largo destino nacional", era possível acelerar esse processo interferindo em duas áreas: no ensino através da educação que favorecesse a iniciativa individual, e na imigração, pela atração e fixação do europeu em todas as regiões do país. Estas eram as receitas de Sílvio Romero para acelerar a marcha do Brasil em direção do futuro e dirigi-lo ao ramo da civilização ocidental particularmente vitorioso naquela virada de século, quando a Inglaterra e a Alemanha, modelos centrais do projeto romeriano para a nação brasileira, igualavam-se na supremacia do Ocidente.

Além da educação – com a inculcação de valores morais e patrióticos nas classes menos favorecidas – e da imigração para aumentar o percentual de brancos na população, também a saúde pública passou ao primeiro plano das preocupações, como um projeto neolamarckiano de melhora da raça e branqueamento da nação. Pela primeira vez, houve uma preocupação sistemática com a melhoria das condições sanitárias, de saúde, de asseio, de condicionamento físico e dos hábitos alimentares das camadas pobres da população. Projetou-se a imagem do brasileiro como um homem doente, mas que seria passível de cura e aperfeiçoamento. Em 1916, o médico Miguel Pereira resumiu esse diagnóstico na frase: "O Brasil é um imenso hospital". Na literatura, essa interpretação do Brasil doente foi realçada por Monteiro Lobato, que criou um personagem-símbolo das mazelas do homem brasileiro: o Jeca Tatu.

Também o poeta Olavo Bilac, um dos mais ativos promotores do serviço militar, foi um dos propagadores da ideia de redenção da inferioridade brasileira pela massificação das novidades em termos de saúde e higiene:

> Ele teve algum sucesso ao vender o serviço militar obrigatório como um motor da eugenia masculina para melhorar a saúde, a higiene, a inteligência, a disciplina, os genes e o senso de identidade nacional entre os vários setores das classes baixas brasileiras. Ele enfatizou que "o serviço militar generalizado" era "educação primária obrigatória; educação cívica obrigatória; decência obrigatória; higiene obrigatória; regeneração muscular e física obrigatória". (Beattie, 2001, p.232)

Cabe ressaltar, no entanto, que houve quem escapasse, por um lado, do ufanismo da interpretação da identidade brasileira como decorrente da exuberância da natureza brasileira e, por outro, do duplo determinismo da raça e do meio. Manoel Bomfim publicou, em 1905, seu importante *A América Latina – males de origem*, no qual explicava o atraso brasileiro e latino-americano pelo "parasitismo colonial" ao qual a região fora submetida por Portugal e Espanha, e pelo egoísmo e pouca visão das classes dirigentes locais. Suas teses foram atacadas com grande vigor por Sílvio Romero, que publicou no ano seguinte um livro dedicado exclusivamente a contra-arrestar as ideias de Bomfim, sergipano como ele. Não se prestando à polêmica com Romero, apenas em 1925 Bomfim escreveria a continuação dos "males de origem", o livro *O Brasil na América* (publicado em 1929). Nele, Bomfim criticava a ideia de "América Latina", central em seu livro anterior, ao realçar as diferenças entre a nacionalidade brasileira e as demais nações da região. Para ele, todas seriam nações "neoibéricas", marcadas por peculiaridades históricas, e o Brasil teria uma personalidade própria, distinta das demais. Em seguida, publicou *O Brasil na História* (1930) e *O Brasil Nação* (1931). No livro de 1931, definiu a nacionalidade brasileira pela oposição entre dominantes e dominados, sendo o verdadeiro sentido do nacional dado pela história e pelas aspirações das classes dominadas:

> [...] a verdadeira tradição nacional, e toda a nossa razão de ser no seio da humanidade, é a história desses milhões de ingênuos, explorados pela política bragantina, persistente, apesar de tudo, esses infelizes, cujas dores construíram o Brasil. Explorados, subjugados, escravizados, aviltados, espoliados de tudo, eles deram feição e tom ao povo brasileiro: dominado, pária na sua pátria, reduzido à condição de não existir em consciência de nacionalidade, ou de resgatar a pátria, de que carece para o pleno sentimento de humanidade, pois que a nação existe, apenas, como serventia de uma política de feitores, em que se continuam as fórmulas da metrópole. E, já agora, há que purificar a pátria brasileira desses três séculos de incorrigível bragantismo. (Bomfim, 1996, p.553)

Sua fórmula para o fortalecimento da brasilidade estava numa revolução popular nacionalista, nos moldes mexicanos, pois pouca esperança advinha do reformismo das elites brasileiras. A despeito da importância de suas obras, para seus contemporâneos, Bomfim seria mais conhecido por seu trabalho como educador. Foi autor de livros didáticos, destinados a fomentar o civismo e o sentimento de nacionalidade entre os alunos do curso primário. Sua obra mais destacada, nesse contexto, é o manual *Através do Brasil*, que escreveu em colaboração com Olavo Bilac.[3]

---

3 *Através do Brasil*, editado em 1910, foi o terceiro livro da dupla. Estava dirigido aos alunos do curso primário. Segundo seus autores, nele a criança

Bomfim foi também pioneiro na proposição de uma identidade entre o Brasil e os demais países latino-americanos, o "outro" da imagem autocriada pelo Império no plano internacional. Essa ideia, como as interpretações do autor sergipano de modo geral, só seria resgatada muitas décadas após sua morte, em 1932. Ao identificar o Brasil com os demais países latino-americanos e, ao mesmo tempo, distanciá-lo dos Estados Unidos, sua postura de contraponto, com posições à frente de seu tempo, também se revelou quanto à segunda vertente da interpretação da identidade brasileira, manejada por sua geração. Nessa outra leitura, a nacionalidade seria uma luta contra o passado monárquico. Com tons antilusitanos (e antiafricanos), o republicanismo integraria o Brasil ao mundo americano, tendo como referência os Estados Unidos e a modernidade, mas mantendo a alteridade, que vinha do Império, com os países hispano-americanos.

Um dos pontos centrais do "Manifesto Republicano", de 1870, era evidenciar a contradição entre a monarquia e a adesão ao ideal de América, como símbolo da modernidade. De fato, a "monarquia tropical" do imperador brasileiro e seus súditos era a antítese da ideia de América, para quem o "outro" eram as velhas monarquias europeias e as hierarquias e práticas sociais do Antigo Regime, e a adesão ao americanismo passou a ser a principal bandeira das correntes republicanas em termos de política exterior. Dizia o Manifesto:

> Somos da América e queremos ser americanos. A nossa forma de governo é, em sua essência e em sua prática, antinômica e hostil ao direito e aos interesses dos Estados americanos. A permanência

---

"aprenderá a conhecer um pouco o Brasil, terá uma visão, a um tempo geral e concreta, da vida brasileira – as suas gentes, os seus costumes, as suas personagens, os seus aspectos distintivos" (Bomfim e Bilac, 1921, p.VII). A narrativa está centrada na viagem que dois meninos, de 10 e 15 anos, fazem pelo Brasil para se reencontrarem com o pai. Ao longo desse percurso, os dois vão conhecendo e discutindo diversas paisagens e tipos "típicos" das regiões brasileiras.

dessa forma tem de ser forçosamente, além de origem de opressão no interior, a fonte perpétua da hostilidade e das guerras com os povos que nos rodeiam. Perante a Europa passamos por ser uma democracia monárquica que não inspira simpatia nem provoca adesão. Perante a América passamos por ser uma democracia monarquizada, em que o instinto e a força do povo não podem preponderar ante o arbítrio e a onipotência do soberano. Em tais condições pode o Brasil considerar-se um país isolado, não só no seio da América, mas no seio do mundo.

Na verdade, a identidade internacional do Brasil tem sido formulada, desde o início da vida independente do país, tendo como uma de suas referências fundamentais a ideia de América. Durante o Império, a construção da identidade nacional brasileira se fez justamente em oposição ao conceito de América que estava sendo propagado pelas repúblicas vizinhas. A independência das Treze Colônias, em 1776 – logo seguida por movimentos separatistas nas antigas colônias americanas da Espanha –, marcou uma importante ruptura com o universo ideológico do Antigo Regime. As novas repúblicas foram criadas sob o signo da contestação da ordem dinástica e das hierarquias do Antigo Regime, e fundadas nas ideias de cidadania e de participação popular.

Na elaboração de suas identidades próprias, os novos países americanos conceberam uma nova ideia de América: um continente distinto e superior à Europa, graças à diferença de suas instituições políticas. Thomas Jefferson, em suas cartas de 1808, 1809 e 1811, desenvolveu o conceito de Hemisfério Ocidental, argumentando que a unidade dos povos americanos decorria da similaridade de seus "modos de vida", que os diferenciavam da Europa (Whitaker, 1854, p.22-3). Esse caráter "americano", como símbolo do rompimento com a situação colonial e com o imaginário do Antigo Regime, foi explorado por todos os novos países independentes, com exceção do Brasil. Ao conservar o princípio dinástico como fonte de legitimação, o Brasil se diferenciou decisivamente de seus vizinhos americanos, que passaram a representar para o Império o "outro" irreconciliável. Na metafórica ruptura entre a América e a Europa, o país se colocava ideologicamente ao lado das potências europeias. Ainda que atrasado, escravocrata e distante, essa "monarquia tropical" sentia-se acima de seus vizinhos, que entendia anárquicos e selvagens (Santos, 2004).

A proclamação da República representou o imediato abandono do antiamericanismo que marcou a política externa do período imperial. Quebrou-se a política de distanciamento das conferências interamericanas,[4] observada desde o Congresso do Panamá, em 1826. A delegação brasileira, que, no momento em que caiu o Império, estava presente na Conferência de Washington de 1889/1890 (com instruções para opor-se às principais iniciativas do conclave), teve sua chefia trocada e foi orientada a dar um "espírito americano" às instruções que haviam sido preparadas ainda pela diplomacia imperial. A despeito da mudança da posição brasileira, os resultados da Conferência foram escassos e, assim, o representante da nova República, Salvador de Mendonça, tentou, sem sucesso, negociar uma "aliança ofensiva e defensiva" com os Estados Unidos, mas acabou por contentar-se com um acordo comercial, firmado em janeiro de 1891.

Com a ansiedade de dar mostras de sua adesão ao espírito americano, o chanceler do Governo Provisório, Quintino Bocaiúva, afastou-se do acordo que havia sido obtido pela diplomacia imperial com a Argentina, no sentido de submeter o litígio territorial entre os dois países na região de Palmas a uma arbitragem internacional, e assinou o Tratado de Montevidéu, de 25 de janeiro de 1890, que dividia a região entre Brasil e Argentina. O Tratado, considerado daninho aos interesses nacionais, foi rejeitado pelo Congresso e a solução da arbitragem, encomendada ao presidente dos Estados Unidos, Grover Cleveland, acabou por prevalecer. A defesa da posição brasileira foi atribuída ao Barão do Rio Branco (que substituiu o Barão Aguiar de An-

---

4   Ver, a respeito, Santos (2004).

drade, falecido durante o desenrolar da questão). Com o laudo do presidente Cleveland, dado a conhecer em 5 de fevereiro de 1895, inteiramente favorável ao Brasil, obteve-se a integridade do território em disputa.

O representante brasileiro em Washington, Salvador de Mendonça, um dos signatários do Manifesto Republicano, esforçou-se para obter a simpatia estadunidense para a nova República e obteve o apoio da esquadra norte-americana para furar o bloqueio do porto do Rio de Janeiro, imposto pelos rebeldes durante a Revolta da Esquadra, já no governo de Floriano Peixoto. Tal foi o empenho americanista de Salvador de Mendonça que, mais tarde, afastado de suas funções, ele reivindicou o pionerismo da orientação estadunidense da diplomacia republicana: "quando, pois, o Barão do Rio Branco mandou o sr. Joaquim Nabuco descobrir a América do Norte, ela já estava descoberta, medida e demarcada" (Mendonça, 1913, p.147-8).

A despeito do eventual pioneirismo de Salvador de Mendonça, foi a partir de Rio Branco, e tendo como marco simbólico a elevação da legação brasileira em Washington à categoria de embaixada, que as relações entre o Brasil e os Estados Unidos chegaram ao patamar da "aliança não escrita", descrita por Burns (1966). A escolha do Barão para ocupar a nova embaixada recaiu sobre Joaquim Nabuco, que era, como Rio Branco, filho de um prócer do Império e monarquista convicto. Nabuco havia sido o advogado brasileiro na disputa de limites com a então Guiana Inglesa, questão que teve resultado decepcionante para a opinião pública brasileira, com a divisão do território em litígio. Ademais, era conhecida a visão de mundo de Nabuco, centrada na primazia da Europa como centro de civilização. Em seu livro autobiográfico *Minha formação*, publicado em 1900, Nabuco dizia: "As paisagens todas do Novo Mundo, a floresta amazônica ou os pampas argentinos, não valem para mim um trecho da Via Appia, uma volta da estrada de Salermo a Amalfi, um pedaço do cais do Sena à sombra do velho Louvre" (Joaquim Nabuco, 1999, p.49).

A escolha parecia, portanto, bastante arriscada, mas Nabuco tornou-se um americanista radical, para quem os Estados Unidos eram o modelo a ser seguido, defendendo sempre um perfeito entendimento com a nova potência mundial em todos os temas internacionais. Ele se tornou, talvez, o maior propagandista do pan-americanismo nos meios políticos e diplomáticos brasileiros. Com uma posição pró-americana muito mais principista do que a de Rio Branco, este pragmático por natureza, Nabuco entendia que "a Doutrina Monroe (...) significa que políticamente nós nos desprendemos da Europa tão completa e definitivamente como a Lua da Terra" (apud Carolina Nabuco, 1958, p.402). Se essa posição não era compartilhada integralmente por Rio Branco, Oliveira Lima, que havia sido íntimo amigo dos dois, do Barão e de Nabuco, tinha uma posição muito mais crítica sobre as intervenções estadunidenses na América Latina. Segundo ele, após os anos passados em Washington, Nabuco "ficara *too American*, como em Londres fora *too British*, na Itália *too Roman* e na França seria *too French*" (Oliveira Lima, 1937, p.212).

A ideia da construção do sentido nacional a partir da reinserção do Brasil na América, como forma de superar o atraso a que a colonização portuguesa e a monarquia tinham levado o Brasil, foi objeto de um intenso debate. Mais do que Oliveira Lima, seu crítico mais feroz foi Eduardo Prado, um conservador antirrepublicano e amigo íntimo do Barão do Rio Branco. Prado, já em 1890, posicionou-se fortemente contra o novo regime em seu livro *Os fastos da ditadura militar no Brasil*. Em 1893, publicou seu influente *A ilusão americana*, em que criticava acidamente a aproximação do Brasil com seu tradicional "outro" hispano-americano e, em especial, com os Estados Unidos, paradigma do republicanismo que ele rejeitava. Para Eduardo Prado, fiel à interpretação da originalidade brasileira como produto da colonização portuguesa, o Brasil não se identificava nem com seus vizinhos latino-americanos nem com os Estados Unidos, até porque "todas as vezes que tem o Brasil estado em contato com os Estados Unidos tem tido outras tantas ocasiões para se convencer de que a amizade americana (amizade unilateral e que, aliás, só nós apregoamos) é nula quando não é interesseira" (Prado, 1893, p.186).

Há, portanto, duas grandes vertentes no debate sobre a identidade nacional brasileira na virada para o século XX. As duas reconhecem o atraso brasileiro e a precariedade do sentimento nacional, mas diferem em seus diagnósticos e perspectivas. A primeira delas busca a originalidade nacional na herança portuguesa e as explicações para o atraso relativo do Brasil e do sentimento de nacionalidade – ou, de modo maníaco-depressivo, para a grandeza nacional –, nas relações entre o meio e as raças que habitam o país. Foi nesse momento que a mestiçagem começou a ganhar o valor explicativo e simbólico que marcou muitas perspectivas sobre o Brasil e a brasilidade, ao longo do século XX.

A outra interpretação para o nosso atraso e o da nacionalidade, vista como deficiente, atribuía nossos males à colonização portuguesa e à monarquia. Era uma visão antilusitana (e antiafricana) que, curiosamente, resgatava os sentimentos das primeiras décadas da independência. Oliveira (1990, p.93-4) relembra esse aspecto ao citar Gilberto Freyre:

> Na República, os traços lusitanos e africanos, marca registrada do Império, "foram sendo considerados desprezíveis ou vergonhosos. São dessa época um antilusitanismo e um antiafricanismo que teria expressões características no esforço do engenheiro Pereira Passos, prefeito do Distrito Federal durante a presidência Rodrigues Alves, para substituir com violência a arquitetura de origem lusitana e os costumes e meios de transporte luso-africanos das ruas, mercados, praças e subúrbios do Rio de Janeiro.

A redenção para nossos males estaria na superação dessa herança, para que o Brasil pudesse juntar-se à modernidade. Nessa perspectiva, a solução para a construção da nacionalidade seria assumir a nossa americanidade, uma visão que punha em primeiro plano a identidade internacional do Brasil, na construção da nacionalidade pelas afinidades e contrastes com o "outro" estrangeiro. Essa vertente vai ao encontro da ideia da construção da nacionalidade brasileira a partir da política externa. Mas o que significava, nas décadas iniciais do século XX, ser americano? De que América se estava falando?

A virada do século XIX para o século XX representou um período de grande tensão nas relações internacionais ao sul do continente americano e de repetidas intervenções estadunidenses no Caribe e na América Central. O Chile, vitorioso na Guerra do Pacífico, mantinha irresolvida com o Peru e a Bolívia a questão dos territórios de Tacna e Arica. A expansão do poder chileno no Pacífico sul criou ansiedades e houve, inclusive, a iminência de um conflito armado com os Estados Unidos por ocasião do incidente com marinheiros do navio *USS Baltimore*, em 1891. Do outro lado da cordilheira, as relações chileno-argentinas também viveram momentos de discórdia e ameaças militares, somente amenizadas com os *Pactos de Mayo*, de 1902. A tradicional hegemonia britânica na América Latina estava sendo claramente substituída pelo poderio estadunidense, que se afirmava de forma agressiva numa série de intervenções na América Central e no Caribe. Essa política foi externada com toda clareza, em 1904, pelo presidente Theodore Roosevelt em seu corolário à doutrina Monroe, que reservava exclusivamente aos Estados Unidos o direito de intervenção nos demais países do hemisfério para exercer "o poder de polícia internacional".

Do ponto de vista político, o divisor de águas para a substituição da hegemonia inglesa pela estadunidense na América Latina pode ser estabelecido na intervenção dos Estados Unidos na questão de fronteira entre a Venezuela e a então Guiana Inglesa, em 1895. Na ocasião, o secretário de Estado, Richard Olney, advertiu seu contraparte inglês, Lorde Salisbury, dizendo: "Os Estados Unidos são praticamente soberanos neste continente"

(Green, 1971, p.5). Na prática, formaram-se no continente americano dois subsistemas, ambos dependentes dos Estados Unidos. Em torno do Caribe, transformado em "Lago Americano", inclusive ao norte da América do Sul, os Estados Unidos exerciam um poder imperial. Ao sul do continente, criou-se outro subsistema também dependente dos Estados Unidos, ainda que em menor medida e ligado ideologicamente ao primeiro por meio do pan-americanismo. Esse segundo conjunto constituía o "subsistema sul-americano, no qual Brasil, Argentina e Chile se distinguiam pelo poderio militar e econômico e onde as disputas de fronteira favoreciam a formação de alianças ou esboços de alianças na região" (Conduru, 1998, p.63).

As conferências pan-americanas exerciam um importante papel na articulação desses dois subsistemas, como veículo para a legitimação da influência dos Estados Unidos por meio do princípio da "solidariedade hemisférica". Assim, as Conferências Internacionais Americanas foram retomadas, com encontros no México (1902), no Rio de Janeiro (1906) e em Buenos Aires (1910). O pan-americanismo servia de ideologia unificadora – com base num suposto isolamento do hemisfério e na identidade de regimes políticos – e de justificativa moral para a hegemonia estadunidense no continente. Se os encontros "americanos" do século XIX foram sempre iniciativa dos países hispano-americanos e, significativamente, nunca com a presença dos Estados Unidos e do Brasil, a partir da primeira conferência "pan-americana" (Washington, 1889/1890), as discussões passaram a ter como centro as iniciativas estadunidenses e o Brasil, na maior parte dos casos, adotou posições muito próximas às estadunidenses.

A diplomacia brasileira das primeiras décadas da República atuou, portanto, tendo primordialmente em conta esses dois cenários: um sistema americano, comandado pelos Estados Unidos, e um subsistema sul-americano, no qual o Brasil (junto com a Argentina e o Chile) dispunha de relativa autonomia. Vale notar que esse subsistema sul-americano não englobaria, na prática, o que hoje entendemos por América do Sul. A questão dos limites da Venezuela com a Guiana Inglesa, a secessão do Panamá (que Roosevelt resumiu com a frase "Eu tomei o Panamá") e todas as outras questões dos países situados ao norte da América do Sul eram tratadas como da área de influência abertamente imperial dos Estados Unidos. Nesse contexto, a "América do Sul" do período seria mais bem caracterizada como o "sul da América". Essa concepção de América Sul – abrangendo basicamente o Cone Sul – é absolutamente coerente com a principal iniciativa da diplomacia brasileira para a região nesse período: o Tratado do ABC, entre Argentina, Brasil e Chile. As tratativas do Barão do Rio Branco, em 1907 e 1909, para a assinatura desse acordo foram frustradas pelas rivalidades regionais e a proposta só se concretizou em 1915, já na gestão de Lauro Müller.

A diplomacia de Rio Branco, paradigmática para o período, buscou atender a três principais objetivos: a definição das fronteiras, o aumento do prestígio internacional do país e a afirmação da liderança brasileira na América do Sul (Burns, 1966, p.204). Para a consecução desses fins, de modo bastante realista Rio Branco optou pela política de "aliança não escrita" com os Estados Unidos. O Barão deslocou o eixo da política externa brasileira em direção a Washington por meio de gestos simbólicos como a elevação das respectivas legações ao *status* de embaixadas e a realização da Terceira Conferência Americana no Rio de Janeiro; e políticas concretas como o rápido reconhecimento da independência do Panamá, a aprovação tácita do Corolário Roosevelt, a indiferença diante das intervenções estadunidenses na América Central e no Caribe, e o repúdio à Doutrina Drago.

O caráter instrumental desse alinhamento foi bem resumido por Ricupero (2000a, p.106):

Tudo isso predispunha o Barão a buscar o que Bradford Burns denominaria "uma aliança não escrita" com os Estados Unidos, pela qual os dois aliados se prestariam apoio mútuo para melhor servir seus respectivos interesses. Evidentemente, ao atuar dessa forma ele esperava poder contar com o apoio americano em suas relações potencialmente difíceis com dois vizinhos poderosos e incômodos: a Grã-Bretanha e a França (veja-se a ocupação da Ilha da Trindade, a arbitragem do rei da Itália e os incidentes no Amapá); e também com outros aventureiros do imperialismo que resolvessem exercitar seu poder em nossas praias (recorde-se do incidente Panther com a Alemanha). Quanto aos vizinhos "rivais permanentes ou adversários de ocasião", na melhor das hipóteses o auxílio americano seria valioso e, na pior, conseguiria ao menos neutralizar Washington, prevenindo qualquer tentativa de "intriga" ou "pedidos de intervenção contra o Brasil". Em tudo isso havia uma avaliação realista da correlação de forças internacionais e, tendo em conta que o poder brasileiro era débil e limitado, havia um cálculo para aumentá-lo por meio da "aliança não escrita".

Há um considerável consenso sobre a notável aproximação entre o Brasil e os Estados Unidos no início da República, e sua adesão ao discurso pan-americanista. No entanto, há menos acordo quanto ao modo e à proporção em que essa nova ênfase "americanista" da política externa brasileira aproximou o país das demais nações latino-americanas. Durante o Império, as repúblicas latino-americanas e (em menor medida, mas também) os Estados Unidos constituíam-se claramente no "outro" que, por oposição, aproximava a distante "monarquia tropical" da civilização representada por suas congêneres europeias. Mas, ao se identificar decisivamente com os Estados Unidos, em que medida o Brasil também se aproximou de seus vizinhos imediatos? Apoiando-se em Burns, Ricupero entende que "não havia incompatibilidade absoluta entre a relação amistosa do Brasil com os Estados Unidos e seus vínculos com os vizinhos" (Ricupero, 2000a, p.115). Para ele, o Brasil teria o duplo papel de interlocutor privilegiado e intérprete dos desígnios estadunidenses na América do Sul; ao mesmo tempo, atuaria como uma espécie de porta-voz dos interesses latino-americanos para os Estados Unidos. Ele exemplifica essa segunda vertente com a mediação interposta na crise entre os Estados Unidos e o Chile no caso Alsop; com os esforços para persuadir Washington a abrir uma legação em Assunção; com a exclusão da questão da arbitragem da agenda da Terceira Conferência Americana, a pedido do Chile; e com o empenho em convencer o secretário de Estado Elihu Root a estender sua visita a outras capitais sul-americanas, quando de sua participação na citada Conferência (Ricupero, 2000a, p.116). Todas essas iniciativas foram, naturalmente, meritórias; mas, em contraposição, certamente pode-se argumentar, por exemplo, que a aceitação tácita do Corolário Roosevelt e o repúdio à doutrina Drago foram manifestações concretas de muito maior alcance, que sinalizam uma grande distância entre o Brasil e os demais países latino-americanos. Aliás, fiel à concepção dos políticos do Império, Rio Branco distinguia o Brasil de "todas essas ridículas repúblicas hispano-americanas que quiseram macaquear os Estados Unidos da América" (apud Bueno, 2002, p.359). Iniciativas como as propostas de criação do ABC explicam-se muito mais pelo realismo político do Barão, que via, com acerto, o Brasil em desvantagem diante de uma Argentina num momento excepcionalmente favorável de sua história. De modo pragmático, "Rio Branco procurava diferenciar o Brasil do grupo latino-americano de nações, em geral identificado com crises políticas e insolvência financeira. Diferenciá-lo, mas não isolá-lo" (Bueno, 2002, p.361).

A identidade internacional brasileira, contudo, não se construía apenas na dialética de alteridade e identificação com os países americanos. Foi também no período inicial da República que o Brasil começou a explorar sua dimensão universalista, inaugurando uma nova faceta dessa identidade. A Conferência de Paz de Haia, em 1907, revelou "os limites da aliança não escrita" (Ricupero, 2000a, p.122), deixando o Brasil e os Estados Unidos em lados opostos da negociação em três dos quatro temas tratados no encontro. O representante brasileiro, Rui Barbosa, deu início à longa tradição de ativa atuação parlamentar do Brasil nos foros universais.

O Brasil imperial tinha mais dificuldades de lidar com o tema da igualdade, pela própria configuração de sua legitimidade dinástica. É Rui Barbosa que coloca na Conferência de Paz de Haia um *leitmotiv*, um tema recorrente ou um paradigma da ação internacional do Brasil: a ideia de que nosso país deve ter um papel na elaboração das normas que regem a vida internacional. E que isso é importante porque o Brasil tem, pela sua escala, pelo seu potencial e porque isso nos impacta, não apenas interesses específicos, mas gerais (Lafer, 2003, p.31).

A política americanista do Barão do Rio Branco seria continuada por Lauro Müller, que foi o primeiro chanceler brasileiro a realizar, nessa condição, uma viagem oficial aos Estados Unidos em 1913. Sua gestão merece relevo também pela participação concertada com a Argentina e o Chile na mediação do conflito entre os Estados Unidos e o México, na Conferência de Niagara Falls. Essa mediação foi descrita em tom fortemente americanista pelo ministro Lauro Müller no Relatório do Itamaraty:

> (...) num impulso comum de amizade pelos dois países, de zelo pela tranquilidade e confraternidade continental, o Brasil, a Argentina e o Chile ofereceram os seus bons ofícios e os viram com prazer bem aceitos pelas duas repúblicas interessadas, com aplausos das outras nações americanas e certamente de todas as potências. Essa obra de amizade, em que nos empenhamos, procurando evitar um conflito que, aos males que lhe são inerentes, acarretaria ainda o de empecer a política de confiante aproximação, que cada vez mais se acentua entre os Países Americanos, sem distinção de raças ou procedências, vai seguindo o seu curso, de êxito difícil, é certo, mas não impossível. (RMRE, 1913/1914, p.V)

Após a Conferência de Niagara Falls, os três países sul--americanos assinaram, em 1915, o Tratado do ABC. O sentido desse acordo no contexto da política americanista brasileira é tema de controvérsia na historiografia brasileira. Essa discussão é resumida por Conduru (1998, p.70-8). Ele vê, por um lado, Ricupero e Clodoaldo Bueno defendendo a tese de que não haveria no tratado "qualquer sinal de uma política contrária aos interesses norte-americanos; ao contrário, o ABC marcharia ao compasso de Washington". Por outro lado, Moniz Bandeira interpreta o tratado como "uma tentativa de bloquear a penetração dos interesses imperialistas dos Estados Unidos e das potências europeias na América do Sul". Após análise das duas interpretações, Conduru (1998, p.78) conclui que:

> A análise do texto do Tratado, artigo por artigo, revela que a preocupação maior que norteou sua redação foi a de reduzir ao mínimo as possibilidades de conflito entre os Estados contratantes. Nesse sentido, seu conteúdo preventivo dirigia-se às eventuais diferenças que surgissem entre os próprios países do ABC. *Não há, no texto do Tratado, qualquer indicação de que pretendesse "resistir" à penetração política e econômica dos Estados Unidos ou da Europa.* (Grifo meu)

Com a eclosão da Primeira Guerra Mundial, a política americanista do Brasil foi posta à prova. Após a declaração de guerra dos Estados Unidos à Alemanha e o afundamento do cargueiro brasileiro *Paraná* por submarinos alemães, recrudesceram as pressões internas e externas para que o Brasil também se unisse ao esforço militar contra o império alemão. Lauro Müller, no entanto, decidiu apenas romper relações diplomáticas com Berlim e não declarar-lhe guerra, atitude que lhe custou o cargo (Barreto Filho, 2001, p.45). O chanceler brasileiro entendia que "o argumento dos oradores nas praças públicas é sempre o mesmo: o Brasil tem de seguir o exemplo dos Estados Unidos". Para ele, isso "significaria tornarmos nossas opiniões, as opiniões dos Estados Unidos. Mas um país independente governa-se por si" (apud Barreto Filho, 2001, p.45).

Com a substituição de Müller, o novo chanceler, Nilo Peçanha, logo atendeu ao apelo dos "oradores nas praças públicas" e, após o torpedeamento do navio brasileiro *Tijuca* no porto francês de Brest, declarou guerra à Alemanha. A nota circular que informou às nações amigas que o Brasil revogava seu estado de neutralidade foi escrita com fortes tintas americanistas:

> O Brasil que nunca teve e não tem ainda agora ambições guerreiras, e se absteve sempre de qualquer parcialidade no conflito da Europa, não podia continuar indiferente a ele, desde que eram arrastados à luta os Estados Unidos, sem nenhum interesse, mas tão somente em nome da ordem jurídica internacional, e a Alemanha estendia indistintamente a nós e aos demais povos neutros os mais violentos processos de guerra.
>
> Se até agora a falta de reciprocidade por parte das repúblicas americanas tirava à doutrina de Monroe o seu verdadeiro caráter, permitindo uma interpretação menos fundada das prerrogativas de sua soberania, os acontecimentos atuais, colocando o Brasil, ainda agora, ao lado dos Estados Unidos, em momento crítico da história do mundo, continuam a dar à nossa política externa uma feição prática de solidariedade continental, política aliás que foi também a do antigo regime, toda vez em que esteve em causa qualquer das demais nações irmãs e amigas do Continente Americano. (RMRE, 1914/1915, p.VI e VII)

O furioso ímpeto americanista teria ainda como símbolo a decisão de considerar, em 1917, o dia 4 de julho como feriado nacional no Brasil, "sendo ordenado que os navios de guerra nacionais e nossas fortalezas procedessem como se se tratasse de data festiva brasileira" (RMRE, 1914/1915, p.XX). O Brasil foi o único país sul-americano a declarar guerra ao império alemão e seus aliados. A Bolívia, o Equador, o Peru e o Uruguai romperam relações diplomáticas com a Alemanha. A Argentina, o Chile, a Colômbia, o Paraguai e a Venezuela permaneceram neutros no conflito.

É curioso notar, numa antecipação dos dilemas que viriam décadas depois, que antes da Primeira Guerra, dentro da ideia de branqueamento da raça, o Estado subsidiou a imigração europeia, especialmente de italianos e alemães, e restringiu a vinda de migrantes de outras origens. Durante o conflito, as colônias de italianos e alemães (e também japoneses) passaram a ser vistas como ameaça à segurança nacional. Foi desencadeada uma campanha para impor o uso obrigatório do português e proibir as manifestações que evocassem as pátrias de origem. Somente na Era Vargas, outra vez dentro do contexto de uma Guerra Mundial, essas proibições se fariam efetivas.

Em agosto de 1918, uma pequena esquadra brasileira partiu de Fernando de Noronha para participar militarmente do esforço de guerra. Após escala na África, onde 156 integrantes da tropa brasileira morreram atingidos pela gripe espanhola, a expedição brasileira chegou a Gibraltar exatamente na véspera do fim da guerra. A participação direta do Brasil em território europeu durante a Primeira Guerra ficou, portanto, restrita a uma missão médica que contou com 161 pessoas entre médicos e enfermeiros. Ainda assim, o modesto esforço brasileiro foi recompensado com o convite para o país se fazer representar na Conferência de Versalhes, na qual foram discutidas pendências de interesse direto do Brasil, como a questão dos navios alemães apreendidos pelo Brasil durante a guerra e o reembolso do valor do café vendido pelo governo do Estado de São Paulo, em 1914, bloqueado em bancos alemães. A orientação da delegação brasileira era concordar com os Estados Unidos nas questões gerais e buscar o seu apoio nas questões de particular interesse brasileiro. Nesse sentido, é expressivo o texto do memorial preparado para subsidiar a atuação brasileira:

> Nossa política definitivamente fechada com os Estados Unidos é a que melhor pode nos servir. A questão de *nação-satélite*, sempre levantada, é puro e perfeito exagero de terceiros em detrimento de nossos reais interesses: de fato, em política, nós temos procurado

sempre acompanhar a orientação dos Estados Unidos, e isso nos tem servido para concertar muita cousa. Amapá, Acre, Peru, Panamá, questão Alsop etc. [...] O princípio da igualdade das nações soberanas não suprime a hierarquia e a categoria dentro dessa igualdade, e não são equívocas as demonstrações desse modo de pensar nos atos, nos gestos, nos discursos dos grandes responsáveis pela política do mundo. (apud Garcia, 2000, p.36)

Também fruto de Versalhes, a criação da Liga das Nações atraiu a atenção brasileira desde seu início. O Brasil participou da comissão que redigiu os estatutos da Liga como um dos representantes das potências menores (juntamente com Bélgica, Sérvia, Portugal e China). Naturalmente, as grandes potências (Estados Unidos, Grã-Bretanha, França, Itália e Japão) também se fizeram representar nessa comissão. Ainda durante os trabalhos da comissão, o chefe da delegação brasileira, Epitácio Pessoa, pediu gestões da embaixada brasileira em Washington no sentido de apoiar a reivindicação da inclusão do Brasil, desde o início, entre os quatros membros não permamentes do Conselho. Nessa comunicação, ele ressaltou "o prestígio que nos daria tal designação. O Brasil, única nação beligerante da América do Sul, tem a seu favor títulos especiais" (apud Barreto Filho, 2001, p.58-9). A demanda brasileira foi atendida e o Brasil – juntamente com a Bélgica, a Espanha e a Grécia – participou do Conselho da Liga já em sua sessão inaugural.

Em contrapartida, a discussão da proposta estadunidense de incorporação nos estatutos da Liga de artigo que formalizasse o reconhecimento da Doutrina Monroe no que se referisse aos assuntos do continente americano foi realizada sob significativo silêncio da delegação brasileira, única representante da América Latina presente, e aprovou-se o Artigo 21 do Pacto da Liga, que determinava:

> Os compromissos internacionais, tais como os tratados de arbitragem, e os acordos regionais, como a Doutrina Monroe, destinados

a assegurar a manutenção da paz, não serão considerados como incompatíveis com nenhuma das disposições do presente Pacto.

Os Estados Unidos, no entanto, acabaram por não participar da Liga das Nações. A despeito dos rumores de que o Brasil acompanharia os Estados Unidos em sua decisão de não integrar a Liga, o país confirmou sua participação na condição de único membro americano do Conselho Executivo da entidade. Em seu discurso durante a sessão inaugural das atividades da organização, em 16 de janeiro de 1920, o representante brasileiro, Gastão da Cunha, pronunciou que realçou essa ideia de representação de todo o continente americano, "cuja consciência jurídica e espírito liberal e pacifista poderia o Brasil simbolizar, a justo título e sem usurpação alguma, pelas tradições e pela índole de seu povo" (RMRE, 1922/1923, Anexo A, p.68). Em novembro do mesmo ano, o Brasil seria reeleito membro do Conselho, na companhia de Bélgica, Espanha e China.

A participação brasileira nos trabalhos da Liga das Nações devia-se, antes de tudo, a questões de prestígio internacional, pois não havia interesse imediato nas questões que eram discutidas em Genebra. Internamente, no entanto, essa percepção de prestígio internacional contribuía para a sustentação política do governo; e, externamente, como um elemento de dissuasão no contexto da disputa que o país vinha travando com a Argentina desde o início do século, pela preponderância política e militar no Cone Sul.

Em Genebra, o Brasil foi reeleito para o Conselho da Liga pela segunda vez, em 30 de setembro de 1922, juntamente com Bélgica, Espanha, China, Suécia e Uruguai. O representante brasileiro, Domício da Gama, atribuiu o fato ao prestígio desfrutado pelo país, mas vislumbrou a possibilidade de o Brasil ter de ceder seu lugar no Conselho:

> Mas nós vimos o trabalho que se fez para desalojar-nos desse lugar, em virtude do princípio demagógico do *roulement*, isto é, o

direito de Estados de menor peso, e mesmo de soberania apenas nominal, virem por seu turno substituir no Conselho os mais organizados e íntegros. (apud Garcia, 2000, p.68)

A solução proposta para esse inconveniente foi postular um lugar permanente para o Brasil no Conselho da Liga. O governo de Arthur Bernardes transformou a ideia de um assento permanente no Conselho da Liga em meta primordial da política externa brasileira. Por um lado, alcançar esse objetivo seria considerado uma vitória retumbante em termos de prestígio e projeção internacional. Por outro, não se discutiam na Liga temas de interesse direto para o Brasil, e a hipótese de uma derrota e mesmo da eventual retirada do país da Liga teria custos reais modestos. "Em outras palavras, o Brasil tinha muito pouco a perder e podia aventurar-se por esse caminho com a confiança inabalável dos que não temem revés nenhum" (Garcia, 2000, p.75).

Para sustentar a demanda brasileira, duas teses foram testadas. Na primeira formulação, seriam criadas duas novas vagas no Conselho, uma para o Brasil e outra para a Espanha, de modo que os "dois grupos étnicos ibero-americanos" ficassem representados. A Espanha representaria também a suas ex-colônias na América e o Brasil teria seu lugar garantido pelo fato de ser a única nação de língua e raça portuguesa na América e por ser o maior e mais populoso país da América Latina. Uma segunda fórmula ensaiada foi a proposta de que o Brasil, representando o continente americano, ocuparia interinamente o lugar destinado originalmente aos Estados Unidos no Conselho.[5] A Espanha, por sua vez, seria guindada ao Conselho para, no futuro, ceder seu lugar à Alemanha (quando esta tivesse sua candidatura aceita).

---

5 Segundo Garcia (2000, p.140-1): "O Brasil baseou sua candidatura na Liga sobretudo na tese da representação continental no Conselho e chegou a admitir a ocupação provisória do lugar reservado aos Estados Unidos naquele órgão, mas o governo norte-americano em nenhum momento apoiou as propostas brasileiras, guardando total indiferença pela questão".

A despeito de sucessivas reeleições – em 1923, 1924 e 1925 –, cada vez se tornava mais difícil a manutenção do Brasil como membro não permanente. Os demais países latino-americanos pressionavam para que os dois lugares (com o aumento do número de não permanentes e a inclusão do Uruguai ao lado do Brasil) fossem partilhados. Na Assembleia de 1925, com base em uma proposta venezuelana discutida previamente entre os países latino-americanos, foi aprovada uma resolução que tornava obrigatória a rotação dos membros não permanentes na Assembleia de 1926. A ideia de que o Brasil representava os demais países americanos claramente não era partilhada "pelos seus 'irmãos hispano-americanos', que também tinham seus interesses nacionais e não se sentiam de modo algum representados pelo Brasil" (Garcia, 2000, p.90).

Em outubro de 1925 – em encontro que reuniu representantes da França, Alemanha, Itália, Bélgica, Tchecoslováquia e Polônia –, foi aprovada, na cidade de Locarno, uma série de tratados que marcaram a distensão na Europa no período entre guerras. Entre as medidas mais importantes, foi acertado o reconhecimento mútuo da fronteira franco-belga-alemã. A vigência dos acordos foi textualmente condicionada ao depósito de seus instrumentos de ratificação em Genebra e à entrada da Alemanha na Liga das Nações. Conforme o entendimento informal alcançado em Locarno, Berlim assumiria um assento permanente no Conselho da Liga já quando de sua admissão.

A transposição dos entendimentos de Locarno para o seio da Liga, no entanto, esbarrou na pretensão do Brasil, da Espanha e da Polônia de também serem admitidos como membros permanentes do Conselho. Numa tumultuada sessão extraordinária da Liga, em março de 1926, o Brasil opôs-se à entrada solitária da Alemanha no Conselho, exercendo seu poder de veto garantido por sua condição de membro não permanente do referido Conselho.

O dia em que adiaram o Carnaval

Para fundamentar seu veto, o delegado brasileiro argumentou que "a obra admirável de Locarno" deveria ser incorporada à Liga das Nações "e não a Liga das Nações na construção política de Locarno" (apud Garcia, 2000, p.108). Também se alegou a necessidade de contar com a presença de um representante do continente americano no Conselho – tentativa que se esvaziou com a falta de apoio dos demais países latino-americanos.

Nesse confronto com os interesses europeus, restava ao Brasil contar com a solidariedade da América, já que a sua pretensão se baseava na tese da representação continental. Mas, naquele mesmo dia, os delegados dos países latino-americanos na Liga se reuniram para trocar impressões. Participaram dessa reunião, além do Brasil, os seguintes países: Chile, Colômbia, Cuba, El Salvador, Guatemala, Nicarágua, Paraguai, República Dominicana, Uruguai e Venezuela. O grupo decidiu encaminhar por escrito um pedido ao governo brasileiro para que reconsiderasse a sua posição. Assim, negando explicitamente o seu apoio ao veto, os países latino-americanos deixavam o Brasil em completo isolamento na Assembleia, retirando-lhe inclusive a legitimidade e a autoridade moral para se colocar como porta-voz do continente americano. (Garcia, 2000, p.107)

Como consequência de seu veto à admissão da Alemanha como membro permanente do Conselho da Liga, o Brasil retirou-se da organização, justificando sua atitude com a convicção de que a Liga das Nações havia abandonado sua função de foro universal para subordinar-se aos interesses regionais dos países europeus. A saída da Liga foi também apresentada como uma volta do país ao seio do americanismo. Assim, pouco antes de notificar a organização de sua intenção de retirar-se da Liga, o presidente Arthur Bernardes adiantou sua decisão ao embaixador dos Estados Unidos no Rio de Janeiro, informando-o de sua resolução de incrementar as relações com os países americanos em geral e com Washington em especial.

Nos anos finais da República Velha, acentuou-se o apoio brasileiro às políticas estadunidenses. Na VI Conferência Internacional Americana, realizada em Havana, em 1928, o Brasil repudiou as críticas que os Estados Unidos sofriam por causa de suas frequentes intervenções nos países centro-americanos e caribenhos. Em 1930, Júlio Prestes, na qualidade de presidente eleito, visitou os Estados Unidos em retribuição à visita que Herbert Hoover fizera ao Brasil antes de sua posse.

A despeito do interregno universalista representado pela intensa participação nos trabalhos da Liga das Nações, pode-se afirmar que política externa brasileira durante a República Velha seguiu as linhas traçadas por Rio Branco: voltada, por um lado, para os Estados Unidos, na forma da "aliança não escrita"; e, por outro, dotada de uma ativa política "sul-americana" (que, na verdade, se centrou nos assuntos do Cone Sul). A participação brasileira na Liga insere-se, por sua vez (ainda que provavelmente não na forma em que foi desenvolvida), na prescrição de Paranhos Júnior de busca de prestígio internacional para o país. É bastante mais duvidoso o sucesso obtido pelo Brasil na tarefa de servir de elemento de ligação e representar a América Latina ante os Estados Unidos e, no caso da Liga, o hemisfério perante a comunidade internacional. O episódio da saída do Brasil da Liga é sintomático dessa dissonância cognitiva entre o entendimento brasileiro de que o Brasil estaria representando a América Latina (e, no caso da Liga das Nações, o continente americano) e os interesses concretos dos demais países latino-americanos, que não necessariamente se viam representados pelo Brasil. A antiga ideia dos vizinhos hispano-americanos como o "outro" da identidade internacional brasileira persistia, sob outra roupagem.

As quatro décadas da República Velha representam um período de grande importância na trajetória da construção do sentimento nacional brasileiro. A noção do Brasil como a pátria comum dos brasileiros, um legado dos anos do Império, foi progressivamente sendo enriquecida e consolidando a ideia de uma nação, no sentido de uma comunidade imaginada por todos os brasileiros, unidos por laços horizontais e afinidades culturais, "raciais" e históricas que superariam as óbvias diferenças sociais, regionais e de classe. O universo intelectual do Antigo Regime, finalmente, foi superado, ainda que sua desaparição tenha resultado, nos anos iniciais da República, numa profunda crise de legitimidade do Estado, com a volta das revoltas regionais, uma profusão de movimentos messiânicos e graves conflitos sociais. Os intelectuais das primeiras décadas do novo regime responderam à tarefa de construir novas bases ideológicas para sustentar o Estado e redefinir os laços afetivos e identitários que unem os brasileiros. Os laços verticais com o soberano, sustentados por uma legitimidade dinástico-religiosa, foram substituídos por uma nova cosmovisão em que o nacionalismo – que vem sendo reinventado desde então – passou à condição de religião laica que sustenta a coesão nacional e serve de sustentáculo para o Estado.

No Brasil, como na maior parte dos Estados contemporâneos, o Estado antecedeu a nação. Mais do que precedê-la, coube ao Estado um papel importante na construção dessa nação. Os intelectuais da República Velha dedicaram-se a essa tarefa de invenção da nação,[6] mas com o apoio decisivo do Estado. A política externa, por definição um instrumento do Estado, foi um elemento importante na construção das alteridades e identidades que passaram a definir essa comunidade imaginada. A canonização de Rio Branco no altar dessa religião laica reflete quanto foram cruciais as vitórias na política externa e a definição do território (que permitiu o reforço do mito de origem da grandeza

---

6   Os intelectuais são os "mediadores simbólicos" da construção da identidade nacional. São, nas palavras de Ortiz, "os agentes históricos que operam uma transformação simbólica da realidade sintetizando-a como única e compreensível" (Ortiz, 2005, p.139).

e da unidade territorial) na consolidação de um sentimento, em cada brasileiro, de que todos pertenciam a "algo" chamado Brasil. A massificação desse sentimento foi algo inédito na história brasileira. Ao contrário dos escravos, negros livres, mestiços e brancos pobres do Império (a maior parte da população, cujo papel no universo mental do Antigo Regime, como classes subalternas, era "saber o seu lugar"), na comunidade imaginada do nacionalismo (a despeito das desigualdades e injustiças reais) todos teriam acesso à condição de ser brasileiro.

Esse sentimento de nacionalidade que se buscava construir refletiu-se também no plano cultural, na tentativa de superar o atraso de uma sociedade que recém-abandonava formas já tão arcaicas como o trabalho escravo e um Estado moldado nas hierarquias do Antigo Regime. A busca da modernidade e a construção do nacionalismo são tarefas que se entrelaçaram em momentos tão cruciais para a cultura brasileira como a Semana de Arte Moderna de 1922 e nos muitos movimentos surgidos ao longo dessa década. A Semana de 22 representou um ponto de ebulição das novas ideias e de liberação (e legitimação) de novas formas de expressão. A despeito de não ter havido um programa definido, os muitos caminhos escolhidos para a busca do moderno na arte e na cultura tiveram como ponto comum a busca de uma identidade própria, muitas vezes explicitamente nacionalista. Os próprios nomes dos principais movimentos culturais que se seguiram são uma indicação clara dessa busca e do trabalho intelectual consciente na construção de uma nova identidade moderna, já em termos nacionais: Movimento Pau-Brasil, Movimento Verde-Amarelo, Movimento Antropofágico, Grupo da Anta etc.

Cabe ressaltar, no entanto, que a consolidação do sentimento nacionalista não foi evidentemente um produto exclusivo da ação do Estado ou dos intelectuais. Nem a população foi um sujeito passivo da construção desses sentimentos e ideias. Existe, sempre, a resistência das culturas subalternas e a circularidade cultural entre as classes dominantes e populares, num

O dia em que adiaram o Carnaval

processo cujo controle (e, às vezes, até mesmo a iniciativa) escapa das mãos do Estado ou das elites intelectuais.[7] Nesse sentido, é ilustrativa a consolidação do que hoje talvez sejam os dois maiores símbolos culturais da identidade brasileira: o carnaval e o futebol.[8] A despeito da forte identificação desses dois elementos com "ser brasileiro" hoje, sua popularização só se deu nas primeiras décadas do século XX.

O carnaval no Brasil tem origens na Colônia e até fins do século XIX a festa se caracterizava pelo "entrudo", em que as pessoas se divertiam lançando, umas nas outras, água suja, farinha, ovos, piche e outras substâncias. A despeito das tentativas, desde o século XVII, de reprimir o entrudo, o jogo continuava sendo praticado, com a progressiva incorporação de fantasias e batuques. No alvorecer da República, a ânsia de modernização acentuou as críticas na imprensa e a repressão policial a essas práticas populares, mas, ao mesmo tempo, nos salões das classes abastadas passava-se a dançar os ritmos populares, em especial o maxixe, a "primeira grande contribuição das camadas populares do Rio de Janeiro à música do Brasil".[9] Por outro lado, no contex-

---

7 A discussão sobre o conceito de "circularidade cultural" refina e, de certo modo, se opõe ao referencial das mentalidades, que – dado o foco deste texto – venho usando sem aprofundar a discussão. Sobre circularidade cultural, o seminal *O queijo e os vermes*, de Ginzburg (1986), é uma referência obrigatória. Sobre a discussão mais geral dos conceitos da história cultural, Pesavento (2004) é uma introdução abrangente e acessível.

8 Há uma vasta literatura sobre os diferentes significados do carnaval no marco da construção da identidade brasileira. Um excelente ponto de partida para o tema é o livro, já clássico, de Roberto da Matta, *Carnavais, malandros e heróis* (1979). A literatura sobre o futebol, nesse contexto, é também rica, devendo-se citar a obra de Mário Filho, *O negro no futebol brasileiro* (2003, [1947]), que inaugurou a interpretação de que o negro teria sido o criador da ginga, do drible, do estilo "brasileiro" de se jogar futebol, transformando o jogo inglês no esporte nacional. Naturalmente, foge ao escopo deste livro uma discussão mais aprofundada dos dois temas.

9 Tinhorão apud Coutinho (2006, p.57). Coutinho explica que, "nascido por volta de 1870 nos bailes da Cidade Nova, o maxixe era a maneira como

to da urbanização da capital e da ideia de modernização, as elites cariocas buscaram importar um novo modelo de carnaval, com base nas festas de Nice, Veneza e outras capitais europeias. As novas artérias da cidade, a Avenida Central e a recém-inaugurada (1906) Avenida Beira-Mar, passaram a ser o palco das batalhas de confete da elite carioca. Em carruagens ou automóveis, as classes abastadas imitavam as *Batailles des Fleurs* do carnaval de Nice. Importaram-se os símbolos do carnaval europeu: o Rei Momo, os pierrôs e as colombinas.

A reação das camadas populares se deu pela multiplicação dos cordões, grupos de mascarados que atravessavam a cidade ao som de batuques, cantando e dançando, mas muitas vezes enfrentando a repressão policial, que era repelida com violência.

> Seria preciso estimular aquelas manifestações disciplinadas e adotá-las como modelo do Carnaval popular – vestir o Rei Congo com as roupas venezianas do Rei Momo. E, para que o novo modelo fosse aceito, os cronistas contavam com o desejo de reconhecimento e inclusão social por parte dos grupos foliões. Em troca de se adaptarem ao gosto da classe média, adequando-se a uma forma carnavalesca distinta e familiar, esses grupos conquistariam nas folhas [dos jornais] e na avenida o espaço que lhes era negado na sociedade, mesmo após a Abolição e a República. A representação dos cordões e dos blocos nos noticiários recreativos, envolvendo a divulgação de seu nome e seu valor "foliônico", realizaria, em certo sentido, sob a forma de farsa carnavalesca, a inclusão de negros e brancos pobres na sociedade civil. Nas colunas de Momo, o homem do povo, que até pouco tempo era vendido como objeto e continuava tendo suas manifestações culturais reprimidas, tornava-se sujeito... da festa. (Coutinho, 2006, p.62-3)

---

as classes populares, acostumadas às sincopas do lundu, executavam e dançavam os gêneros musicais em voga na época: a polca, a *habanera*, o *schottisch* etc. Nesses bailes, chamados 'choros', 'fandangos', 'assustados', tornavam-se brasileiras – e extremamente sensuais – as danças estrangeiras que as elites reproduziam em seus salões".

O carnaval foi consagrado pelo Estado em 1935, com o início dos desfiles oficiais das Escolas de Samba, mas desde meados de 1920 já vinha recebendo apoio financeiro na forma de prêmios e patrocínios. Em 1939, o Decreto-lei 1.915, que criou o Departamento de Imprensa e Propaganda (DIP), determinou que cabia ao Estado "promover, organizar, patrocinar ou auxiliar manifestações cívicas e festas populares com intuito patriótico, educativo ou de propaganda turística". O carnaval estava transformado em festa nacional, símbolo da nacionalidade.

Se o carnaval tem uma longa história, o futebol, ao contrário, foi introduzido no Brasil apenas no fim do século XIX. Hoje um dos bens culturais de importação mais bem-sucedido da comunidade imaginada brasileira, o futebol era, na virada do século XX, um esporte praticado apenas por funcionários de empresas inglesas radicados no Brasil e por jovens das camadas sociais mais altas. Nas duas primeiras décadas do novo século, no entanto, no bojo da ideia de redenção dos males da "raça" brasileira, sua difusão foi encorajada e, ainda que nos campeonatos oficiais permanecesse proibida por muitos anos a presença de negros, o jogo foi aos poucos perdendo seu caráter elitista e consolidou-se como o esporte preferido dos brasileiros a partir da década de 1920.

Essa popularização não foi isenta de críticas. Acusada de prática cultural estrangeira, a difusão do futebol teve adversários do peso de Graciliano Ramos e Lima Barreto. Esse último, que considerava o esporte o "primado da ignorância e da imbecilidade", chegou a criar a *Liga Contra o Football*, para buscar sua proibição. Mas, a despeito de seus inimigos, o futebol logo se incorporou ao imaginário brasileiro, graças a sua enorme aceitação popular, e em 29 de maio de 1919, na final do terceiro campeonato Sul-Americano, o presidente Delfim Moreira decretou ponto facultativo nas repartições públicas e o comércio da capital também manteve suas portas fechadas para que os torcedores acompanhassem a partida.

Com o Estado Novo, a circularidade de uma prática cultural nascida na elite e transformada por sua aceitação popular completou o ciclo ao ser apropriada pelo Estado como parte do discurso oficial sobre a nacionalidade. A partir daí, o Estado profissionalizou o futebol e passou a ser o grande promotor do esporte, descrito como uma expressão da nacionalidade. O futebol brasileiro refletiria as qualidades e os defeitos da nação. Criava-se um jeito "brasileiro" de jogar futebol, produto de uma alma brasileira. No espaço de poucas décadas desde sua introdução no Brasil,[10] o futebol passou a ser reconhecido como elemento indispensável da identidade nacional. Em 1950, a Copa do Mundo teve o Brasil como cenário. Preparada com esmero pelo governo – que fez construir o até hoje maior estádio de futebol do mundo: o Maracanã – e esperada com ansiedade pela população, a competição deu lugar a uma comoção nacional inédita, com ares de tragédia nacional, com a derrota da "pátria de chuteiras", na definição de Nelson Rodrigues, em pleno Maracanã.

O desenrolar da Copa parecia atender aos anseios brasileiros. A seleção nacional, com grandes atuações, foi derrotando um a um seus adversários. Na semifinal jogou com o selecionado espanhol, considerada a melhor equipe da competição (junto com o Brasil). Na tarde de 13 de julho, diante de um Maracanã completamente lotado, a seleção brasileira goleou a Espanha por 6 a 1. Sugestionada pelos gritos de "olé", diante da magnifica atuação da equipe, parte do estádio começou a cantar, e contagiou os mais de 150 mil espectadores a marchinha "Touradas em Madri", um sucesso de Braguinha no carnaval de 1938.

O tom nacionalista da letra é indisfarçável, inclusive com direito a uma citação indigenista a Peri e Ceci, personagens de *O guarani*. A multidão cantou em coro:

---

10 Atribui-se a introdução do futebol no Brasil a Charles Miller, em 1894.

O dia em que adiaram o Carnaval

Eu fui às touradas em Madri
E quase não volto mais aqui
Pra ver Peri beijar Ceci
Eu conheci uma espanhola natural da Catalunha
Queria que eu tocasse castanhola e pegasse touro à unha
Caramba, caracoles, sou do samba, não me amoles
Pro Brasil eu vou fugir
Isto é conversa mole para boi dormir

A alegria partilhada pelos milhares que foram ao estádio e os milhões que acompanharam a partida pelo rádio, bem como de todos que compartiram as notícias da imprensa e as conversas entre amigos sobre a grande conquista brasileira unia todos esses milhões de pessoas numa verdadeira "comunidade imaginada": indiscutivelmente existia uma nação, ainda que não se possa precisar o momento em que os brasileiros passaram a se reconhecer como nação, após a longa trajetória para a construção desse sentimento como fonte de identidade primária.

No entanto, logo depois, no dia 16 de julho de 1950, a nação brasileira chorou. O sentimento de dor partilhado pelos brasileiros no instante do gol do uruguaio Ghiggia não deixou nenhuma dúvida sobre a realidade da "comunidade imaginada" chamada Brasil e sobre o papel que ainda hoje o futebol tem na construção desses laços sentimentais. Ao sair do Maracanã derrotados pela seleção uruguaia, os milhares que assistiram ao jogo no estádio e os milhões que acompanharam sua narração pelo rádio partilhavam um sentimento de tristeza e frustação que comprovava que eram todos brasileiros, membros de uma comunidade imaginada chamada Brasil.

5
O barão e outros santos

O patriotismo é a fé; o nacionalismo é a Igreja.
(Centeno, 2002, p.170)

Ao longo das quase sete décadas do Império não se alcançou, entre os brasileiros, um sentimento de nacionalidade, a convicção íntima de cada um de que todos pertencem a uma mesma nação, uma ideia de fraternidade e identidade acima das óbvias diferenças e hierarquias. No entanto, a "monarquia tropical", com a progressiva consolidação do Estado, pôde superar as tendências separatistas, abafar as várias protonacionalidades do vasto território e criar vínculos afetivos com uma ideia de pátria muito além das "pequenas pátrias" locais. Esse sentimento de uma pátria que englobava todo o território da ex-Colônia serviu de matéria-prima para que os governos republicanos transformassem o sentimento nacional, mais além do simples patriotismo, no esteio da legitimidade do Estado brasileiro. Havia, na metáfora de Centeno, na epígrafe deste capítulo, uma fé já disseminada; mas ainda era necessária a construção da Igreja onde essa fé seria propagada, com seus ritos, seus evangelhos e seus santos.

Nessa tarefa, muitos elementos seriam reaproveitados, ganhando novas leituras e tendo seus conteúdos modificados. Os símbolos nacionais, a bandeira e o hino, são um bom exemplo. Após uma fracassada tentativa de introduzir uma bandeira republicana, à feição da estadunidense, as grandes características da bandeira do Império foram mantidas. O hino, por pressão popular, permaneceu o mesmo, ganhando uma nova letra. Os mitos fundadores foram redimensionados: a exuberância da natureza e o caráter das gentes, o sentimento de grandeza legado pela ideia de "Império do Ocidente" da colonização portuguesa e mantida pela "monarquia tropical", o mito da superioridade de nossa civilização sobre os vizinhos turbulentos. Revalorizou-se a velha concepção de uma unidade territorial preexistente, a posse de um vasto território que une os brasileiros a despeito de suas diferenças. Num momento de grave crise de legitimidade do Estado e das consequentes discussões sobre seu caráter, em que se assistia até mesmo ao ressurgimento de tensões separatistas, o resgate e o reforço da ideia de integridade e grandeza do território, como base para a construção da nacionalidade, elevaram-se à condição de dogma do novo evangelho da nação. Se o Estado monárquico desenhou os contornos gerais do território, o Estado-nação republicano sacralizou esse território. A relação entre nacionalismo e territorialidade, especialmente intensa no caso brasileiro, constitui-se numa das chaves para entender o lugar de Rio Branco no imaginário da nação.

As vitórias do Barão na delimitação das fronteiras com a Argentina, na questão de Palmas (1895) e com a França, no Amapá (1900), contrastavam com a enorme turbulência dos primeiros anos da República: a crise econômica provocada pelo encilhamento, a Revolta da Armada, a Revolução Federalista, os conflitos entre os militares, Canudos. Internamente, o quadro não poderia ser mais confuso e divisivo; externamente, as vitórias do Barão consagravam a sacralidade do território, um ponto em torno do qual todos podiam convergir. Foi nesse contexto que Juca Paranhos pôde sair da completa obscuridade e alcançar a condição de herói nacional no espaço de poucos anos.

Até o advento da República, aliás, quem eram os heróis brasileiros? Durante o Império, a centralidade do imperador que reinava e governava inibiu a construção de um panteão de heróis nacionais. D. Pedro I, candidato natural a essa beatificação laica, teve sua imagem seriamente afetada pela crise do Primeiro Reinado. A despeito de ser o pai do novo monarca, apenas em 1862, e enfrentando forte polêmica, inaugurou-se uma estátua de D. Pedro I no então Largo do Rocio, local que, com a República, foi rebatizado como Praça Tiradentes. O peculiar processo de consolidação da independência, com base em generais estrangeiros e tropas muitas vezes mercenárias, distinguiu o Brasil de seus vizinhos e não permitiu a profusão de estátuas e comemorações de batalhas tão característica de nossos vizinhos. Em contraste com o resto da América do Sul, não tivemos libertadores. Em viagem realizada à América Latina na década de 1960, o eminente historiador inglês Arnold J. Toynbee admirou o caráter moderado do nacionalismo brasileiro, em contraste com o militarismo das manifestações patrióticas hispano-americanas: "Enfim, um país sem heróis!". Ao final do livro em que narrou essa viagem, Toynbee (1967, p.148) deu sua receita para o desenvolvimento latino-americano: "Minha primeira medida seria jogar todas as estátuas de San Martín no Atlântico, todas as estátuas de O'Higgins no Pacífico e todas as estátuas de Bolívar no Mar do Caribe; e eu proibiria que fossem reerguidas, sob pena de morte".

Se a Guerra da Tríplice Aliança propiciou um ensaio de nacionalismo, foi também o momento em que se gestaram alguns dos santos do nacionalismo brasileiro, ainda que então ofuscados pela figura de D. Pedro II, condição inescapável de um Estado baseado na ascendência do soberano sobre seus súditos.

No início da guerra contra o Paraguai, as primeiras vitórias despertaram autêntico entusiasmo cívico. Formaram-se batalhões patrióticos, a bandeira nacional começou a ser reproduzida nos jornais e revistas, em cenas de partida de tropas e de vitória nos campos de batalha. O hino nacional começou a ser executado, o imperador D. Pedro II foi apresentado como o líder da nação, tentando conciliar as divergências dos partidos em benefício da defesa comum. A imprensa começou também a tentar criar os primeiros heróis militares nacionais. Até então, o Brasil era um país sem heróis. (Carvalho, 2002, p.78)

A fé do patriotismo já estava estabelecida, mas tratava-se de construir a Igreja do nacionalismo. Era preciso, portanto, definir os santos da religião laica. Ainda durante o Império, os republicanos alistaram Tiradentes para essa batalha ideológica. Em 1867, o então presidente da Província de Minas Gerais mandou erguer em Vila Rica um monumento em homenagem a Tiradentes e a partir daí travou-se uma luta simbólica entre as figuras de D. Pedro I e Tiradentes. "A luta entre a memória de Pedro I, promovida pelo governo, e a de Tiradentes, símbolo dos republicanos, tornou-se aos poucos emblemática da batalha entre a Monarquia e a República" (Carvalho, 1990, p.61). Depois da Proclamação da República, o "mito" Tiradentes confirmou sua condição de precursor do republicanismo, que no século XVIII havia lutado contra a monarquia e a dominação estrangeira. Sua figura foi associada a Cristo e reforçada por seu caráter plebeu, humilde e de um homem do povo que lutou pela independência do seu país e morreu resignado por ter cumprido seu dever cívico. Tiradentes passou à condição de herói nacional e símbolo de um desejo de independência e de uma unidade nacional que nunca foi imaginada pelos revoltosos mineiros, cuja inconfidência se restringia aos limites de sua "pequena pátria". Por decreto de 1890, o dia 21 de abril foi declarado feriado nacional juntamente com o dia 15 de novembro.

A escassa mobilização popular alcançada pelo golpe que a proclamou e as lutas para definir a liderança e os rumos da Re-

O dia em que adiaram o Carnaval

pública ameaçaram, inclusive, a própria unidade dos militares, promotores e defensores iniciais do novo regime. Escolher entre Deodoro da Fonseca, Floriano Peixoto ou Benjamin Constant alijaria os derrotados e aumentaria as dissensões.

> Para o novo projeto militar, era necessária uma figura que não dividisse, que fosse o próprio símbolo não só da união militar, mas da união da própria nação. O candidato teve de ser buscado no Império: Caxias. O duque passou a representar a cara nacional e conservadora da República. (Carvalho, 1990, p.53)

Assim, completou-se o resgate dos heróis da Guerra do Paraguai: Caixas, Osório, Tamandaré. O papel do imperador ou dos membros da família real na condução do conflito foi minimizado ou mesmo ridicularizado. Os verdadeiros heróis estavam na condução direta do Exército e da Armada. Heróis de uma guerra encerrada há décadas, seus defeitos e convicções pessoais já não importavam. Suas imperfeições pessoais e erros no campo de batalha podiam ser relevados pela vitória no conflito. Já não podiam ameaçar lideranças e facções dos militares de carne e osso do início da República. Pairavam sobre as divisões e paixões do momento. Eram, portanto, excelentes candidatos à beatificação.

Mais além dos militares, símbolo de toda a nação, Tiradentes consolidou-se como o santo da devoção popular.

> Na figura de Tiradentes todos podiam identificar-se, ele operava a unidade mística dos cidadãos, o sentimento de participação, de união em torno de um ideal, fosse ele a liberdade, a independência ou a república. Era o totem cívico. Não antagonizava ninguém, não dividia as pessoas e as classes sociais, não dividia o país, não separava o presente do passado nem do futuro. Pelo contrário, ligava a república à independência e a projetava para o ideal de crescente liberdade futura. A liberdade ainda que tardia. (Carvalho, 1990, p.68)

O Estado é um ativo promotor do sentimento nacionalista e a política externa desempenha um papel crucial nessa tarefa.

De fato, a identidade de uma nação se faz, em grande medida, em contraposição ao "outro". Ademais, no plano externo é mais fácil se concentrar nos pontos em que, em teoria, há um interesse comum a toda a comunidade e ocultar as contradições internas de cada sociedade. Internamente, as opções políticas parecem, inevitavelmente, conduzir a um jogo de soma zero: alguns ganham, outros perdem. Contra o estrangeiro, se há um ganho não importa se o "outro" é derrotado. Mas, ao contrário, se a sorte favorece o "outro", a derrota é de todos. A percepção, por um lado, de agravos históricos, perdas territoriais, espoliação ou, por outro lado, de um destino manifesto ou de uma missão civilizadora são elementos que marcam fortemente os sentimentos nacionais. Em todos os casos, a alteridade – e a política externa, que serve de mediadora na construção e nas relações com o "outro" – tem impactos importantes na definição de cada nacionalismo em particular.

A consolidação tardia do sentimento nacional, a ausência de conflitos externos de grandes dimensões, as vitórias diplomáticas obtidas num momento de definição da natureza e do sentido do credo nacionalista, a força do mito fundador da unidade territorial; tudo acabou contribuindo para que os debates ocorridos nas duas primeiras décadas do século XX sobre a política externa que o Brasil deveria adotar consolidassem um evangelho particular e canonizassem um santo.

O Barão do Rio Branco alcançou uma súbita e impressionante notoriedade em 1895, com o laudo que definiu a soberania brasileira sobre a região de Palmas. Em seguida, uma nova vitória, desta feita contra uma potência europeia, na definição dos limites com a Guiana Francesa. Foi ministro das Relações Exteriores de 1902 a 1912, período em que consolidou as fronteiras nacionais. Definiu o *corpo da pátria*: em 1903, com a Bolívia, com a compra do Acre; em 1907, com a Guiana Holandesa (hoje, Suriname) e a Colômbia; e, em 1909, com o Peru e o Uruguai.

O dia em que adiaram o Carnaval

Trabalhador obsessivo, Rio Branco esforçou-se em programar cuidadosamente a *fortuna*, pondo sua *virtù* a serviço da criação de condições que lhe possibilitaram ter mais sorte que outros. Demorou em se fazer notar, só alcançando o primeiro grande sucesso aos 50 anos, na questão de Palmas ou das Missões. Desde então e até a morte, dezessete anos mais tarde, não falhou em nada que empreendeu: a questão do Amapá; a bem mais difícil, do Acre; as sucessivas negociações limítrofes, algumas melindrosas como a do Peru; a "aliança não escrita" com os Estados Unidos e a Terceira Conferência Americana no Rio; o incidente com a Alemanha a propósito do Panther; o grave problema com a Argentina acerca do telegrama nº 9 – de tudo saiu vitorioso. (Ricupero, 2000b, p.7)

A resolução das pendências fronteiriças é um dado que não pode ser minimizado; basta ver a centralidade que essas questões têm nas políticas, na identidade e no discurso nacionalista de alguns países vizinhos. Ao definir com sucesso os limites brasileiros, Rio Branco estabeleceu para a política externa brasileira uma "vocação para a sociabilidade e a convivência de quem está em paz consigo, com seus vizinhos e os demais, na base de fronteiras definidas e aceitas pacificamente", um elemento que para Ricupero (2000b. p.6) "constitui a substância do pensamento de Rio Branco sobre a inserção que ele desejava para o Brasil". Essa vocação pacifista recém-descoberta foi uma inovação, uma transformação na identidade internacional do Brasil. Basta ver a política de intervenções brasileiras no Prata entre 1850 e o fim da Guerra do Paraguai. A partir da definição segura das fronteiras, houve espaço para inventar uma tradição de não ingerência nos assuntos internos de outros países, de repúdio a guerras de conquista e de resolução pacífica das disputas, entre outros elementos.

Mas esse é apenas um dos pontos do evangelho escrito pelo Barão: um país pacífico, com fronteiras definidas, satisfeito territorialmente. As primeiras décadas da República marcaram um período de intenso debate sobre os rumos da política externa que se confundem com a definição de uma identidade internacional da nação. Foi um momento fértil, em que Rio Branco, Rui Barbosa, Eduardo Prado, Oliveira Lima, Joaquim Nabuco, Salvador de Mendonça, Assis Brasil, entre outros, debateram qual deveria ser a inserção do Brasil no mundo. As conclusões desse debate, para todos os efeitos práticos, acabaram sendo condensadas na figura do Barão, cujo evangelho continuou a ser invocado, desde então, por todos os seus sucessores a fim de fundamentar decisões que nada têm a ver com o contexto da virada para o século XX. Como ressaltou Goes Filho (2002, p.133):

> Como fez muito e foi vitorioso em quase tudo, seus sucessores procuram, com mais ou menos razão, atribuir-lhe suas iniciativas mais importantes. Alguns exemplos: Oswaldo Aranha, ao pleitear que o Brasil entrasse na Segunda Guerra Mundial ao lado dos Estados Unidos, sempre alegava o precedente de Rio Branco; Mario Gibson Barboza defendia o decreto das 200 milhas de costa brasileira também como extensão da obra de fechamento das fronteiras de Rio Branco; Celso Lafer vê em Rio Branco o precursor dos ministros que, como ele, dão grande prioridade à política de estreitar relações com a Argentina; o Mercosul, sem dúvida, é um projeto de Rio Branco...

Outro ponto central do evangelho de Rio Branco foi a busca de uma "relação especial", que Burns consagrou como a "aliança não escrita", com os Estados Unidos. Essa doutrina dominou a política externa brasileira de 1905 a 1961 e, depois, foi brevemente resgatada no governo de Castelo Branco. Artífices dessa política, Rio Branco e Joaquim Nabuco, os dois monarquistas e com grandes afinidades com a vida europeia que desfrutaram por muitos anos, parecem improváveis candidatos a essa transformação da política europeísta e até antiamericana (ou seja, antiestadunidense e anti-hispano-americana) vigente no Império.

Mais do que uma opção ideológica, a definição dessa política respondeu a uma leitura pragmática do contexto internacional

O dia em que adiaram o Carnaval

dos primeiros anos do século XX. O imperialismo europeu era uma ameaça real. A partilha da África, consagrada na Conferência de Berlim, era recente, bem como a imposição de tratados desiguais à China, a abertura forçada do Japão, a conquista da Indochina, o esmagamento dos boers da África do Sul. Eram todas experiências partilhadas pelos dois, atentos observadores da cena internacional. Os princípios de Berlim declararam como *res nullius*, ou seja, terra sem dono, os territórios sem efetiva ocupação na África, um princípio que, se estendido para a América do Sul, ameaçava a maior parte do território brasileiro, em especial a Amazônia. A Nabuco, marcado pelo insucesso na disputa com a Guiana Inglesa, não escapava o fato de que o Brasil fazia fronteira com duas potências europeias, exatamente na região onde sua soberania era mais nominal do que real.

Os Estados Unidos, por sua vez, exerciam sua potência no vizinho México, na América Central, no Caribe e, mesmo, no norte da América do Sul. Mas, ao mesmo tempo, com a doutrina Monroe, resguardavam as Américas do imperialismo europeu. Nabuco e Rio Branco enxergavam, com acerto, um poder regional que conseguia isolar o continente da ação europeia e dividia, na prática, o mundo em duas partes:

> A América, graças à Doutrina Monroe, é o Continente da Paz, e essa colossal unidade pacificadora, interessando fundamentalmente outras regiões da Terra (...), forma um Hemisfério Neutro e contrabalança o outro hemisfério, que bem poderíamos chamar o Hemisfério Beligerante. (Nabuco apud Ricupero, 2005, p.119)

O Brasil devia inserir-se nesse hemisfério americano onde, graças a seu peso específico relativamente maior e à grande distância geográfica dos Estados Unidos, desfrutaria de uma relativa autonomia. Para os dois promotores da "aliança não escrita", essa opção pautava-se pelo pragmatismo. Nabuco não poderia ser mais claro quando explicou que

(...) nossa aproximação com os Estados Unidos é uma política que tem (...) a maior de todas as vantagens que possa ter qualquer política – a de não ter alternativas, a de não haver nada que se possa dar em lugar dela, nada que se lhe possa substituir porque a política de isolamento não é uma alternativa e não bastaria para os imensos problemas que espera o futuro deste país. (Nabuco apud Ricupero, 2005, p.121)

O antiamericanismo do Império, com relação aos Estados Unidos, transmutou-se na "aliança não escrita". As relações entre os dois países foram reinterpretadas para projetar uma inexistente "amizade" e afinidades que remontariam aos tempos da independência. Embora os Estados Unidos tenham sido o primeiro país a reconhecer a independência brasileira, em 16 de maio de 1824, não procede a imagem de uma aliança secular entre as duas nações, que sinalizaria uma comunhão de ideais e valores desde o início das relações oficiais. No princípio dos movimentos autonomistas na América Latina, os Estados Unidos adotaram uma posição de cautela. Havia, de modo geral, simpatia pelas revoluções, inclusive por seu caráter majoritariamente republicano. No entanto, os estadunidenses evitaram qualquer papel ativo (intervenção armada ou mesmo mediação), limitando-se a externar seu apoio moral e encorajamento. Os Estados Unidos ainda careciam de uma maior expressão militar e temiam a intervenção europeia nas guerras de independência por meio da Santa Aliança. Ademais, prevalecia uma postura isolacionista, baseada na ideia de uma superioridade intrínseca em relação aos povos de origem latina, indígena ou (talvez pior) mestiços. No esforço para a aprovação da Doutrina Monroe no Congresso dos Estados Unidos foi, inclusive, necessário lançar mão do argumento de que "os desígnios da Santa Aliança no Novo Mundo *poderiam* incluir a tentativa da França de recobrar a *Louisiana*" (Whitaker, 1954, p.37, grifos no original).

O dia em que adiaram o Carnaval

O Império brasileiro, por sua vez, nutria grandes desconfianças contra a república estadunidense, que tiveram seu ponto alto no esforço dessa potência em buscar a abertura da navegação da bacia amazônica. A pressão para a abertura do Amazonas intensificou-se na década de 1850, quando se assistiu a uma forte campanha na imprensa estadunidense sobre o potencial da região, que o Império insistia em manter fechada. Em 1853, o ministro plenipotenciário enviado por Washington, William Trousdale, chegou ao Rio de Janeiro com instruções específicas para obter o direito de navegação do Amazonas para seus concidadãos. O governo brasileiro temia, ademais, que, recrudescendo o problema escravista nos Estados Unidos, os escravos estadunidenses e seus senhores fossem transplantados para a Amazônia para, mantendo-se a produção algodoeira, livrar o sul daquele país dos problemas sociais e raciais, no caso da abolição da escravatura nos Estados Unidos.

Se o novo evangelho reverteu totalmente e obscureceu uma longa tradição de oposição aos Estados Unidos, com os vizinhos hispano-americanos essa transformação foi mais ambígua. Por um lado, no Cone Sul, já com Rio Branco se buscou um estreitamento traduzido na tentativa de criar o pacto do ABC, que só teve sucesso na gestão de seu sucessor. Por outro lado, as demonstrações de força e as constantes intervenções estadunidenses no México, na América Central, no Caribe e no norte da América do Sul não despertaram maiores simpatias pelos países hispano-americanos na diplomacia brasileira. Rapidamente, Rio Branco reconheceu a independência do Panamá, separado da Colômbia graças ao apoio militar estadunidense. Do mesmo modo, o Brasil foi um dos únicos países latino-americanos a não demonstrar entusiasmo pela Doutrina Drago, que prescrevia que as dívidas dos países da região não poderiam ser cobradas com o uso da força pelos países credores. As conferências pan-americanas foram outro cenário em que as teses brasileiras raramente se alinhavam às de seus vizinhos e normalmente convergiam para uma sintonia entre Estados Unidos e Brasil, muitas vezes em oposição aos países hispano-americanos.

O novo evangelho prescrevia para o Brasil, ademais de uma parceria privilegiada com os Estados Unidos, uma posição de intermediário entre o gigante do Norte e os demais países latino--americanos. Criava-se a ideia, cuja ressonância persiste até hoje, de que o Brasil estaria em posição privilegiada para representar os interesses de seus vizinhos (até a despeito da anuência destes) no contexto continental ou mesmo no âmbito mundial (como foi o caso da Liga das Nações). A nova identidade americana não se confundia com uma identificação plena com os países latino-americanos.

Em muitos outros pontos, as definições daquele momento especialmente profícuo da política externa brasileira foram consolidadas e adquiriram contornos de verdades reveladas, atemporais e indiscutíveis: a vocação pacífica e não intervencionista do Brasil, fazendo *tabula rasa* do passado – então muito recente –, de intervenções constantes no Prata; uma recém-descoberta (revertendo o isolacionismo do Império) vocação multilateral, tanto no contexto do pan-americanismo como nas iniciativas universais: a Segunda Conferência de Paz (Haia), a Conferência de Versailles, a Liga das Nações; a confiança no Direito Internacional como arma dos países mais débeis; a defesa veemente de posições principistas como havia feito Rui Barbosa em Haia – em tensão permanente com o pragmatismo de Rio Branco em temas concretos (tensão esta que se revelou em sua plenitude durante a questão do Acre). Essas diretrizes, com a necessária carga de ambiguidade que garante a longevidade do livro sagrado de qualquer crença, consolidaram uma identidade internacional. Combinados com a figura de Rio Branco, elevado por Rui Barbosa à qualidade de *Deus Terminus* das fronteiras brasileiras, esses novos dogmas deram consistência e credibilidade a uma "determinada ideia de Brasil".

A definição da política externa republicana influiu na construção da identidade do país e esta se refletiu na consolidação do Barão como um dos "pais fundadores" do nacionalismo brasileiro, quase um século após a independência. Juca Paranhos e o mito fundador das fronteiras naturais predefinidas, preservadas pela colonização portuguesa, fecharam as pontas de um discurso ideológico fundamental na consolidação do nacionalismo brasileiro. Dessa maneira, o Barão passou a simbolizar uma grandeza territorial com que todos podiam concordar, acima de classes ou partidos. Do mesmo modo, com a ambiguidade necessária, outras prescrições atribuídas ao Barão passaram a ser uma referência inescapável para as políticas depois adotadas: a não ingerência nos assuntos internos de outros países, o recurso ao Direito Internacional, a igualdade entre os países, a "aliança não escrita" com os Estados Unidos, a busca de prestígio internacional etc. Mesmo quando flagrantemente violados, esses princípios passaram necessariamente a ser reverenciados pelos *sucessores do Barão*.

O processo de construção do nacionalismo brasileiro foi, sem dúvida, peculiar se contrastado com o de seus vizinhos e o dos Estados Unidos. Estes tiveram de romper de um só golpe com as mentalidades e instituições do Antigo Regime, que caracterizavam sua situação colonial, e se reinventar como nações em fins do século XVIII e início do XIX. A trajetória do Brasil foi diferente: por longos anos, apesar de já independente, conservou-se como uma sociedade em que os traços principais do Antigo Regime permaneciam vivos. Apenas com a crise do Império e a Proclamação da República o Estado brasileiro deu o salto para se legitimar em bases realmente nacionais, modernas. Rio Branco foi, assim, contemporâneo do momento em que a identidade do Brasil e dos brasileiros passou a adquirir contornos verdadeiramente nacionalistas. Nesse sentido, a caracterização de Juca Paranhos como um dos fundadores da nacionalidade brasileira, ainda que aparentemente deslocado em quase um século, é uma expressão eloquente da historicidade singular do processo de construção da nacionalidade no Brasil.

6
A consciência do atraso

Em uma terra radiante, vive um povo triste.
Paulo Prado

Hoje, parecerá surpreendente à maioria das pessoas a definição do brasileiro da maneira que fez Paulo Prado na abertura de seu ensaio *Retrato do Brasil*, de 1928, como um povo triste que vive numa terra radiante. Ao findar a década de 1920 e durante as décadas seguintes, iniciou-se um grande debate intelectual sobre a natureza de "ser brasileiro" e sobre as supostas características e singularidades do "caráter nacional" brasileiro.[1] Essa discussão

---

1 Em sua importante obra *O caráter nacional brasileiro: História de uma ideologia* (1992), Dante Moreira Leite identifica três fases na construção do que chamou de ideologias do caráter nacional brasileiro: I – A fase colonial: a descoberta da terra e o movimento nativista (1500-1822); II – O Romantismo: a independência política e a formação de uma imagem positiva do Brasil e dos brasileiros (1822-1880); e III – As ciências sociais e a imagem pessimista do brasileiro (1880-1950). Para o autor, a partir de 1950, com a discussão sobre o nacionalismo brasileiro então centrada nas questões

foi marcada por ensaios de grande abrangência, escritos por uma geração especialmente profícua de "intérpretes do Brasil". O brasileiro foi lido ora como um homem cordial, ora triste, muitas vezes marcado pela sensualidade, vítima de ambições e graves defeitos. O ponto de partida dessas apreciações foi, outra vez, a constatação do atraso nacional, mas a ênfase das explicações deslocou-se, progressivamente, da raça para a cultura, ainda que com concessões ocasionais às "diferenças entre as raças". Nessa transição, a concepção de cultura era, muitas vezes, pouco maleável, dificilmente transformável. A cultura como uma herança pesada da história, que teria criado características profundas como a tristeza, a sensualidade exacerbada, a cordialidade, cuja transformação parecia impossível.

Assim, a tristeza do brasileiro, para Paulo Prado, seria decorrente das duas obsessões que moveriam a história brasileira: a luxúria e a cobiça. A natureza e o clima seriam os responsáveis pela exacerbação da sensualidade e a busca do ouro estaria na raiz da cobiça. As contradições entre esses apetites e as frustrações da busca incessante desses dois objetivos seriam a origem da tristeza do brasileiro.

---

da autonomia econômica e do desenvolvimento, passar-se-ia a uma fase de "superação da ideologia do caráter nacional brasileiro". O fulcro de sua investigação está no estudo das descrições presentes na produção literária e ensaística do suposto caráter nacional dos brasileiros, que seria dado pelo conjunto de características psicológicas, atitudes e comportamentos que definiriam a nacionalidade. Na verdade, em suas conclusões ele nega, com base em argumentos da psicologia freudiana, a possibilidade da existência real do caráter nacional como realidade objetiva, definindo-o como "apenas um obstáculo no processo pelo qual uma nação surge entre as outras, ou pelo qual um povo livre surge na história" (p.329). O autor sugere que "as ideias sobre caráter nacional surgem nos momentos de crise, e acompanham os movimentos nacionalistas" (p.325). Em síntese, Moreira Leite, ainda que não negue a existência de uma nacionalidade brasileira, que não procura definir, rejeita a existência de traços de comportamento e características psicológicas que distinguiriam os brasileiros de outras nacionalidades.

O dia em que adiaram o Carnaval

Também ressaltando a sensualidade como característica nacional, em 1933, Gilberto Freyre lançou *Casa grande & senzala*, em que procurou descrever e explicar a história do Brasil pela miscigenação. Traçando um panorama idealizado das relações raciais e de classe no Brasil, Gilberto Freyre via a cultura brasileira como uma adaptação bem-sucedida da civilização europeia aos trópicos, que se haveria traduzido numa sociedade com grande mobilidade social e poucas barreiras à ascensão de indivíduos das classes inferiores. As relações do branco com as raças que ele subjugou teriam sido, para Freyre, condicionadas pelo latifúndio, pela monocultura e pela carência de mulheres brancas. Do latifúndio haveria resultado um sentido de aristocracia, com a clara clivagem entre senhor e escravo. O esquema produtivo monocultor, por sua vez, teria gerado "zonas de confraternização entre vencedores e vencidos". A conjunção desses dois fatores – latifúndio e monocultura – era a fonte da unidade nacional, por ter sido o latifúndio monocultor a unidade produtiva que caracterizava o país de norte a sul (ainda que em diferentes graus). Criou-se, assim, uma cultura patriarcalista singular, na qual a carência de mulheres brancas e o caráter do português – "um povo indefinido entre a Europa e a África" – teriam resultado numa relação senhor/escravo mais branda e produzido relações raciais "quase harmônicas". Essa suposta "democracia racial" brasileira, produto de um passado que Freyre pintou com nostalgia, seria um exemplo para o mundo.

Em *Raízes do Brasil*, de 1936, Sérgio Buarque de Holanda também segue esse tema da civilização europeia transplantada para a zona tropical, mas em sua visão há inconvenientes e incompatibilidades que fazem dos brasileiros "desterrados em nossa própria terra". As características nacionais seriam derivadas principalmente de nossa herança portuguesa. Aos traços que ele considerava ibéricos (culto à personalidade, falta de organização, ausência de uma verdadeira ética do trabalho etc.), Holanda acrescentava a "cordialidade" como traço tipicamente brasileiro. Esse "cordial" deve ser entendido como ser dominado pelo coração; em outras palavras, pelas emoções. O amor ou o ódio, as relações pessoais, e não normas abstratas comandam as ações dos brasileiros. Uma herança ibérica que se transformou em ônus e forte obstáculo à modernização da sociedade. Para progredir, a cultura brasileira deveria superar essa cordialidade e adotar, cada vez mais, uma postura americanista; ou seja, moderna. O passado que Freyre via com nostalgia, Holanda queria superar com a transformação da cultura para aproximar os brasileiros dos padrões modernos: a impessoalidade nas normas, racionalidade, eficiência.

Também negando as doutrinas racistas europeias, Alberto Torres (1933) opunha-se ao capital estrangeiro e à imigração, e privilegiava a produção nacional e o trabalhador brasileiro, que via como tão capaz quanto o estrangeiro, faltando-lhe apenas as devidas oportunidades de trabalho. A superação do atraso, para ele, estava indissociavelmente ligada ao fortalecimento da nacionalidade: "Este Estado não é uma nacionalidade; este país não é uma sociedade; esta gente não é um povo. Nossos homens não são cidadãos" (1933, p.297).

A consolidação da nacionalidade foi equacionada com a superação do atraso, e o Estado passou a ser visto como o principal instrumento para essa transformação. O Estado ganhou em legitimidade como vetor da consolidação da nacionalidade e motor para o desenvolvimento, e sua ativa participação também no campo da cultura ganhou inegável impulso. Em 1931, criou-se o Departamento de Propaganda (DOP), substituído, em 1934, pelo Departamento de Propaganda e Difusão Cultural (DPDC). Em 1939, pelo Decreto-lei 1.915, criou-se o célebre Departamento de Imprensa e Propaganda (DIP) com a finalidade, entre outras, de "promover, organizar, patrocinar ou auxiliar manifestações cívicas e festas populares com intuito patriótico, educativo ou de propaganda turística".

Já em 1930, criou-se o Ministério da Educação e Saúde Pública e, no ano seguinte, com a chamada "reforma Francisco

O dia em que adiaram o Carnaval

Campos", organizou-se o ensino secundário e universitário. "Nas reformas curriculares de Francisco Campos, em 1931, e na de Gustavo Capanema, em 1942, em plena ditadura de Getúlio Vargas, a questão nacional continuou sendo o fio condutor do ensino de História e do sistema educacional tanto na formação política dos jovens como na formação da consciência nacional" (Zamboni, 2003, p.370). O ensino de História e, a partir de 1940, da Educação Moral e Cívica começou a divulgar o sentimento nacionalista nas escolas públicas e privadas, cujos alunos passaram a ser convocados a participar de desfiles cívicos e paradas. Foram realçadas datas comemorativas, como a Proclamação da Independência, o Dia da Juventude, o Dia do Trabalho, o Dia da Raça, o Dia do Soldado, o Dia da Bandeira.

O DIP passou a produzir cartilhas com temas cívicos para as escolas e a influir e, mesmo, censurar a imprensa escrita. Criou-se a obrigatoriedade da projeção de curtas produzidos pelo DIP antes da exibição dos filmes nos cinemas. O principal meio de comunicação de massas do período, o rádio, tampouco escapou dessa ofensiva do Estado sobre a cultura. A partir de 1935, começou a ser transmitido em cadeia nacional o programa radiofônico "Hora do Brasil", em horário nobre, imediatamente antes das principais radionovelas. Em 1938, a transmissão do programa se tornou obrigatória para todas as emissoras de rádio. Nesse programa, que existe até hoje, com o nome de "Voz do Brasil", as principais ações do governo de norte a sul e de leste a oeste do país, com forte apelo nacionalista, aproximaram-se da população. As obras realizadas contra a seca no Nordeste, por exemplo, passaram ao universo cotidiano das populações de outras regiões do Brasil.

A "comunidade imaginada" de Anderson, criada em grande medida pela difusão da imprensa escrita, ganhou novos e poderosos instrumentos. O rádio e, mais tarde, a televisão permitiram a criação de um sentimento de simultaneidade e de comunidade em dimensões, inclusive territoriais, inimagináveis no início do século XIX, quando os países vizinhos tiveram de se inventar abruptamente como nações. No Brasil, em contraste, o nacionalismo percorreu uma larga trajetória. Já avançado o século XX, encontravam-se disponíveis instrumentos para a difusão do sentimento nacional que permitiam o encontro e a identidade entre pessoas em situações de vida tão distintas como, por exemplo, o seringueiro na Amazônia e o pecuarista gaúcho. O rádio, o cinema, a difusão do ensino público, o alistamento obrigatório, a promoção dos esportes de massa, as grandes festas populares de caráter "nacional" não estavam disponíveis para as elites *criollas* dos países vizinhos no decorrer do século XIX, quando nesses países, ao lado dos sentimentos nacionais, em muitos casos, se consolidaram visões regionalistas de uma intensidade desconhecida no Brasil moderno. A consolidação tardia do nacionalismo brasileiro, mas com base em instrumentos inexistentes no século XIX, terminou por ser uma vantagem em termos de coesão da ideia nacionalista, ainda que num país de dimensões territoriais e disparidades regionais que, objetivamente, em muito superam as de seus vizinhos.

Os intelectuais também se engajaram nesse projeto de modernização e consolidação do nacionalismo. O Ministério da Educação, sob a batuta de Gustavo Capanema, congregou nomes do porte de Carlos Drummond de Andrade, Oscar Niemeyer, Lúcio Costa e Candido Portinari. O projeto de uma cultura nacional integrada com a modernidade, mas essencialmente brasileira, traduziu-se em expressões originais em campos tão diversos como a arquitetura e a música.

As expressões populares também foram objeto de tratamento e direcionamento por parte do Estado. O carnaval ganhou ares de festa oficial, com apoio do governo. Os compositores populares, por coação ou cooptação, passaram a exaltar valores cívicos e as virtudes do trabalho. A "malandragem" passou a ser vista como negação do progresso e combatida pela censura do DIP nas letras das canções populares. O futebol, também elevado à condição de

O dia em que adiaram o Carnaval

símbolo nacional, foi profissionalizado e incentivado, com apoios estatais e a construção de estádios por todo o Brasil, inclusive o Maracanã, projetado para servir de palco para a vitória brasileira na Copa Mundial de 1950.

A partir da Era Vargas, o nacionalismo brasileiro associou-se fortemente à ideia de desenvolvimento econômico, acrescentando um novo elemento ao evangelho do Barão. A noção de desenvolvimento, como um objetivo nacional patrocinado pelo Estado, não estava madura no imaginário da República Velha, de perfil liberal. As intervenções para a manutenção dos preços do café no mercado internacional foram uma exceção na orientação livre-cambista seguida no Império e na República Velha e um prenúncio do papel que o Estado seria chamado a desempenhar na esfera econômica. Os ideólogos da "vocação agrícola" brasileira e as lideranças da resistência às "indústrias artificiais" se enfrentaram com os promotores de um Estado que se voltava para a industrialização como plataforma para a modernização do Brasil e para a consolidação da nação. Em alguma medida, a nacionalidade se consolidava também nos debates sobre o aço e, mais tarde, o petróleo, símbolos da modernidade e do desenvolvimento.

Nesses termos, o atraso poderia ser superado e a nacionalidade se projetava para o futuro. Se o passado e, em grande medida, o presente mostravam um Brasil atrasado e uma nacionalidade incompleta, o futuro poderia ancorar (como o passado imemorial da ilha-Brasil já o havia feito, por exemplo) a identidade brasileira. Nesse clima intelectual foi um imediato e estrondoso sucesso o livro de Stefan Zweig, *Brasil, país do futuro*. Lançado em 1941, o livro do filósofo judeu fugido do nazismo na Europa descrevia o Brasil quase recitando o inventário dos símbolos consagrados da nacionalidade brasileira, como um modelo a ser seguido:

> É um país que odeia a guerra e, ainda mais, que quase não a conhece. Há mais de um século, com exceção da Guerra do Paraguai,

que foi insensatamente provocada por um ditador que perdera a razão, o Brasil tem resolvido todas as questões de limites com seus vizinhos por meio de acordos e arbitragens internacionais. O seu orgulho e os seus heróis não são apenas guerreiros, mas estadistas, como Rio Branco e Caxias, que, com prudência e firmeza, souberam evitar e acabar guerras. O Brasil, cujo idioma se limita ao seu território, não tem desejos de conquistar territórios, não possui tendências imperialistas. Nenhum vizinho pode exigir dele alguma coisa e ele nada exige de seus vizinhos. Nunca a paz do mundo foi ameaçada por sua política, e, mesmo numa época de incertezas como a atual, não é possível imaginar que o princípio básico de sua ideia nacional, esse desejo de entendimento e de acordo, se possa jamais alterar. Esse desejo de conciliação, essa atitude humanitária, não tem sido o sentimento casual dos diferentes chefes e dirigentes do país; é o produto natural dum predicado do povo, da tolerância natural do brasileiro, a qual no curso da sua história sempre se confirmou. O Brasil é uma nação em que não existiram perseguições religiosas sangrentas, nem fogueiras de Inquisição. Em nenhum outro país os escravos foram tratados relativamente com mais humanidade. Mesmo suas revoluções interiores e mudanças de regime se efetuaram quase sem derramamento de sangue. Os dois imperadores, que a vontade do Brasil de se tornar independente fez deixarem o país, dele se retiraram sem sofrer vexames e, por isso, sem ódio. Mesmo após rebeliões e intentonas que foram sufocadas desde a independência do Brasil, os cabeças não pagaram pelo ato de insurreição com a vida. Quem quer que governe o povo brasileiro, inconscientemente, é forçado a adaptar-se a seu espírito de conciliação; não constitui uma casualidade o fato de o Brasil – que entre todos os países da América durante decênios foi a única monarquia – ter tido como imperador o mais democrata, o mais liberal de todos os soberanos. E hoje que o governo é considerado uma ditadura, há aqui mais liberdade e mais satisfação individual do que na maior parte dos nossos países europeus. Por isso na existência do Brasil, cuja vontade está dirigida unicamente para

O dia em que adiaram o Carnaval

um desenvolvimento pacífico, repousa uma das nossas melhores esperanças de uma futura civilização e pacificação do nosso mundo devastado pelo ódio e pela loucura. Mas onde se acham em ação forças morais, é nosso dever fortalecermos essa vontade. Onde na nossa época de perturbação ainda vemos esperança de um futuro novo em novas zonas, é nosso dever indicarmos esse país, essas possibilidades. (Zweig, 1941)

Em contraste com os ódios raciais que despedaçavam a Europa, Zweig enxergou, como chave para o futuro promissor que vislumbrava para o Brasil, uma grande harmonia racial que valorizava a mestiçagem. Seu suicídio, em Petrópolis, no ano seguinte ao lançamento de *O país do futuro*, não evitou que esse tema da projeção de um futuro brilhante se consolidasse, a partir daí, como outro "mito fundador" da nacionalidade brasileira. A ação do Estado como articulador e planejador desse futuro foi realçada. Um Estado "nacional" que se contrapunha aos regionalismos, às oligarquias e aos mandonismos locais. Foram criadas instituições encarregadas de subsidiar essa tarefa integradora, como o Conselho Nacional de Geografia, o Conselho Nacional de Cartografia, o Conselho Nacional de Estatística, o Instituto Brasileiro de Geografia e Estatística (IBGE). Deu-se sentido político a uma "marcha para o Oeste" destinada a vencer os "vazios" territoriais do Brasil. Reforçou-se a ideia das Forças Armadas como vetor de integração nacional.

No plano internacional, nas tumultuadas décadas de 1930 e 1940, o mundo vivia grandes transformações e uma feroz competição ideológica entre as democracias liberais, as experiências nazifascistas e a consolidação da União Soviética. Esse novo contexto internacional impôs exigências inéditas e outros parâmetros para as identidades nacionais. Desde então, a consolidação de grandes "campos identitários" nas relações internacionais fez com que as identidades nacionais passassem, cada vez mais, a se definir também por alinhamentos e afinidades de governos e regimes políticos com seus respectivos blocos. Sem dúvida, esses alinhamentos não são automáticos nem inescapáveis, mas condicionam e constrangem as escolhas internas. O Brasil do século XIX, um império cercado de repúblicas, é um exemplo da possibilidade real de escapar a essas determinações, ainda que com custos variáveis conforme o momento histórico específico.

De acordo com o evangelho do Barão, o Brasil mantinha uma aliança não escrita com os Estados Unidos, que, após a Primeira Guerra, se afirmaram como potência mundial e, junto com a Inglaterra, como um dos líderes do bloco das democracias liberais. No campo capitalista, a Alemanha ressurgiu com grande força, oferecendo um novo modelo de desenvolvimento, centrado no Estado e com lideranças carismáticas que punham em questão as regras democráticas. O regime de Vargas, inclusive por seu inerente autoritarismo e dirigismo, não escapou à sedução dos regimes nazifascistas. Em 1940, o caudilho brasileiro chegou a prever que

> Marchamos para um futuro diverso de quanto conhecíamos em matéria de organização econômica social ou política, e sentimos que os velhos sistemas e formas antiquadas entram em declínio. Não é, porém, como pretendem os pessimistas e os conservadores empedernidos, o fim da civilização, mas o início, tumultuoso e fecundo, de uma nova era. Os povos vigorosos, aptos à vida, necessitam seguir o rumo de suas aspirações, em vez de se deterem na contemplação do que se desmorona e tomba em ruína. *É preciso, portanto, compreender a nossa época e remover o entulho das ideias mortas e os ideais estéreis.* (Vargas, discurso a bordo do navio *Minas Gerais*, 11 de junho de 1940, grifo meu)

Dentre essas ideias mortas e ideais estéreis estariam, para Vargas, o liberalismo e a democracia, e esse discurso anunciava no mínimo simpatia, mas talvez o prenúncio de uma adesão ao eixo formado por Alemanha, Itália e Japão e o abandono da aliança com os Estados Unidos. Pode-se, alternativamente, ver esse aceno ao nazifascismo como mais uma peça da política de buscar um maior espaço de atuação nos interstícios criados pela competição entre Estados Unidos e Alemanha. Na verdade, a partir do trabalho de Gérson Moura (1980) tornou-se consenso na historiografia a ideia de uma atuação pendular do governo de Getúlio Vargas entre os Estados Unidos e as potências do Eixo, como forma de aumentar o grau de "autonomia da dependência" do Brasil. É de se discutir, no entanto, os limites reais dessa atuação pendular.

A despeito da simpatia que Vargas e muitos de seus auxiliares diretos pudessem ter pela Alemanha, o alinhamento com os Estados Unidos era, no caso limite de um conflito armado, uma política muito difícil de reverter. Os Estados Unidos eram, há muito tempo, o maior mercado para os produtos de exportação brasileiros e a maior fonte de investimentos e empréstimos. A deflagração da guerra, em qualquer caso, significaria o corte das exportações para a Alemanha em vista da longa distância e do poderio da esquadra anglo-estadunidense. Os efeitos dos ataques alemães contra os navios brasileiros não foram em nada desprezíveis, mas não se comparariam ao bloqueio que poderia ser exercido pelos Estados Unidos e a Inglaterra.

Em termos práticos – com acenos esporádicos à Alemanha, mas limitados ao plano econômico-comercial –, o Brasil vinha dando continuidade à política americanista proposta por Rio Branco. A solidariedade com os Estados Unidos refletiu-se no apoio dado à proposta estadunidense de um pacto de segurança continental apresentada na Conferência Interamericana para a Consolidação da Paz, realizada em Buenos Aires, em 1936. Washington propôs a obrigação de consulta entre os Estados americanos, no caso de conflitos interamericanos ou de ameaças externas ao continente. Essa tese, repelida pela Argentina, tornou necessária a suavização do texto (convertendo as consultas em facultativas) para ganhar a adesão de Buenos Aires à resolução. O apoio dado aos Estados Unidos nessa tarefa de convencimento da Argentina seria rememorado pelo chanceler Macedo Soares: "Foi, sem dúvida, a política de perfeita inteligência entre os Estados Unidos e o Brasil que tornou possível o êxito da Conferência de Buenos Aires" (RMRE, 1936, p.XV).

Essa orientação pró-estadunidense foi seguida e aprofundada por Oswaldo Aranha, a partir de 1938. A Conferência Interamericana de Lima, naquele ano, ampliou o sistema de consultas criado em Buenos Aires e, no ano seguinte, no Panamá, as repúblicas americanas reuniram-se para decidir por sua neutralidade diante do conflito na Europa. Tendo em vista a ocupação alemã da França e da Holanda – ambos os países com domínios coloniais no continente americano –, na Conferência de Havana, em 1940, determinou-se que qualquer tentativa contra a integridade ou inviolabilidade do território de um Estado americano por uma potência extracontinental seria tomada como uma agressão aos demais. Apesar dos sinais contraditórios emitidos por Vargas – como o discurso proferido a bordo do *Minas Gerais*, em 10 de junho de 1940 –, a diplomacia brasileira seguia apoiando as propostas estadunidenses no âmbito das diversas conferências interamericanas.

O ataque japonês a Pearl Harbor definiu inequivocamente a posição brasileira em prol dos Aliados. Em mensagem explicitamente dirigida aos historiadores que, no futuro, estudariam a atuação do Itamaraty nesse episódio, Oswaldo Aranha escreveu em seu Relatório de 1943, apresentado ao presidente Getúlio Vargas:

> Sabíamos que, cedo ou tarde, seríamos envolvidos na luta e para ela nos preparamos, em íntima colaboração com os Estados Unidos da América e as demais nações continentais. Em todos os relatórios que, desde 1938, quando assumi a pasta das Relações Exteriores, venho tendo a honra de apresentar a Vossa Excelência, inclusive neste, de 1943, poderão os contemporâneos e os historiadores do

futuro acompanhar a diretriz do Itamaraty, no seu constante esforço para resguardar a tradição da nossa diplomacia e proteger o imenso patrimônio material e moral do Brasil, na hora de maior risco que já atravessamos em todo o decurso da nossa história, quando um desvio, um erro de visão, uma falha de julgamento lhe poderiam ser fatais. (RMRE, 1943, p.XVII)

Em termos da construção da identidade internacional do país, o elemento mais importante aportado pela Era Vargas não foi a questão do movimento pendular entre Estados Unidos e Alemanha, mas sim a introdução de um nova dimensão nessa identidade: a busca do desenvolvimento econômico e social. A pendularidade, inclusive, foi instrumental nessa busca da "autonomia da dependência"; mas, desde então, com um objetivo claro: a transformação das bases econômicas e sociais do Brasil, um ingrediente ausente da política externa do Império e da República Velha. Essa dimensão de um país que persegue seu desenvolvimento, desde então aos dias atuais, é um dos elementos mais marcantes da identidade internacional do Brasil.

Com o fim da guerra, caiu também o regime de Vargas e iniciou-se uma fase de grandes transformações no sistema internacional, com a constituição de dois blocos antagônicos, que delimitavam campos identitários cuidadosamente defendidos. Durante a Guerra Fria, tornou-se uma imposição do sistema internacional a definição, por parte de cada um dos países que o compunham, de sua posição diante do binômio Leste-Oeste. No caso do continente americano, os Estados Unidos reformularam o conceito de pan-americanismo para imprimir uma forte vertente anticomunista na identidade americana, depois estendida aos países latino-americanos. Pode-se perceber muito claramente, nesse caso, a função das identidades também como forma de controle.

Na verdade, os Estados Unidos saíram da Segunda Guerra com o *status* de superpotência e o foco de seus interesses deslocou-se do plano regional para o global – abandonando, na prática, as propostas pan-americanistas, que foram substituídas (em uma nova visão das relações interamericanas) por preocupações de ordem estratégico-militar e de contenção do comunismo. A ajuda econômica e mesmo os investimentos privados foram redirecionados para a reconstrução europeia e para outras regiões (em especial, na Ásia), o que frustrou as expectativas latino-americanas. O Brasil terminou a Segunda Guerra imbuído da certeza de merecer, por parte dos Estados Unidos, um tratamento especial em vista da colaboração prestada durante o conflito. Nessa pretensão de constituir-se em parceiro privilegiado de Washington, seguindo as diretrizes de Rio Branco, o Brasil não encontrava rivais na América do Sul, pois as relações entre os Estados Unidos e a Argentina estavam em termos abertamente conflituosos. O anticomunismo do marechal Eurico Gaspar Dutra, por seu turno, era outro elemento que contribuía para a sintonia entre o Brasil e os Estados Unidos. Na verdade, no contexto do imediato pós-guerra, eram escassas as possibilidades de praticar uma política pendular em relação aos Estados Unidos, em vista dos efeitos devastadores do conflito sobre as economias europeias e a impossibilidade, em termos práticos, de usar a União Soviética como contraponto.

Com a assinatura do Tratado Interamericano de Assistência Recíproca (TIAR), no Rio de Janeiro (em agosto de 1947), os Estados Unidos obtiveram a segurança estratégico-militar que buscavam para o continente. Por sua vez, a demanda dos países latino-americanos por mais ajuda econômica foi respondida com vagas promessas de assistência técnica e militar e com a prescrição de que abrissem seus mercados ao investimento estrangeiro, eliminassem barreiras tarifárias e apoiassem a iniciativa privada. Em contraste com o empenho na reconstrução e na reindustrialização da Europa, não houve nenhum tipo de Plano Marshall para a América Latina, que recebeu em seu conjunto, entre 1945 e 1952, menos ajuda econômica do que a Bélgica ou Luxemburgo (Rabe, 1988, p.17).

Mais do que qualquer outro país latino-americano, o Brasil sentiu-se traído pela atitude estadunidense e assistiu, perplexo, ao declínio de sua relação especial com os Estados Unidos, sem obter as compensações às quais acreditava fazer jus por sua tradicional aliança e seu empenho na Segunda Guerra. Com a morte de Roosevelt, em abril de 1945, ficou irrealizada sua promessa (feita a Getúlio Vargas) de que o Brasil obteria um assento permanente na futura Organização das Nações Unidas. Ainda assim, foi ampla a convergência entre os dois países nos foros internacionais durante o governo de Dutra.

No plano econômico, a frustração das expectativas de ajuda estadunidense aproximou o Brasil dos demais países latino-americanos. Com a eleição de Vargas para um mandato iniciado em 1951, foi claramente retomado o discurso brasileiro voltado a buscar reciprocidade ao apoio dado aos Estados Unidos no plano político com medidas práticas de ajuda econômica. A eclosão da Guerra da Coreia forneceu o contexto para a retomada da "barganha nacionalista", ao aumentar o poder de negociação latino-americano *vis-à-vis* os Estados Unidos. Assim, durante a IV Reunião de Consulta dos Chanceleres Americanos, realizada em Washington, em 1951, os Estados Unidos tentaram, sem sucesso, criar uma Força Armada Interamericana para intervir no conflito da Coreia, conseguindo apenas a aprovação de uma declaração antissoviética.

As intervenções do chanceler brasileiro, João Neves da Fontoura, nesse encontro foram inovadoras do ponto de vista do discurso diplomático brasileiro, ao buscar equacionar segurança e desenvolvimento, e ao inserir claramente o Brasil no âmbito dos países latino-americanos e subdesenvolvidos:

> Já na sessão de abertura da Reunião de Consulta, o ministro das Relações Exteriores do Brasil, respondendo, *em nome dos países latino-americanos*, ao discurso do presidente dos Estados Unidos da América, procurou estender o alcance daquele ponto da agenda [se-

gurança hemisférica], de modo a conciliar as exigências do programa de cooperação de emergência com os imperativos do funcionamento e desenvolvimento da economia de cada qual, criando uma atmosfera de trabalho e bem-estar para todos. (RMRE, 1951, p.10-1; grifo meu)

Houve um esforço de coordenação com os demais países latino-americanos para promover junto aos Estados Unidos o princípio de que "o desenvolvimento econômico dos *países insuficientemente desenvolvidos* é considerado um elemento essencial sob o ponto de vista da defesa do continente, sem esquecer que é dever primordial dos Estados americanos na presente emergência fortalecer as suas defesas e manter as atividades civis essenciais" (RMRE, 1951, p.14-5; grifo meu). A mudança de atitude brasileira foi reconhecida no próprio Relatório do Ministério das Relações Exteriores em termos bastante distintos do tradicional discurso pan-americanista de apoio irrestrito aos Estados Unidos. O conceito de país menos desenvolvido, de economia subdesenvolvida, começou a ganhar curso na retórica diplomática brasileira, bem como a noção de que o Brasil era parte integrante da América Latina – rompendo com o discurso que vinha desde o Império, no qual os vizinhos hispânicos eram o "outro" que ajudava a definir a identidade brasileira.

Esse novo enfoque, naturalmente, tinha seus limites, que ficariam claros, por exemplo, no encaminhamento da proposta de Perón de reconstituição do Pacto do ABC, que reuniria Argentina, Brasil e Chile num primeiro esforço de integração econômica. Vargas enfrentava forte oposição interna, por parte da UDN, de alguns setores militares e da imprensa, para manter inalterado o alinhamento com as posições estadunidenses e recusar qualquer iniciativa de cooperação com a Argentina peronista. Perón, por sua vez, retomando a concepção de Rio Branco, arbitrava a coordenação entre as três maiores economias da América do Sul, mas desta feita com um claro sentido anti-imperialista, ausente na proposta do Barão.

Com o retorno de Vargas ao poder no Brasil, e a eleição de Carlos Ibañez del Campo no Chile, em 1952, Perón imaginou poder concretizar sua proposta, dadas as afinidades que pensava ter com os presidentes vizinhos. Em fevereiro de 1953, em visita ao Chile, lançou oficialmente sua proposta de um novo Pacto do ABC. Na ocasião, Perón informou à imprensa as tratativas para o Pacto do ABC, garantindo já ter obtido o aval de Vargas. A repercussão no Brasil foi a pior possível, chegando a motivar, posteriormente, um pedido de *impeachment* do presidente, sob a acusação de "traidor da pátria". O chanceler brasileiro, Neves da Fontoura, reagiu ao anúncio de Perón desmentindo pública e categoricamente a ideia de um pacto regional, e condenou a iniciativa ao fracasso e as relações brasileiro-argentinas a um período de esfriamento.

A tradicional atitude de alinhamento aos Estados Unidos e de busca de uma relação especial com Washington foi minimizada no governo de Juscelino Kubitschek. Com o lançamento, em 1958, da Operação Pan-Americana (OPA), a retórica diplomática brasileira passou a centrar-se claramente na ideia de identificação do Brasil com seus vizinhos latino-americanos. Ainda que houvesse uma clara preocupação, explicitada nos principais pronunciamentos, de realçar o caráter do Brasil como país ocidental e, portanto, alinhado ao bloco liderado pelos Estados Unidos, o tópico da reivindicação de assistência para o desenvolvimento e para a industrialização do país e da América Latina foi projetado para o primeiro plano do discurso diplomático. A OPA foi definida pelo próprio Itamaraty como o "primeiro movimento iniciado por nosso país no cenário continental, com base num *estado de consciência verdadeiramente latino-americano*" (RMRE, 1958, p.3; grifo meu). Não houve, no entanto, sinais claros de aproximação com outros países em desenvolvimento fora da região e, inclusive, foi mantida a política de apoio ao colonialismo português.

O governo Kubitschek substituiu a política, essencialmente bilateral, de aliado especial dos Estados Unidos por um enfoque centrado nas relações multilaterais (Caldas, 1996). Além da própria OPA, ampliou-se a participação na Organização dos Estados Americanos (OEA), com a valorização do Conselho Interamericano Econômico (CIES), e intensificou-se a participação na ONU, inclusive na Comissão para a América Latina (CEPAL). No contexto latino-americano, o Brasil participou da fundação da Associação Latino-Americana de Livre-Comércio (ALALC) e, também no plano regional, Kubitschek procurou aproximar-se dos países do continente, em especial da Argentina, firmando vários acordos nos campos comercial, econômico e político, inclusive o Protocolo de Consultas de 1959.

A identidade internacional brasileira, com Kubitschek, transitou de uma identidade americana – que buscava diferenciar-se dos vizinhos hispano-americanos por meio de uma relação especial com os Estados Unidos – para uma identidade claramente latino-americana, em contraposição aos Estados Unidos (mas não necessariamente em clima de conflito). Pela primeira vez, o "outro" que ajuda a definir os contornos da identidade brasileira deixou de estar representado pelos países hispano-americanos.

A maior identidade com os vizinhos latino-americanos, em contraste com os Estados Unidos, não deixaria de se refletir no debate cultural interno. No pós-guerra, a antítese ao atraso nacional passaria a ser os Estados Unidos e não mais a Europa. Para entender as razões das diferenças entre o Brasil e as antigas Treze Colônias, nem pressupostos raciais, nem o argumento sobre a antiguidade e a originalidade da civilização europeia, que serviam para explicar o atraso em relação à Europa, eram adequados. Nesse contexto, um marco da interpretação da experiência brasileira foi o livro *Bandeirantes e pioneiros*, de Viana Moog (1954). Para explicar essa inferioridade em relação aos Estados Unidos, a chave proposta por Moog estava no processo de colonização dos dois países. Os colonizadores portugueses vinham ao Brasil para fazer fortuna e voltar para a Europa; já os povoadores dos Estados Unidos partiam da Europa para construir um novo futuro para si e seus descendentes na nova terra.

Especialmente após as contribuições de Caio Prado Júnior, Celso Furtado e dos autores reunidos em torno do Instituto Superior de Estudos Brasileiros (ISEB), o debate sobre o nacionalismo brasileiro passou a ter um tom cada vez mais centrado na questão do desenvolvimento econômico. A discussão sobre o caráter nacional deixou de ser a respeito das pretensas características dos brasileiros e passou a se concentrar na necessidade do desenvolvimento econômico e no papel do Estado nesse processo.

Esse debate cultural interno passou a incorporar categorias como "alienação", "colonialismo" ou "autenticidade" em sintonia com as discussões que se davam nos países europeus e periféricos sobre o processo de descolonização que se estendia, com velocidade, pelo globo. Nas colônias europeias na África e na Ásia, a saída da situação colonial passou a ser inevitavelmente vista como uma luta de libertação nacional, ainda que se tivesse de inventar nações que não estavam lá previamente. Paradigmaticamente, na Índia, Nehru escreve *The Discovery of India*, na língua do colonizador e não numa das muitas línguas locais. Tomou tradições locais e traços étnicos e sociais dispersos no subcontinente para criar, "descobrir", uma nação indiana, acima das imensas diferenças regionais, de classe e castas. Uma segunda onda de nacionalismos se espalhou pelo globo, como resultado da descolonização da África e da Ásia.

O papel do ISEB na reconceituação do nacionalismo brasileiro vai muito além da designação algo pejorativa como "fábrica de ideologia" que lhe foi atribuída no governo Kubitschek. O ideário nacionalista da instituição era sem dúvida um discurso reformista. Ao elevar ao primeiro plano das preocupações o progresso da nação, a superação da situação "colonial" e o nacional-desenvolvimentismo, esse discurso mascarava e subordinava as contradições nacionais internas, regionais e de classe, entre outras (o que é, aliás, uma das chaves do discurso nacionalista em si). A influência do discurso isebiano transcende em muito a própria "Era JK". Segundo Ortiz (2005, p.47),

> O golpe de 64 erradicou qualquer pretensão de oficialidade das teorias do ISEB, entretanto, curiosamente essa ideologia encontrou um caminho de popularização que ganhou pouco a pouco terreno junto aos setores progressistas e de esquerda. A meu ver, essa é a atualidade de um pensamento datado, produzido por um grupo de intelectuais, mas que se popularizou, isto é, tornou-se senso comum e se transformou em "religiosidade popular" nas discussões sobre cultura brasileira.

Com a publicação de *Formação do Brasil contemporâneo* (1942) e *História econômica do Brasil* (1945), Caio Prado Jr. alinha os matizes e as características de seu pensamento com essa interpretação sobre a nacionalidade. Para ele, o Brasil, desde a chegada da Corte portuguesa, estaria vivendo uma transição entre colônia e nação, "um longo processo histórico, que continua em nossos dias e ainda não terminou". O "sentido da colonização", voltado para o mercado externo, seria a explicação para essa debilidade da nação. O tema da "nação incompleta" incorporou-se, assim, ao debate sobre o nacionalismo brasileiro. Como corolário dessa discussão, propõem-se diversos caminhos para "completar" a nação: a necessidade de uma verdadeira revolução burguesa; a industrialização dirigida pelo Estado; uma aliança entre Estado, capital nacional e multinacional; a consolidação da nação como meio para alcançar o socialismo etc.

A incorporação de uma dimensão latino-americana na identidade internacional do Brasil é algo que se deu, na verdade, em paralelo com a consolidação do conceito de América Latina. Só se pode falar propriamente de América Latina após a Segunda Guerra Mundial – em especial, com a fundação da CEPAL, em 1948 (Bruit, 2003).[2] A ideia de América Latina, supostamente

---

2   Ainda que o termo "América Latina" tenha sido inventado no século XIX, para o que hoje entendemos por América Latina, "ainda em 1880 se insistia,

O dia em que adiaram o Carnaval

um conceito objetivo e livre de valor, apenas se consolidou como contraponto à noção de uma América Anglo-Saxônica, com as características que esta lhe atribuía, como uma região, uma cultura e até uma "raça" definidas como negação das autopercebidas qualidades da sociedade e da cultura estadunidense.

Com o fim da Segunda Guerra Mundial, o cenário internacional passou a ser ordenado em razão do conflito Leste-Oeste. A Guerra Fria criou dois campos antagônicos – liderados pelos Estados Unidos e pela União Soviética –, no tocante aos quais não havia, em princípio, neutralidade possível. No continente americano, apenas Cuba se situou na órbita soviética, transgressão que não foi mais permitida em nenhum outro caso (ainda que à custa de intervenções abertas ou veladas dos Estados Unidos). A revolução cubana aumentou a complexidade da definição de uma identidade latino-americana contraposta aos Estados Unidos. Ao conjugar as dimensões socialista e latino-americana, Cuba tornou-se a expressão mais acabada de uma identidade latino-americana autonomista e anti-imperialista, na linha defendida por José Martí.

No contexto polarizado do conflito Leste-Oeste, os Estados Unidos tentaram impor uma definição específica do caráter americano dos países do continente, que se traduziria na defesa de ideais supostamente comuns: o apoio, ainda que nominal, aos princípios democráticos; o livre mercado; e, especialmente, o anticomunismo. Depois da revolução cubana, a adesão a essa identidade americana foi exigida de forma ainda mais intensa. Como assinalou Fonseca Jr. (1998, p.189-95), na ordem bipo-

---

contudo, em *América do Sul*" (Chacon, 2003, p.104, grifo meu) – concepção que englobava todas as terras situadas ao sul do Rio Grande, que separa o Texas do México. Em termos práticos, a diferenciação entre as expressões "América do Sul" e "América Latina" só se produziu após a Segunda Guerra Mundial. Assim, ainda em 1913, Woodrow Wilson resumia sua política para os países da América Latina de modo muito direto: "Vou ensinar as *repúblicas sul-americanas* a eleger homens bons".

lar da Guerra Fria até mesmo o princípio básico da soberania dos Estados subordinava-se à lógica do conflito entre as duas superpotências:

> O argumento é simples: seria possível superar a norma, a não intervenção, porque existe um valor maior (democracia-capitalismo ou socialismo-comunismo) que corresponde a uma lei superior e ao caminho ideal para garantir a paz entre as nações (democracias não guerreiam – o socialismo-comunismo leva à extinção do Estado e, portanto, da fonte última da guerra), a riqueza (o livre-comércio traz riqueza para todos – o socialismo, pela via do planejamento, é o instrumento de criação da riqueza para todos) e, finalmente, a realização individual (livre manifestação e direitos humanos – a verdadeira liberdade só se alcança com o fim das instituições burguesas) etc. (Fonseca Jr, 1998, p.191)

As contradições do confronto ideológico entre Leste e Oeste abriram, no entanto, brechas para a tentativa de criação de uma contra-hegemonia com legitimidade internacional. Apelou-se para a noção de superioridade moral dos países subdesenvolvidos – potenciais vítimas inocentes da corrida armamentista entre as superpotências –, pois, "ao exercer o legítimo direito de defesa, as superpotências mundializam, mesmo para os não envolvidos no quadro das ameaças, o potencial da destruição absoluta" (Fonseca Jr, 1998, p.198).

No plano econômico, os países do Terceiro Mundo[3] contestaram a legitimidade do sistema de Bretton Woods questionando a interpretação difundida pelos adeptos da teoria da modernização de que o subdesenvolvimento era apenas uma etapa do processo

---

3   Expressão que assemelhou os países em desenvolvimento ao Terceiro Estado da França pré-revolucionária. Foi usada, pela primeira vez, pelo demógrafo francês Alfred Sauvy no artigo "Trois Mondes, Une Planète", publicado em L'Observateur de 14 de agosto de 1952. Disponível em: www.homme-moderne.org/societe/demo/sauvy/3mondes.html. Acesso em: 10 jul. 2004.

de desenvolvimento e que os países pobres acabariam por repetir a trajetória dos ricos, se adotassem os valores e instituições "modernos". O subdesenvolvimento ser uma condição distinta da experiência histórica dos países ricos era uma ideia gerada pelas peculiaridades do processo de acumulação capitalista que diferenciava qualitativamente os países pobres das nações desenvolvidas, e criava uma identidade comum até então inexistente entre países de diferentes continentes e culturas. O confronto Leste-Oeste passou a ser acompanhado também pelas discussões entre o Sul e o Norte.

Em contraposição aos teóricos da modernização, cria-se um pensamento latino-americano original, a partir dos trabalhos da CEPAL, em que se diagnostica uma dinâmica internacional promotora de um estado de dependência e subdesenvolvimento crônico, como parte do desenvolvimento capitalista em escala mundial. O debate acadêmico entre os teóricos da modernização e os dependentistas obteve ressonância nas discussões internacionais, com a proposta de uma "nova ordem econômica internacional", que buscasse responder às expectativas econômicas dos países do Terceiro Mundo. A condição de produtores de matérias-primas e importadores de produtos industrializados distinguia e unificava os países em desenvolvimento em torno de uma agenda comum que ganhou legitimidade pela força dos números da maioria terceiro-mundista nos organismos internacionais, produto da descolonização.

> Em termos mais concretos, o movimento [terceiro-mundista] dará os fundamentos de instituições, como a Unctad [*United Nations Conference on Trade and Development*], e de correções a marcos legais, como na introdução do capítulo IV do Acordo Geral do GATT [*General Agreement on Tariffs and Trade*], e, sobretudo, de uma série de propostas que se resumem na ideia de uma "nova ordem econômica". A diferença econômica se transfere para o plano diplomático, pelo conceito da não reciprocidade. Reconhecida a diferença, aceita-se que, ao negociarem, ricos e pobres não devem

obter resultados equilibrados, uma distribuição igual de benefícios. Ao contrário, os pobres podem esperar mais, a reciprocidade não é obrigatória. O paradigma desse tipo de negociação é o Sistema Geral de Preferências (concessão por países desenvolvidos de vantagens tarifárias sem contrapartida) e, na área de financiamento, as janelas de crédito subsidiado nos organismos financeiros internacionais. (Fonseca Jr, 1998, p.202)

Com uma agenda voltada para a questão do desenvolvimento, surgiu, ao fim da primeira sessão da Conferência das Nações Unidas para o Comércio e Desenvolvimento, o Grupo dos 77. Em 15 de junho de 1964, 77 países em desenvolvimento assinaram a "Declaração Conjunta dos 77". Em 1967, realizou-se, na Argélia, a primeira Reunião Ministerial dos 77, que adotou a Carta da Argélia. O G-77 institucionalizou-se nos diversos foros internacionais e viu o número de seus membros alcançar 135 países.

No plano político, a simplicidade do desenho Leste-Oeste já havia sido quebrada, em abril de 1955, com a Conferência de Bandung e a criação do Movimento Não Alinhado. Apesar de ter sido concebido como uma "terceira via" entre os dois campos antagônicos, o agrupamento foi, em diversas ocasiões, acusado pelas potências ocidentais de abraçar um velado viés pró-soviético. Na verdade, a posição privilegiada do Estado como promotor de políticas econômicas e sociais nos países em desenvolvimento criava uma situação em que o exercício da soberania dos Estados tinha como corolário a ideia de um caminho próprio no cenário internacional, distinto da ortodoxia liberal hegemônica nos países desenvolvidos do Ocidente mas sem se subordinar às diretrizes da União Soviética. Esse movimento traduziu-se em "terceiras vias" propostas em muitos países, com diversas denominações: peronismo, nasserismo, castrismo, titoísmo, maoísmo etc.

Vale notar que a utilização de conceitos num determinado contexto (por exemplo, o diplomático) apoia-se não só nas

O dia em que adiaram o Carnaval

relações de poder real e ideológico nesse plano específico, mas também em sua validação em outros discursos relacionados, como o científico, o jornalístico etc. Considerem-se, por exemplo, os estudos sobre o desenvolvimento no pós-guerra. A extraordinária expansão do poder e da influência dos Estados Unidos após a vitória aliada na Segunda Guerra criou, para o governo e as empresas estadunidenses, uma imensa demanda por conhecimento sobre o cenário internacional. Pouco depois, o início da Guerra Fria estabeleceu o contexto político dessa tarefa. A resposta da academia estadunidense a esse desafio foi dada, nas décadas de 1950 e 1960, pelo nascimento da chamada teoria da modernização.

A teoria da modernização contrapõe as sociedades "modernas" às "tradicionais", usando a cultura como eixo para criar dicotomias temporais e socioeconômicas que servem de explicação para o processo de desenvolvimento. As sociedades modernas referem-se a uma formação histórica, cultural e socio-econômica bastante específica: o Ocidente industrializado. As sociedades tradicionais, por sua vez, são simplesmente definidas como a negação das características (positivas) das sociedades modernas. Estas são racionais, igualitárias, abertas à inovação, universalistas etc. As tradicionais, por seu turno, são irracionais, desiguais, resistentes a mudanças, repletas de particularidades etc. O tradicional é caracterizado como o oposto de moderno.

A expectativa dos defensores da modernização era que a disseminação dos valores e instituições modernos nas sociedades tradicionais serviria para transformá-las, repetindo a trajetória histórica dos países ricos. Esse processo, no entanto, não estaria isento de riscos. A destruição das estruturas e dos modos de vida tradicionais seria obstada pelos setores sociais reacionários nessas sociedades, ocasionando tensões que poderiam levar a conflitos sociais e revoluções, pondo em perigo a continuidade da modernização. Nesse estágio, a agitação comunista poderia levar esses países a perder a chance de se modernizar e, ao contrário, adotar o modelo soviético. O viés anticomunista da escola da modernização não poderia ficar mais claro do que no próprio título de uma de suas mais respeitadas obras, o livro de W. W. Rostow (1960), *The Stages of Economic Growth: A Non-communist Manifesto*.

As elites locais seriam o agente de transformação nas sociedades tradicionais. Essa proposição revelou-se problemática, pois, como principais beneficiárias dos arranjos tradicionais, elas tenderiam também a ser resistentes à mudança. Em seu influente estudo sobre as elites na América Latina, Lipset (1967) mostrou-se pessimista quanto às possibilidades de avanços dada a resistência das elites nas sociedades tradicionais às transformações necessárias para a continuidade do processo de modernização. Essa contradição, combinada com os rigores da Guerra Fria (especialmente após a revolução cubana), criou o espaço para um novo desdobramento dos estudos sobre a modernização – que tem na obra *Political Order in Changing Societies*, de Samuel P. Huntington (1968), seu principal paradigma. Para o autor, o processo de modernização é essencialmente perturbador do equilíbrio das sociedades tradicionais. Nesse caso, ao contrário do que teria ocorrido no Ocidente industrializado, o desenvolvimento econômico geraria não instituições fortes e a consolidação da democracia, mas instabilidade política. As mudanças repentinas trazidas pela modernização – urbanização, redução do analfabetismo, difusão das comunicações, aumento da participação política etc. – ocasionariam demandas acima da capacidade dos sistemas políticos desses países. O resultado não seria a modernização, mas, sim, conflitos políticos, greves generalizadas e processos revolucionários.

Para evitar esses desdobramentos, Huntington propõe que a ênfase seja colocada na estabilidade política como pré-requisito para a modernização e o desenvolvimento. Os únicos habilitados a comandar esse processo seriam os militares – institucionalmente coesos e propensos à modernização, inclusive pelos extensos contatos com seus pares estadunidenses. Os países em desenvolvimento necessitariam da intervenção de suas Forças Armadas – em prejuízo da democracia – para que, paradoxalmente, pudessem prosseguir no processo de modernização, que culminaria em instituições modernas, desenvolvimento capitalista, participação política e na própria democracia. A alternativa seria a implantação de regimes comunistas, o resultado que explicitamente Huntington quer evitar.

Ainda que não se referisse especificamente à América Latina, a região foi um dos campos de estudo privilegiados para os teóricos da modernização. Esse foco se tornou mais evidente nos trabalhos que ressaltaram o suposto caráter corporativo das sociedades latino-americanas (e ibéricas). Nessa perspectiva, em contraste com os Estados Unidos, a herança da cultura ibérica na América Latina levaria a uma resistência patológica à mudança e à modernização. A cultura latino-americana, congelada em suas grandes linhas no universo mental do século XVI, não responderia aos desafios do mundo atual, resultando em comportamentos irracionais por parte das elites e das massas. O único agente possível de racionalidade e mudança, apoiado em valores estranhos a essa cultura, seria o Estado.

As sociedades de origem ibérica seriam pré-capitalistas, autoritárias, tradicionais, elitistas, patrimoniais, estratificadas, católicas e, portanto, corporativistas. Novamente, a negação das autopercebidas características positivas da sociedade estadunidense. As nações latino-americanas foram caracterizadas como sociedades duais, fortemente divididas em elites e massas (aquelas altamente resistentes a mudanças por medo de perder seus privilégios frente às massas despossuídas). O autoritarismo, portanto, seria uma condição "natural" dessas sociedades. O esforço de entender a América Latina "em seus próprios termos" conduzia a conclusões tranquilizadoras quanto à necessidade de os Estados Unidos continuarem a sustentar regimes autoritários na região, ainda que em clara contradição com os valores democráticos e os direitos humanos.

Com as nuanças de cada contexto específico, é importante ressaltar a consolidação, no pós-guerra, da ideia de América Latina como um contraconceito assimétrico em relação à leitura que os estadunidenses fazem de sua própria sociedade. Os contornos da ideia de América Latina engendrada e propagada nos diferentes discursos – acadêmico, midiático, hollywoodiano etc. – produzidos nos Estados Unidos têm importantes consequências também no plano diplomático. Às vésperas da Segunda Guerra, por exemplo, foi conduzida uma ofensiva de propaganda estadunidense na América Latina, inclusive pela indústria cinematográfica. Essa iniciativa revelou-se de forma marcante no longa-metragem animado "The Three Caballeros" (1944), que mostrava simbolicamente a amizade, as afinidades e a cooperação entre os Estados Unidos (Donald), o México (Panchito) e o Brasil (Zé Carioca). Esse é um exemplo já clássico da clara utilização da indústria cultural estadunidense para apoiar objetivos de sua política externa.

Com o pano de fundo da Guerra Fria, realçou-se o caráter ocidental dos países latino-americanos. Construiu-se uma noção de América (como continente) que, pela adesão aos ideais de democracia e defesa do livre mercado, seria naturalmente refratária ao comunismo. Cuba foi suspensa do sistema interamericano nessas bases, pois, a esta leitura, como país socialista não poderia ser ao mesmo tempo americano. Recorde-se que a construção de identidades é também uma forma de controle.

A vertente ocidental da identidade latino-americana não é, no entanto, consensual. Às vezes é tida como um "Extremo Ocidente" (Rouquié, 1987), outras vezes é reduzida a uma espécie de "subcivilização" autônoma, embora associada ao Ocidente (Huntington, 1997). Visto pela perspectiva do Ocidente desenvolvido e, especialmente, a partir dos Estados Unidos, o caráter ocidental da América Latina é muitas vezes negado graças a uma

O dia em que adiaram o Carnaval

noção de inferioridade intrínseca da região. A crescente importância das comunidades latino-americanas na composição social dos Estados Unidos introduziu um elemento novo na dialética da construção da identidade estadunidense pela oposição ao "outro". Fiel ao seu compasso intelectual, Huntington foi um dos porta-vozes desse desconforto.

Em artigo publicado na revista *Foreign Policy*, de março/abril de 2004, ele denunciou a imigração latino-americana (especialmente a mexicana), como o perigo que poderia levar ao "fim da América". Após uma resenha extremamente idealizada da fundação de uma sociedade estadunidense essencialmente branca, protestante e britânica, ele explica que a assimilação de um grande e variado contingente migratório desde fins do século XIX excluiu o caráter racial dessa identidade (num louvável, ainda que interesseiro, esforço de incluir os afrodescendentes em sua definição, pois o "outro" no caso é de origem latino-americana) que seria, hoje, definida apenas em termos de cultura e religião. Ele prossegue arguindo que:

A maioria dos americanos vê a religião como o elemento crucial de sua identidade nacional. Esse credo, no entanto, foi um produto da cultura distintamente anglo-protestante dos primeiros colonos. Os elementos-chave dessa cultura são: a língua inglesa; o cristianismo; o fervor religioso; os conceitos ingleses de primado da lei, inclusive a responsabilidade dos governantes e os direitos individuais; os valores do cisma protestante (como o individualismo e a ética de trabalho); e a crença de que todos os seres humanos têm a habilidade e o dever de construir o paraíso terrestre, uma "cidade na colina". (Huntington, 2004, p.32)

Para ele, a escala da imigração mexicana – agravada pela contiguidade dos dois países e pela alta concentração dos imigrantes em áreas específicas – poderia até mesmo alimentar a ideia de reincorporação ao México dos territórios conquistados nas guerras de 1835-1836 e 1846-1848. A incapacidade dos recém-chegados de assimilar a cultura americana (inclusive a língua inglesa) estaria criando dois universos irreconciliáveis, uma nação bilíngue e bicultural, como o Canadá ou a Bélgica. Segundo o autor, isso seria "o fim da América que nós conhecemos há mais de trezentos anos" (Huntington, 2004, p.45). A incompatibilidade entre a concepção de América (de Estados Unidos, na realidade) de Huntington e o "outro" latino-americano é tão completa que ele conclui seu artigo negando a possibilidade de um *"Americano" dream*. Em sua opinião, "existe apenas o *American dream* criado por uma sociedade anglo-protestante. Os mexicano-americanos apenas poderão partilhar desse sonho e dessa sociedade se sonharem em inglês" (Huntington, 2004, p.45).

De fato, a temida (por Huntington) incorporação deste "outro" latino-americano trará importantes modificações na identidade estadunidense. Esse processo, no entanto, não tem nada de inédito ou de alarmante; basta lembrar a muito mais difícil e conflituosa (e ainda hoje problemática) incorporação das populações negras nessa identidade. O debate sobre a suposta impossibilidade de incorporar pessoas de origem latina à identidade estadunidense não é nem ao menos novo. Data das discussões ocorridas no Congresso dos Estados Unidos, no contexto da independência do Texas e das guerras contra o México, sobre a conveniência e a forma de incorporação dos territórios (e suas populações) que até então estavam sob a soberania mexicana.

A argumentação do deputado por Nova York, Washington Hunt, em discurso proferido em 1847, por exemplo, é bastante clara. Ao se opor à incorporação desses territórios à União, ele advertiu:

> (...) considerem o caráter da população que viria com esses territórios para nossa Confederação. Nós teríamos de nos preparar para receber uma massa incongruente de espanhóis, índios e

mestiços mexicanos – uma miscelânea de raças misturadas, que não saberiam nem apreciar nem administrar nossas instituições livres. Homens de sangue e língua diferente, que não poderiam juntar-se com nosso povo em pé de igualdade social ou política. (apud Feres Jr., 2003, p.78)

Se a América Latina é, em algumas dimensões (naturalmente, há outras, em que a alteridade está marcada por outros elementos), o "outro" da identidade estadunidense, o inverso é muito mais poderoso. Desde os movimentos de independência, as identidades latino-americanas definiram-se, em grande medida, tendo os Estados Unidos como referência. Não é por outra razão que, por exemplo, a ideia de uma área de livre-comércio com a União Europeia gera muito menos comoção popular (seja contra ou a favor) do que gerou a proposta de uma Área de Livre-Comércio das Américas (ALCA). Nessa última, ficava muito claro que se estariam alterando os fundamentos de nossa identidade internacional.

Os Estados Unidos são, desde muito, a principal referência para o "outro" que se contrasta com a identidade latino-americana. Esse contraponto tornou-se inescapável a partir da publicação, em 1900, de *Ariel,* de José Enrique Rodó, logo após a intervenção estadunidense na guerra hispano-cubana, que marcou o início de um período de enorme expansão do capitalismo estadunidense na América Latina. Nessa obra, inspirada nos personagens da peça *A tempestade,* de Shakespeare, Rodó comparava a América Latina ao espiritual Ariel, em contraste com o selvagem Calibã, que representava o utilitarismo da sociedade industrial de fins do século XIX (e, por consequência, os Estados Unidos). Em sua opinião, se o século XIX havia sido a era da preponderância desse utilitarismo sem alma, o século que se inaugurava veria a vitória do espírito representado por Ariel. Começaria, assim, um período de glórias para a América Latina, graças a sua superioridade, ao menos moral, sobre a materialista sociedade dos Estados Unidos. O "arielismo" tornou-se uma referência inevitável nas discussões sobre história da cultura e das ideias nas Américas. Essa tese, a despeito de suas evidentes limitações, tem sido reelaborada repetidamente.

As recorrentes intervenções estadunidenses em países latino-americanos e sua crescente hegemonia no continente consolidaram essa alteridade e deslocaram geograficamente o "outro" dos países latino-americanos da Europa para os Estados Unidos. A alteridade dos países hispano-americanos deixou de ter sua antiga metrópole como referência (que, inclusive, foi revalorizada) e se centrou na potência do Norte. "No século XIX, estabeleceram-se as premissas básicas sobre as quais se esgrimiram distintos argumentos – utilizados até hoje – nos quais se sustentam posturas a favor ou contra os Estados Unidos" (Prado, 2008, p.604). Se, por um lado, houve admiradores do progresso material e da estabilidade estadunidense, como Faustino Sarmiento, a reação mais forte foi de rejeição à agressividade da nova potência, que se contrapunha a "nuestra América", expressão criada por José Martí. Este, com Rubén Darío e Enrique Rodó, consolidou a nova alteridade entre a América Latina e os Estados Unidos.

> Mas foi, sem dúvida, a guerra entre Estados Unidos e Espanha, em 1898 (que culminou com a independência de Cuba, transformada em um protetorado, e a transformação de Porto Rico e das Filipinas em colônias norte-americanas), que provocou a indignação de muitas vozes na Hispano-América. As críticas aos Estados Unidos iam acompanhadas de uma reflexão sobre a necessidade da união da América Latina e da valorização das particularidades de sua cultura. A elaboração de tal identidade dependia da recuperação do passado hispânico, do qual se destacavam as grandes qualidades da alta cultura letrada e o fato de que nada tinham de materialistas ou efêmeras. (Prado, 2008, p.605)

A nova república brasileira não partilhou desse repúdio ao intervencionismo e à agressividade estadunidense. Ao contrário, as relações entre o Brasil e os Estados Unidos atingiriam rapidamente o patamar da "aliança não escrita" caracterizada por Burns (1966). Somente nas últimas décadas do século XX assistiu-se a uma real integração do Brasil a uma identidade latino-americana, contraposta aos Estados Unidos.

7
Rompendo com o barão?

> Quem não gosta de samba bom sujeito não é
> É ruim da cabeça ou doente do pé.
>
> Dorival Caymmi (1940)

Não resta dúvida de que, ao se iniciar a segunda metade do século XX, a ideia de uma nacionalidade brasileira já estava presente como o principal elemento identitário entre os habitantes do país. Tampouco é discutível que esse sentimento compartilhado já era o principal vetor de legitimação do Estado. Assim, a pergunta que cabe é: em que medida essa nacionalidade estava consolidada? Até que ponto existia (ou mesmo, existe hoje) uma nação "completa", incluindo todos os brasileiros, sem distinção de raça, credo ou condição social?

O mito da democracia racial brasileira foi decisivamente posto em questão com o estudo sobre relações raciais no Brasil realizado, entre 1950 e 1953, sob o patrocínio da UNESCO. A pesquisa, que deveria fornecer subsídios para a difusão das relações raciais no Brasil como um modelo para o mundo, acabou por realçar a existência de uma forte correlação entre as questões de "raça" e "cor" e as condições de pobreza e oportunidades de ascensão social. O surto desenvolvimentista experimentado pelo país desde a década de 1930 acentuou as desigualdades regionais e sociais. A progressiva industrialização traduziu-se na aceleração do êxodo rural e no inchaço das periferias das grandes cidades. A modernização do país se dava de modo desequilibrado e acentuava as diferenças entre os brasileiros.

Existia um sentimento de nacionalidade, compartilhado pela grande massa da população, mas até que ponto todos os brasileiros participavam efetivamente dessa nação? Que nação era essa? Como um país marcado por desigualdades tão extremas poderia constituir-se em uma nação "verdadeira"?

As nações são construções ideológicas, expressas em discursos identitários articulados com bases mais ou menos sólidas, de acordo com cada caso, e traduzidos em narrativas de um passado comum, de interesses coletivos e de um projeto futuro. Em sentido estrito, as nações não são – em nenhum caso – "reais" ou "verdadeiras". Isso não quer dizer que os sentimentos nacionalistas não existam ou que sejam, de alguma forma, ilusórios ou ilegítimos. Em nome da nação são realizados extraordinários sacrifícios pessoais e cometidos crimes terríveis. A história dos dois últimos séculos testemunha abundantemente massacres e atos de extraordinária solidariedade e desprendimento pessoal realizados em nome da nação, das "limpezas étnicas" aos sacrifícios mais comovedores.

Uma das ideias-chave do pensamento nacionalista é o pretenso valor da nação como identidade categórica. Como outras identidades construídas desde o século XVIII – raça, gênero, orientação sexual, classe etc. –, a nacionalidade serve como elemento redutor da diversidade de uma população a um critério único, representado como a essência desse grupo e como sua característica crucial. O passo seguinte é mostrar esse elemento identitário como um iniludível e, em alguns casos, imutável dado da natureza (ou da história). Nesse raciocínio, todas as pessoas devem pertencer a uma única e determinada raça, uma orientação sexual, um gênero específico, a uma classe e a uma única nação. Segundo cada perspectiva, uma identidade específica prevaleceria sobre todas as outras.

Num mundo de nações, cada indivíduo pertenceria a uma, e somente a uma, nação, a qual deverá dedicar sua lealdade, acima de qualquer outra forma de identidade. A nacionalidade seria, para cada um, a fonte primária de autocompreensão.

> No discurso nacionalista, cada um é simplesmente chinês, francês ou eritreu. O indivíduo não requer a mediação da família, da comunidade, da religião ou de sua classe para ser membro da nação. A nacionalidade é entendida como um atributo do indivíduo, não de associações intermediárias. Este modo de pensar reforça a ideia da nacionalidade como o ás de espadas no jogo da identidade. Ainda que não as impeça, a maioria das ideologias nacionalistas sustenta que, ao menos em tempos de necessidade e crise nacional, a nacionalidade anula outras formas de autocompreensão. Em um sentido foucaultiano, portanto, entende-se a nacionalidade como inscrita no próprio corpo do indivíduo moderno. Uma pessoa sem um país deve, portanto, ser pensada não só como sem lugar no mundo exterior, mas também como sem um eu adequado. (Calhoun, 2007, p.83)

A prevalência do discurso e do sentimento nacionalista, portanto, atenua as demais identidades e ajuda a mascarar as contradições sociais e as clivagens de um dado grupo, entendido primariamente como "nacional". A nação "ideal" seria uma comunidade imaginada marcada pela fraternidade, pelo culto a uma tradição e uma cultura compartida, assim como pelo desprendimento individual em busca do bem comum e do futuro daquela nação. Esta não é, naturalmente, a situação em nenhuma das nações "reais". Vale ressaltar que o caráter integrador do discurso nacional não se traduz necessariamente em maior justiça social, ainda que situações sociais extremamente polarizadas retirem a eficácia do discurso nacionalista. O sucesso do argumento nacionalista não é medido pelo grau real de integração ou homogeneidade de uma dada população, ou pela ausência de contrastes sociais ou graves injustiças. A força do nacionalismo está na medida em que a população que pertence a uma determinada nação se imagina como primordialmente nacional, tendo essa condição "nacional" como característica definidora, acima de suas contradições reais.

Nesse sentido, por exemplo, o Brasil imperial certamente não poderia ser entendido como uma nação, pois grande parte da população não podia se imaginar "brasileira" antes de sua condição, no caso extremo, de escrava. Eram identidades incompatíveis: a própria Constituição do Império não incluía os escravos na cidadania. É inconcebível que o escravo pudesse ter sua "brasilidade" como uma identidade categórica, sobreposta à sua condição de cativo. Mas essa, certamente, não é a situação brasileira desde a segunda metade do século passado. Apesar das imensas desigualdades e contrastes, é muito difícil negar a ampla disseminação, social e geográfica, de um sentimento de afeição e lealdade a uma ideia de nação que uniria todos os brasileiros. Se a casa grande e a senzala não podiam ser uma nação, a cidade e o morro, sim, podem. A nação brasileira contemporânea, certamente, não está próxima ao modelo ideal de nação como um corpo homogêneo, marcado pela irmandade, livre de contradições e conflitos. Por outro lado, nenhuma nação "real" passaria por esse teste e o ponto não é este, na verdade. O discurso sobre a nação incompleta e excludente, sobre a necessidade de completar o "longo processo histórico, que continua em nossos dias e ainda não terminou" de construção da nação brasileira, retrata com muito acerto as desigualdades e injustiças da sociedade brasileira. Mas esses problemas – que, naturalmente, são reais e devem ser enfrentados – não impedem que os habitantes do Brasil contemporâneo se sintam categoricamente brasileiros, sejam eles ricos ou pobres; brancos, mulatos ou negros; homens ou mulheres; explorados ou exploradores. A identidade nacional brasileira, após uma longa trajetória, certamente é bastante real para que não se possa duvidar da existência (na medida em que as nações, de fato, existem...) de uma identidade nacional brasileira bastante consolidada e operacional.

É um fato que algumas identidades, e algumas nações, são mais persuasivas do que outras. Os Estados logram consolidar a lealdade de seus cidadãos com diferentes graus de sucesso. Inclusive, alguns Estados falham nessa tarefa e se desintegram. A consolidação de uma comunidade imaginada bastante bem estruturada num país de dimensões territoriais como o Brasil, com suas graves e históricas desigualdades regionais e sociais, é um feito extraordinário, sem nenhuma dúvida. O discurso sobre o "brasileiro", como vimos, estruturou-se de diversas formas, mas só assumiu uma feição perfeitamente nacionalista após a proclamação da República. A ação do Estado na propagação desse sentimento intensificou-se notavelmente a partir da década de 1930, já contando com meios de comunicação de massa modernos, como o rádio e, depois, a televisão. Não se pode precisar o momento em que a ideia de nacionalidade passou a ser o elemento identitário primordial, a identidade categórica da população sob a égide do Estado brasileiro, mas pelo menos desde o início da segunda metade do século XX, no "plebiscito diário" que, nas palavras de Renan, define a nacionalidade, essas pessoas se sentem definitivamente brasileiras.

Tampouco se pode definir claramente o conteúdo dessa noção de "brasilidade". A ideia do que seria o brasileiro variou substancialmente ao longo dos quase dois séculos de invenção do Brasil. Como vimos, no início confundia-se com ser súdito do ramo "brasileiro" dos Orleans e Bragança, ser cristão, não ser hispano ou africano etc. Depois, discutiu-se uma raça "brasileira", seja sob o ponto de vista da originalidade do mestiço brasileiro, seja pela necessidade de redenção dessa raça pelo branqueamento. No século XX, chega a vez da cultura como elemento de definição, mas muitas vezes quase confundida ainda com a ideia de raça. Mais adiante, a superação do atraso pelo desenvolvimento econômico foi vista como o vetor dessa nacionalidade. Ao longo dessa trajetória, o "brasileiro" foi doente, triste, sensual, alegre, cordial, trabalhador, vadio etc., em longo rol de características desencontradas e, muitas vezes, contraditórias.

Haveria um caráter nacional brasileiro? É possível, em última análise, a existência em si de um caráter especial e diferenciado para cada nacionalidade? Nascer brasileiro, suíço ou chinês, de alguma forma, cria uma tendência para que as pessoas sejam mais ou menos sérias, alegres ou tristes, trabalhadoras ou preguiçosas?

A resposta não está, naturalmente, em nenhuma predisposição genética, mas pode-se admitir que existam *ethos* coletivos criados pela cultura e pela ação das instituições que, em cada caso, reforçam determinados comportamentos e perfis psicológicos. Há uma necessidade inata nos seres humanos de tentar se identificar com seu ambiente social, internalizando os costumes e as atitudes dos demais. As pessoas buscam se identificar com seu entorno, consolidar e proteger as identidades que adquiriram. Assim, por exemplo, os brasileiros, diferentemente do povo triste de então, seriam mais alegres do que tristes, pois, afinal de contas, como no samba de 1940, composto por Caymmi: "Quem não gosta de samba bom sujeito não é / É ruim da cabeça ou doente do pé". A socialização dos brasileiros num ambiente cultural e institucional em que determinados comportamentos e atitudes são valorizados socialmente – por exemplo, ser alegre e gostar de samba – confere uma dimensão real e visibilidade a um "caráter nacional" brasileiro. Mas esse caráter nacional é um produto histórico, maleável, e está em constante fluxo. Os brasileiros de outrora não se reconheceriam nos de hoje, e estes estranharão os de amanhã.

Nesse sentido, a construção da nação nunca estará completa. Os conteúdos e as expressões do que seria "autenticamente" nacional estão em permanente mutação, de acordo com circunstâncias históricas específicas.[1] Muitos fatores influem nessa evolução. A ideia da nação como identidade primordial é um produto da modernidade e está muito associada ao Estado contemporâneo. Essa relação está em constante redefinição. A nação nunca estará terminada, completa.

> Uma vez que a maioria das pessoas tenha se identificado com seu Estado-nação, a família e outros grupos sociais tenderão a socializar as novas gerações de acordo com essa identidade. É necessário esclarecer, entretanto, que a construção da nação não estará terminada. Não apenas cada nova geração necessita ser socializada para a continuidade da comunidade nacional. No curso de cada geração, a constelação de realidades socioeconômicas e políticas está em constante mudança. Como o imperativo identitário está sempre buscando maximizar a segurança psicológica, novas identidades e novas lealdades podem surgir. Identidades étnicas periféricas que estavam aparentemente mortas podem reemergir, e demandas regionais podem subitamente criar fortes demandas sobre o governo central. Do mesmo modo, uma revolução pode ameaçar o Estado que ignore a dinâmica identitária de uma classe. (Bloom, 1993, p.71)

O Estado-nação é um produto de transformações históricas que tomaram forma nos séculos XVIII e XIX, mas esse modelo só se firmou como referência inescapável e verdadeiramente global ao longo do século XX. Somente após a Segunda Guerra Mundial, os impérios coloniais europeus (onde Estados estrangeiros dominavam povos e territórios que poucas afinidades tinham com as nações europeias e tampouco eram, em si, nações) ruíram rapidamente. A fórmula do Estado-nação como única unidade

---

1 O inesquecível Policarpo Quaresma, com a argúcia de Lima Barreto, demonstrou o impraticável dessa busca do caráter verdadeiramente original e imutável da brasilidade ao pedir que o Congresso Nacional decretasse o tupi-guarani como língua oficial e nacional do povo brasileiro.

política legítima no contexto internacional consolidou-se com o processo de descolonização e invenção de muitas dezenas de novas "nações", frequentemente desenhadas com contornos territoriais, culturais e étnicos totalmente arbitrários. No mundo contemporâneo, a única forma política legítima no plano internacional são os Estados nacionais e, assim, as antigas colônias, libertas do jugo estrangeiro, tiveram de se inventar como nações para participar desse mundo. Esses novos Estados se apoiaram em exortações anticolonialistas e anti-imperialistas e esses discursos, em cada caso particular, passaram a conter conteúdos nacionalistas que não preexistiam e começaram a invocar histórias nacionais e etnicidades que pouco sentido teriam, ou mesmo seriam absolutamente incompreensíveis, antes da ação europeia.

> *A ideia de nação é inerentemente internacional e funciona, em parte, contrapondo as nações entre elas.* A retórica nacionalista oferece uma forma de conceituar a identidade de qualquer país que pressupõe a existência de outras unidades mais ou menos comparáveis. Antes da ascensão do nacionalismo, muitas variedades de agrupamentos sociais e políticos coexistiam sem necessidade de debate ou de reclamar equivalência: cidades-Estados, principados, tribos, reinos etc. (Calhoun, 2007, p.158, grifo meu)

As nações existem no contexto do nacionalismo, do discurso que as torna a única forma legítima de demarcar os limites, inclusive territoriais, de um povo, e como tal população deve ser definida em termos de um sistema mundial mais abrangente. No contexto global em que os Estados se expressam em termos nacionalistas, a evolução de cada nacionalismo particular não pode deixar de levar em conta essa realidade externa. Além de suprir a visão do "outro", necessária à autodefinição de cada nação, as transformações nas relações internacionais influem em grupos e indivíduos dentro de cada Estado. Por um lado, forças externas podem contribuir para enfraquecer a identidade nacional. Por outro, no entanto, a competição entre países num mundo dominado por Estados-nações potencializa as já enormes vantagens que cada Estado possui sobre outras entidades que possam competir pela lealdade da cidadania. O Estado, além do monopólio do uso legítimo da força, tem a seu dispor uma ampla gama de instrumentos para sancionar ou recompensar o que venha a definir como atitudes leais ou desleais (desde prender quem não paga seus impostos até enviar compulsoriamente seus cidadãos ao campo de batalha). Maneja, ainda, um extenso inventário de aparatos ideológicos e simbólicos: escolas públicas, monumentos, hinos, bandeiras, festas, competições esportivas etc. A competição externa e, no caso extremo, a guerra com outros Estados passaram a ser um elemento adicional, mas crucial, no manejo das identidades nacionais. "Vale a pena ressaltar que a natureza do mundo contemporâneo torna o conflito *explícito* e a ameaça externa desnecessários para a construção da nação. Isso porque o sistema internacional moderno provê imagens sempre presentes de competição e ameaça" (Bloom, 1993, p.73-4, grifo no original).

O mapa-múndi contemporâneo é composto de um mosaico de países que cobre praticamente toda a superfície terrestre. Esta, porém, é uma realidade bastante recente. A descolonização da África e de grande parte da Ásia, por exemplo, é um processo que ocorreu apenas no pós-guerra. A primeira onda de nacionalismos, de fins do século XVIII ao século XIX, criou nações basicamente na Europa e nas Américas. Somente nessa segunda onda as nações se espalhariam por todo o globo. Nesse contexto de nações em que vivemos, o discurso do nacionalismo leva necessariamente em conta seu entorno internacional. Se, em alguma medida, isso é verdadeiro desde os primórdios dos nacionalismos europeus e americanos, hoje em dia se tornou um dado crucial. Além da necessária alteridade para uma autodefinição, o sistema internacional é composto de "campos identitários" que se tornam um elemento básico nas identidades nacionais: monarquia ou república, sistema capitalista ou socialista, ocidental ou não ocidental, desenvolvido ou subdesenvolvido, americano, latino-americano ou sul-americano.

A importância relativa de cada um desses campos identitários é produto direto dos contextos históricos específicos. A dicotomia entre monarquias e repúblicas, por exemplo, era um elemento fundamental das identidades internacionais no período entre fins do século XVIII e meados do século XIX. Hoje, no entanto, é intranscendente a diferença entre as monarquias contemporâneas, que já se "nacionalizaram", e as repúblicas. Do mesmo modo, por exemplo, ainda que a Revolução Russa, já em 1917, tenha antecipado uma identidade internacional socialista, somente nos anos da Guerra Fria esse campo identitário ganhou o protagonismo mundial que teve durante o conflito Leste-Oeste.

A política externa de um país constitui-se, portanto, em elemento fundamental da identidade de uma nação. No caso brasileiro, a consolidação de algumas diretrizes identificadas com Rio Branco deu consistência, durabilidade e contornos definidos a determinada identidade internacional. A herança do Barão foi sendo continuamente reivindicada por seus sucessores, ainda que ganhando novas dimensões, como a questão do desenvolvimento. Só haverá uma real ruptura com esse paradigma a partir da década de 1960, com a chamada Política Externa Independente (PEI), de Jânio Quadros e João Goulart. Mas, ainda assim, como assinalou Ricupero,

> (...) mesmo os mais jacobinos defensores da "política externa independente" não ousariam dissociar-se aberta e francamente da paralisadora herança do Barão. Nisso seriam até obedientes ao seu espírito, ele que raramente admitia inovar alguma coisa, esforçando-se em apresentar ênfases novas (o estreitamento das relações com os Estados Unidos, por exemplo) como a inalterada continuação da diplomacia do Império, o que não era bem verdade. O melhor será talvez reconhecer que Rio Branco está para a política exterior do Brasil como Washington e os demais "Founding Fathers" estão para a Constituição da nação norte-americana: a

referência obrigatória, o horizonte incontornável. (Ricupero apud Barreto Filho, 2006, p.15-6)

Com a PEI, o Brasil abandonou a aliança não escrita com os Estados Unidos e passou a se identificar concretamente com os países em desenvolvimento. Além dos países latino-americanos, a PEI incorporou na identidade brasileira uma afinidade com países da Ásia e da África. Advogou abertamente em prol da descolonização e, inclusive, fez aberturas para os países do Leste Europeu. Os porta-vozes da política externa brasileira passaram a dar destaque ao conflito Norte-Sul, que adquiriu preeminência sobre a divisão entre Leste e Oeste. O chanceler Affonso Arinos, em seu discurso perante a XVI Sessão da Assembleia Geral da ONU, em 1961, disse:

> O mundo não está somente dividido em Leste e Oeste. Essa separação ideológica faz esquecer a existência de outra divisão, não ideológica, mas econômico-social, que distancia o Hemisfério Norte do Hemisfério Sul. Se a aproximação entre Leste e Oeste poderia ser atingida em termos de acomodação ideológica, a diminuição da enorme diferença entre Norte e Sul só será alcançada planejadamente, através do auxílio eficaz dos países desenvolvidos do Norte aos povos subdesenvolvidos do Sul. (apud Seixas Corrêa, 1995, p.143)

O discurso mais representativo e talvez mais importante desse período foi, no entanto, o pronunciado pelo chanceler João Augusto de Araújo Castro na Sessão de Abertura da Assembleia Geral de 1963. Nesse pronunciamento, Araújo Castro empenhou-se em "identificar afinidades fundamentais que operassem como fatores de coesão entre os países desejosos de superar os constrangimentos da confrontação ideológica" (Seixas Corrêa, 1995, p.158). Essas afinidades, que criavam uma forte dimensão de identidade entre os países em desenvolvimento, eram os três Ds: Desarmamento, Desenvolvimento e Descolonização. No entendimento de Araújo Castro, a superação da crise dos mísseis em Cuba, de outubro do ano anterior, teria franqueado novos espaços de manobra para os países em desenvolvimento. Perante a Assembleia Geral, ele explicou que "nem tudo é Este ou Oeste nas Nações Unidas de 1963. O mundo possui outros pontos cardinais. Esses termos, que dominavam toda a política internacional há até pouco tempo, poderão eventualmente ser devolvidos à área da Geografia" (apud Seixas Corrêa, 1995, p.162).

Araújo Castro subordinou, inclusive, a identidade americana e latino-americana do Brasil (ao menos no contexto da ONU) à condição de país em desenvolvimento. Durante a vigência da PEI, viveram-se os momentos decisivos da questão cubana e seus desdobramentos para as relações interamericanas. A exclusão de Cuba do sistema interamericano com base na pretensa incompatibilidade de seu sistema político com os preceitos americanos é um episódio que revelou, em toda a sua magnitude, a importância e o manejo da questão das identidades no plano internacional.

A identidade continental americana, recriada pelos Estados Unidos no contexto da Guerra Fria, contava com o anticomunismo como um de seus principais pilares. Concertou-se, para o conforto estadunidense, a ideia de que o continente, como campo identitário, era incompatível com governos socialistas – noção que deu suporte ideológico e político às intervenções, abertas ou veladas, dos Estados Unidos na região. A identidade continental era, nesse sentido, claramente uma forma de controle. A gradual definição de Fidel Castro em prol de uma identidade socialista e anti-imperialista punha em xeque a identidade "americana" da ilha. Os Estados Unidos reagiram, no plano diplomático, buscando excluir Cuba do sistema interamericano, expulsando-a da OEA e, se possível, propiciando uma intervenção militar com forças de outros países americanos para derrubar o governo de Castro (na linha do que ocorreria depois na República Dominicana, com tropas brasileiras, inclusive).

Em janeiro de 1962 realizou-se, em Punta del Este, uma reunião de consultas dos chanceleres da OEA para discutir a questão cubana. A posição brasileira, anunciada com antecipação pelo chanceler San Tiago Dantas, indicava que o anúncio de Fidel Castro sobre a instalação de um regime marxista-leninista na ilha criava "profunda divergência, e mesmo incompatibilidades, entre a política do governo de Cuba e os princípios democráticos em que se baseia o sistema interamericano" (Dantas, 1962, p.105). No entanto, o Brasil se oporia ao estabelecimento de sanções de qualquer tipo e rejeitaria qualquer tipo de ação militar contra o regime cubano. Dantas adiantou que não aceitaria "fórmulas intervencionistas ou punitivas, que não encontram fundamento jurídico, e produzem, como resultado prático, apenas o agravamento das paixões e a exacerbação das incompatibilidades" (Dantas, 1962, p.106). Nem mesmo a suspensão de Cuba da OEA seria apoiada pelo Brasil.

A posição anunciada pelo chanceler de João Goulart parecia contrariar frontalmente um dos dogmas mais caros do evangelho do Barão, a aliança não escrita com os Estados Unidos, a respeito de um tema situado no topo da agenda estadunidense. Contra essa heresia, quatro ex-chanceleres (Macedo Soares, João Neves da Fontoura, Vicente Ráo e Horácio Lafer) publicaram no jornal *O Globo* uma carta aberta invocando o Barão e Nabuco para exigir o alinhamento com o tradicional aliado:

> O que não nos parece acertado nem conveniente é a posição resignatária de cruzar os braços. Até por instinto de conservação têm as repúblicas americanas de tomar atitude que, sem ferir o princípio da não intervenção, isole Cuba do nosso convívio político, através do rompimento coletivo de relações diplomáticas, que a elimine da OEA, enquanto durar a ditadura fidelista, sobretudo, porque não é lícito invocar o preceito da autodeterminação para justificar, sob a capa da neutralidade, o descumprimento de compromissos soberanamente assumidos por todos e pelo Brasil.
>
> Dirigindo-nos ao governo da República para rogar-lhe que considere as questões em debate no resguardo *da posição tradicional do Brasil, sempre na primeira linha dos construtores da OEA, de sustentá-*

culo da unidade continental, sob a égide de duas grandes memórias – Rio Branco, Joaquim Nabuco – e não nos anima outro pensamento senão colaboramos para o lustre de nossa Pátria e o bom nome de seu governo. (apud Dantas, 1962, p.114, grifo meu)

A invocação do evangelho e dos santos foi em vão e o Brasil (junto com Argentina, Chile, Bolívia, Equador e México) absteve--se na votação pela suspensão de Cuba da OEA. A repercussão dessa heresia foi tanta que acabou sendo explicada pelo próprio chanceler San Tiago Dantas em cadeia nacional de rádio e tele-visão no dia 5 de fevereiro de 1962. Pela primeira (e única) vez, um voto brasileiro numa reunião internacional mereceu essa distinção. Como nas guerras religiosas do passado, em que os dois lados invocavam a proteção de Deus para suas respectivas causas, Dantas apelou também para os santos – neste caso, o Barão e Rui Barbosa – e terminou sua defesa em cadeia nacional de rádio e televisão explicando que:

> Não posso deixar de abrigar-me à sombra de um precedente ilustre porque, mesmo para os que se dispõem a enfrentar fria-mente o cumprimento do dever, é sempre de um grande conforto moral sentirem atrás de si um exemplo que os encoraja. Não posso deixar de lembrar Rui Barbosa, na Conferência de Haia, em 1907, certamente o maior certame internacional, quanto à intensidade com que se projetou na opinião pública do nosso país. O maior êxito da diplomacia brasileira: Rui Barbosa viu-se na contingência de sustentar na tese crucial daquela Conferência, que era a criação de um Tribunal Permanente de Arbitragem, uma tese de ordem jurídica contra a qual se colocavam os Oito Grandes da época. Tratava-se da igualdade entre os pequenos e os grandes Estados. Rui Barbosa defendeu o princípio da igualdade contra aqueles que pretendiam uma fórmula de participação desigual. E houve um momento em que nosso grande embaixador naquele certame enfrentou a dura, a difícil situação de se ver seduzido a votar vencido, contra todos os outros Estados. *Neste momento falou-lhe a voz da Chancelaria brasileira, expressa não por outro senão pelo Barão do*

Rio Branco, nesses termos inesquecíveis: "Agora que não podemos ocultar a nossa divergência com a delegação norte-americana, cumpre-nos tomar aí, francamente, a defesa do nosso direito e o das demais nações americanas". (Dantas, 1962, p.181-2, grifo meu)

A posição brasileira em relação a Cuba, no entanto, evoluiu ainda no decorrer de 1962. Em outubro daquele ano, no contexto da crise dos mísseis, os Estados Unidos solicitaram a aprovação da OEA, com base no Tratado do Rio de Janeiro, para o bloqueio de armas à ilha e para o eventual uso da força. O Brasil votou pelo bloqueio, mas manteve-se fiel à posição de não apoiar o uso de meios militares contra Cuba. No dia 23 de outubro, o novo chanceler, Hermes Lima, declarou textualmente que Cuba tinha "o direito de levar a cabo a sua experiência política" e acrescentou que o *"fato de existir um regime socialista em Cuba não significa que não seja um regime americano"* (apud Barreto Filho, 2001, p.264-5, grifo meu).

O impasse foi rompido com o recuo cubano-soviético, mas o episódio deixou claro que as identidades construídas no plano do discurso diplomático têm consequências políticas importantes. Ainda que no auge da crise o Brasil tenha admitido romper com a equação que excluía a possibilidade de um país ser ao mesmo tempo socialista e americano, foi essa a linha de argumentação que presidiu a suspensão de Cuba do sistema interamericano. Mesmo que fosse arguido o caráter não democrático do regime cubano (que, certamente, não podia e não pode ser qualificado como uma democracia), o cerne da questão estava na vertente socialista da experiência cubana – pois antes e depois de 1962 outros governos manifestamente ditatoriais não sofreram a ameaça de expulsão do sistema interamericano. Com o golpe de 1964 e o início do governo do general Castello Branco, essas heresias da política externa brasileira seriam temporariamente revertidas, mas já havia sido quebrado o encanto e, progressivamente, ainda durante os governos militares, a política externa voltaria às teses esposadas durante o período da PEI.

Ainda que o cenário internacional, após a crise dos mísseis, tenha passado a se caracterizar pela progressiva *détente* entre os dois grandes blocos da Guerra Fria, a visão de mundo imposta pelo governo Castello Branco recuperou a ideia de uma bipolarização rígida no plano internacional. Nesse enfoque, uma política externa independente não seria factível na prática, pois haveria a necessidade de reconhecer certo grau de interdependência nos planos militar, econômico e político, dentro de cada bloco. A única política possível para o Brasil, nesses termos, era a firme adesão ao bloco ocidental, tendo como contrapartida a expectativa de um tratamento generoso – em termos de comércio, investimentos e assistência – por parte das potências ocidentais, e em especial dos Estados Unidos. Embora advertisse a necessidade de "fazer distinção entre os interesses básicos de preservação do sistema ocidental e os interesses específicos de uma grande potência", o presidente Castello Branco pregava o alinhamento brasileiro às posições dos Estados Unidos, resumindo as prioridades da política externa de seu governo conforme o esquema de círculos concêntricos. Em discurso pronunciado por ocasião das comemorações do Dia do Diplomata, em julho de 1964, o presidente Castello Branco expôs a nova doutrina, de forma sistemática, pela primeira vez: "O interesse do Brasil coincide, em muitos casos, em círculos concêntricos, com o da América Latina, do continente americano e da comunidade ocidental" (apud Seixas Corrêa, 1995, p.186).

O discurso diplomático no período Castello Branco manteve, ainda que bastante matizado, o reconhecimento das especificidades dos países em desenvolvimento. Foi, no entanto, o caráter "americano", traduzido no alinhamento aos Estados Unidos, o ponto mais realçado da identidade internacional brasileira. Esse americanismo teve como medidas práticas o rompimento diplomático com Cuba, em 13 de maio de 1964; o apoio às propostas de sanções contra a ilha (com base no TIAR), em represália ao apoio cubano à subversão na Venezuela; e a ativa participação brasileira no comando das forças interamericanas de paz que intervieram na República Dominicana em 1965.

Em termos de diplomacia econômica, no entanto, foi preservada alguma margem de manobra em relação aos Estados Unidos, com as delegações brasileiras no GATT e na UNCTAD defendendo a doutrina da "segurança econômica coletiva" e, inclusive, confirmando a participação brasileira no G-77. Essa perspectiva foi reafirmada no discurso pronunciado pelo ministro Juracy Magalhães, em 1966, na Assembleia Geral da ONU:

> Longe de nós advogar qualquer forma de "luta de classes" entre nações, opondo aqueles que "têm" aos que "não têm". Tal confrontação seria não apenas estéril como também definitivamente prejudicial à causa da unidade e da amizade entre nações e ao interesse da humanidade. Contudo, preciso enfatizar com igual firmeza que não seria menos desastroso rejeitar a verdade evidente de que é necessária uma cooperação estreita e inteligente entre Estados desenvolvidos e menos desenvolvidos, no interesse de todos. Eu falo em cooperação "inteligente", porque já está bem tarde para se propor fórmulas inadequadas ou se aplicar táticas evasivas a um problema que não pode ser negado e não tolera adiamentos. Seria mesmo uma loucura, e uma loucura perigosa, rejeitar o postulado de que a conquista de uma taxa adequada de desenvolvimento econômico e de um grau adequado de bem-estar social e segurança é a preocupação comum de toda a humanidade. (apud Seixas Corrêa, 1995, p.210-1)

O governo do general Costa e Silva inaugurou a "diplomacia da prosperidade", que abandonou as determinações da bipolarização rígida no cenário internacional e resgatou a ênfase da política externa brasileira na questão do desenvolvimento econômico. O ministro Magalhães Pinto – ao condenar a invasão da Tchecoslováquia por forças soviéticas, o fracasso da II UNCTAD e a pouca evolução na questão do controle da proliferação nuclear vertical – advertiu a Assembleia Geral da ONU contra "uma condenável tendência de reversão à mais primitiva das lógicas: a lógica da força". Ele acrescentou que esses acontecimentos "ameaçam devolver-nos a uma atmosfera de Guerra Fria, *que consideramos ultrapassada*" (apud Seixas Corrêa, 1995, p.228, grifo meu). A identificação primordial do Brasil voltou a ser com os países em desenvolvimento. O evangelho do Barão seguia vivo como uma referência retórica, mas dele já se podia afastar outra vez.

No período do general Emílio Garrastazu Médici, com a aceleração do crescimento econômico, a política externa, então batizada de "diplomacia do interesse nacional", passou a incorporar a ideia do Brasil como potência emergente que, ainda que continuasse a apoiar a transformação da ordem internacional, estava "preparada para assumir as responsabilidades que lhe competem no tocante aos países de menor desenvolvimento relativo, tanto no plano bilateral quanto no multilateral" (Mário Gibson Barbosa apud Seixas Corrêa, 1995, p.266). Houve ainda um progressivo retorno da dimensão latino-americana à identidade internacional brasileira. Conforme assinalou o chanceler Gibson Barbosa em discurso na ONU, em 1973, além da preocupação com o desenvolvimento, "dominante da política externa do Brasil", o país, "consciente de suas responsabilidades e de seus encargos globais", tinha como orientação prioritária "uma íntima cooperação com todos os países em desenvolvimento e, especialmente, com os da América Latina" (apud Seixas Corrêa, 1995, p.292). A ideia de potência regional ressurgiu no discurso nacionalista brasileiro, apontando o país como líder natural da América Latina. A noção do Brasil como intermediário necessário entre a América Latina os Estados Unidos e as demais potências mundiais já tinha sido explorada na República Velha: na Liga das Nações e como um componente da "aliança não escrita". Retomava-se também a ideia de Brasil "país do futuro", atualizada sob o impacto do discurso sobre o "milagre brasileiro".

A política do "pragmatismo responsável" do general Geisel, com as dificuldades decorrentes da crise do petróleo e das crescentes fricções com os Estados Unidos, acentuou a identificação do Brasil com os países do Terceiro Mundo e com a América Latina. Em termos regionais, no entanto, acirrou-se a discussão com a Argentina sobre o aproveitamento energético dos rios da Bacia do Prata. A diplomacia brasileira tomou a iniciativa de propor aos países amazônicos um tratado similar ao alcançado na Bacia do Prata. Em consequência, o Tratado de Cooperação Amazônica foi firmado, em julho de 1978, entre Brasil, Bolívia, Colômbia, Equador, Guiana, Peru, Suriname e Venezuela.

Com a assinatura do Acordo Tripartite Brasil-Argentina-Paraguai, foi resolvida, já durante o governo do general João Figueiredo, a questão com a Argentina, o que permitiu uma maior aproximação entre os dois países. Ao fim dos governos militares, o Brasil tinha assumido posições fortemente terceiro-mundistas, com clara identificação com os países em desenvolvimento e ênfase na identidade latino-americana do país. Assim, no discurso de abertura da Assembleia Geral da ONU em 1979, o chanceler Saraiva Guerreiro sublinhou que o Brasil estava "pronto a cooperar e é nosso interesse que a paz e o descontraimento prevaleçam em nossa região e que os países da América Latina possam enfrentar, ombro a ombro, a luta comum pelo desenvolvimento" (apud Seixas Corrêa, 1995, p.355). O engajamento brasileiro na busca de uma nova ordem econômica internacional não estava previsto no evangelho do Barão. Afora isso, pouco restava da "aliança não escrita". Agravaram-se os conflitos e desencontros nas relações entre o Brasil e os Estados Unidos, constantes desde a década de 1970. Ao longo dos governos militares, entre outras questões, os contenciosos nas áreas de patentes e da indústria de informática, o programa nuclear brasileiro e as questões relativas à proteção dos direitos humanos dificultaram a fluidez das relações bilaterais.

O fracasso da reunião de Cancún (outubro de 1981) minou o diálogo Norte-Sul – enterrado, na mesma cidade, na reunião do G-7 de 1985 – e sua reativação foi uma demanda presente nos discursos brasileiros até o fim do governo Figueiredo. Por outro lado, a Guerra das Malvinas, em 1982, enfraqueceu ainda mais a retórica americanista, na medida em que os Estados Unidos, em desacordo ao estabelecido no TIAR, apoiaram abertamente a Grã-Bretanha, uma potência extrarregional, contra a Argentina.

Na década de 1970, com a crise do petróleo e a ação concertada da OPEP (Organização dos Países Exportadores de Petróleo), o conflito Norte-Sul atingiu seu ápice. Paradoxalmente, o poder demonstrado pelos exportadores de petróleo serviu para desarticular o movimento terceiro-mundista. Ficou clara uma divisão real dos países do Sul, entre os que produziam petróleo e obtinham resultados concretos com o aumento dos preços do produto e os países importadores. O sucesso obtido com o petróleo, ainda que momentâneo, não se repetiu em outros produtos de base que viram suas organizações falharem; em alguns casos, de forma espetacular, como foi, por exemplo, a dissolução do Conselho Internacional do Estanho, em outubro de 1985. De modo geral, as tentativas de regulação da oferta e sustentação de preços ficaram muito aquém do esperado em produtos tão diversos como café, bauxita, cobre, juta, açúcar, banana, cacau, borracha, algodão, minério de ferro e outros. O fracasso generalizado das tentativas de regulação dos mercados de produtos de base, o surto de crescimento de algumas economias em desenvolvimento (especialmente os "Tigres Asiáticos") e o aparecimento nos países desenvolvidos de novas lideranças internacionais (Reagan, Thatcher, Kohl), que adotaram como plataforma política um liberalismo radical, acabaram por sepultar o discurso terceiro-mundista que reivindicava uma nova ordem econômica.

À crise do ideal terceiro-mundista seguiu-se, por razões distintas, o fim do conflito Leste-Oeste com a queda do Muro de Berlim e a dissolução da União Soviética. A consolidação da hegemonia das políticas liberais nos países desenvolvidos traduziu-se em uma onda de privatizações, desregulamentação, reestruturação das relações trabalhistas e outras medidas que logo foram adotadas também em grande parte dos países em desenvolvimento. A própria noção de países em desenvolvimento (ou subdesenvolvidos) foi questionada e não mais nos termos dos teóricos da modernização, como uma fase do percurso histórico em direção às condições sociais e econômicas dos países ricos. Nessa nova leitura ideológica, a pobreza de indivíduos e nações passou a derivar da aplicação imperfeita das regras do mercado – um "incômodo transitório" até que o pleno funcionamento dos mercados livres gerasse a superação dessa condição.

O cenário internacional pós-Guerra Fria teve como moldura ideológica concepções como as de Francis Fukuyama (1992), que, em 1989, publicou na revista *National Interest* seu famoso artigo *"The End of History"*. A vitória do capitalismo e da democracia ocidentais teria criado um ambiente internacional homogêneo em que o livre funcionamento dos mercados regularia a economia e, no plano político, a democracia liberal teria passado a ser um modelo inescapável. Nesse contexto, os países em desenvolvimento começaram a ser avaliados pela dimensão e o dinamismo de seus mercados: alguns emergentes, outros nem isso.

Por outro lado, a redemocratização dos países latino-americanos (entre eles, o Brasil), somada à crescente marginalização da região e aos problemas econômicos comuns, como o alto endividamento externo, criou um contexto favorável para o reforço da identidade latino-americana. No governo Sarney, aprofundou-se o diálogo com os demais países do continente (especialmente, a Argentina), tendência que já vinha dos governos anteriores. Em consequência, a política externa brasileira passou a priorizar, claramente, a América Latina. São marcos desse processo, entre outros, os entendimentos entre os presidentes José Sarney e Raul

Alfonsin, iniciados em Foz do Iguaçu; a incorporação do Brasil ao Grupo de Apoio a Contadora; o Consenso de Cartagena (1985) sobre a questão da dívida externa latino-americana; o reatamento de relações diplomáticas com Cuba, em junho de 1986; a fundação do Grupo do Rio; a Ata para a Integração Brasileiro--Argentina (julho de 1986), que conduziu ao tratado que criou o Mercado Comum Brasil-Argentina; e, naturalmente, o Tratado de Assunção, que constituiu o MERCOSUL, em 1991.

A identidade latino-americana do Brasil foi plasmada na própria Constituição brasileira. Em seu parágrafo 4º do texto constitucional de 1988, incorporou vários princípios que vinham (desde muito tempo, em alguns casos) conformando a identidade internacional do Brasil: independência nacional, supremacia dos direitos humanos, respeito à autodeterminação dos povos, não intervenção, igualdade entre os Estados, defesa da paz, solução pacífica dos conflitos, repúdio ao terrorismo e ao racismo, cooperação entre os povos para o progresso da humanidade e concessão de asilo político. Além disso, o parágrafo único do artigo 4º da Constituição estabelecia que a "República Federativa do Brasil buscará a integração econômica, política, social e cultural dos povos da América Latina, visando a construção de uma comunidade latino-americana de nações", inovação sem precedentes nas constituições anteriores.

Já no contexto ideológico do consenso de Washington, o presidente Fernando Collor foi eleito com uma plataforma que, no plano externo, pregava a modernização da economia brasileira para compatibilizá-la com as políticas e práticas das economias desenvolvidas. A questão da identidade nacional brasileira esteve entre os temas da campanha. Collor promovia a ideia de "levar o Brasil ao Primeiro Mundo", com base numa rápida abertura da economia. Houve um expresso repúdio ao que foi qualificado de "retórica terceiro-mundista" da política externa brasileira. O Brasil e os brasileiros deveriam identificar-se com as nações desenvolvidas e não com seus vizinhos ou com os demais países

O dia em que adiaram o Carnaval

em desenvolvimento. O país sintonizava-se com a tese da liberalização e da prevalência dos mercados. Os campos identitários estavam se transformando, com o fim do bloco socialista e a desagregação do conceito de Terceiro Mundo.

Com Fernando Henrique Cardoso e, de modo mais acentuado, com o presidente Lula, essa tendência foi revertida. Cardoso convocou, em 2000, a Primeira Reunião de Presidentes da América do Sul. De acordo com o clima intelectual da época, estavam se consolidando grandes blocos regionais: há pouco entrara em vigor o NAFTA, entre Estados Unidos, Canadá e México; aprofundava-se a integração europeia e, na Ásia, desenhavam-se esquemas de cooperação e integração como a ASEAN. A alternativa para o Brasil seria uma integração sul-americana, uma vez que o México e a América Central, nessa ótica, já estariam na órbita estadunidense.

O governo Lula resgatou, além da prioridade sul-americana, a ênfase nas relações Sul-Sul e passou a buscar uma "nova geografia" das relações internacionais, reeditando e atualizando a ideia de construção de uma nova ordem econômica internacional. A discussão sobre a identidade internacional do país passou, cada vez mais, a fazer parte do debate político interno. As políticas interna e externa estão indissociavelmente ligadas, de forma consciente ou não, nos projetos políticos estruturados pelos partidos e lideranças políticas. Num mundo em rápida transformação, acentua-se essa necessidade de propor uma determinada visão da nacionalidade. Esses projetos, naturalmente, sempre tomarão por base, em grande medida, reelaborações de temáticas já antigas: a grandeza brasileira que decorre quase automaticamente da exuberância da natureza; o "país do futuro"; um país destinado a ser uma potência regional (ou, mesmo, mundial); a necessidade de superação do atraso; uma nação em construção que só será completa com a inclusão social de todos os brasileiros etc. Do mesmo modo, acabam sendo irrecusáveis as comparações com o "outro" e a discussão sobre a que campos identitários pertencemos ou queremos pertencer. Um país americano, latino-americano ou sul-americano? Um país do Terceiro Mundo ou (a caminho) do Primeiro Mundo? Cristão e ocidental? Potência regional ou ator global? Explorado ou explorador?

Dizia Renan, já em 1882, que a "existência de uma nação (...) é um plebiscito diário, assim como a existência de um indivíduo é uma perpétua afirmação da vida" (Renan, 1996 [1882], p.53). No resultado desse plebiscito diário, muitos fatores são importantes e, como vimos argumentando, o Estado desempenha um papel fundamental. Num mundo de nações, a parte que cabe à política externa, como função essencial do Estado, está entre as variáveis mais importantes. Essa relação entre política externa e a construção e constante reinvenção da nacionalidade brasileira é o objeto deste estudo. Tratou-se de realçar essa relação que, embora fundamental, não é óbvia. Que, a despeito de não ser buscada nem problematizada, segue vigente. Qualquer plataforma política que projete uma ideia de nacionalidade (como seria de esperar) deverá necessariamente, de maneira explícita ou não, definir uma identidade do Brasil num mundo em constante transformação, em meio a campos identitários e alteridades que constroem uma – entre muitas possíveis – visão particular do que são e do que querem os brasileiros. No campo da política partidária, todos os partidos políticos ou candidatos presidenciais devem, de forma aberta ou velada, enfrentar a questão da constante redefinição da identidade brasileira. Governar o Estado-nação implica a articulação de uma visão específica da nacionalidade. Quem são os brasileiros? Quais são suas aspirações? Como são os brasileiros? Qual é o seu projeto coletivo?

Conclusão

> Eu também já fui brasileiro
> moreno como vocês.
> Ponteei viola, guiei forde
> e aprendi na mesa dos bares
> que o nacionalismo é uma virtude.
> Mas há uma hora em que os bares se fecham
> e todas as virtudes se negam.
> Carlos Drummond de Andrade

O nacionalismo é um fenômeno complexo, que não cabe numa única definição. Pode significar muitas coisas: de um discurso político estreito a uma ampla cosmovisão; de um laço afetivo difuso a um elemento indispensável na autoimagem de cada indivíduo. Por um lado, nenhuma nação – em sentido estrito – tem uma existência "real". As nações são inventadas e constantemente reatualizadas para corresponder às necessidades de seus contextos históricos específicos. Por outro, a capacidade do sentimento nacional de levar homens e mulheres a cometerem crimes terríveis ou sacrifícios extraordinários levou esse princípio a se tornar o mais importante recurso de mobilização política dos últimos dois séculos. Nesse sentido, não há como duvidar da crua realidade dos nacionalismos.

Além disso, não podemos esquecer que o nacionalismo está circunscrito a um determinado momento histórico. Surgiu com a modernidade e só recentemente adquiriu sua atual ubiquidade. Criou um mundo de Estados-nações dos quais se alimenta. Recordemos ainda que, tomada em sua particularidade, cada nação vive em constante fluxo e redefinição, objeto de uma reinvenção permanente. Os elementos que definem a "brasilidade", ou qualquer outra nacionalidade, são hoje muito diferentes do que já foram e do que virão a ser. Sabemos também que, seja qual for a expressão singular desse sentimento, o nacionalismo certamente não conservará para sempre sua força atual como referência quase inescapável para as sociedades e os indivíduos. Quando o mundo dos nacionalismos for superado, não será fácil entender e explicar como essa visão de mundo tão limitada pôde ter sido tão importante. Que empatia despertarão as bandeiras, os hinos e os discursos sobre nações que foram inventadas e terão desaparecido com seus seguidores? Como se entenderá esse sentimento sobre linhas desenhadas em mapas? Como se explicarão os crimes e as façanhas cometidos em seu nome?

O casamento entre Estado e nação provou-se uma fórmula política já de razoável longevidade e ainda neste início de século XXI continua sendo a base da política doméstica e entre Estados. Há, certamente, sinais de que esse matrimônio está vivendo uma crise. De um lado, a escala mundial de alguns problemas e dinâmicas, como o aquecimento global, a poluição, a preservação ambiental, o terrorismo, o controle de fluxos transnacionais, as drogas e os capitais especulativos, já parece transcender a capacidade de gestão do sistema de Estados, em tese, soberanos. Por outro lado, novas formas de identidades e lealdades políticas começam a se fortalecer em níveis abaixo dos Estados e, muitas vezes, acima destes, ignorando fronteiras e controles. Novas tecnologias, como a internet, permitem a criação de "comunidades imaginadas" de recortes geográficos pouco precisos. As migrações internacionais deslocam um número cada vez maior de pessoas, cuja integração nas sociedades receptoras é muitas vezes problemática. Ao contrário do passado, os migrantes de hoje conseguem manter laços constantes e imediatos não só com suas nações, mas com suas localidades de origem, suas "pequenas pátrias". Um expatriado, ainda que a milhares de quilômetros de sua cidade de origem, tem acesso quase instantâneo, pela televisão e por jornais eletrônicos, a notícias não só de seu país, como de sua cidade e seu bairro. Pode atualizar-se diariamente quanto aos acontecimentos em sua família, receber notícias de vizinhos e amigos e saber das mudanças em sua cidade natal. Apesar das dificuldades que continuam a ser impostas por muitos Estados ao fluxo de pessoas, as sociedades humanas apresentam uma tendência crescente e aparentemente irreversível para a plurinacionalidade e para uma maior diversidade.

Ainda assim, imaginar hoje que a ideia de nação deixará de ser a base da legitimidade e sustentação ideológica dos Estados é um desafio tão grande como terá sido vislumbrar que as religiões deixariam de cumprir esse papel antes da consolidação da ideia do Estado-nação. No entanto, a legitimidade dinástico-religiosa dos Estados foi superada e tanto as dinastias (em alguns casos) como as religiões, como os próprios Estados, continuaram a existir. Imaginar o fim do Estado-nação não é, necessariamente, prescrever o fim dos Estados ou das identidades nacionais.

O edifício ideológico do nacionalismo pressupõe que a cada nação deve corresponder um Estado e que este deve ter fronteiras definidas e gozar de soberania plena dentro dos limites de seu território. Ademais, as nações devem englobar uma população homogênea que partilha de uma mesma cultura (e, se possível, de uma única origem étnica), de um passado comum e de um projeto de futuro. Finalmente, a ideologia do nacionalismo prescreve que a lealdade à nação deve suplantar todas as outras lealdades: a nação seria a identidade primordial de cada indivíduo. Essa idealização, no entanto, nunca correspondeu à verdade. A identidade nacional é uma forma identitária entre muitas e estas são tão diversas como pouco hierarquizáveis:

idade, (in)capacidades físicas, gênero, raça, classe, estilos de vida etc. E não só a identidade nacional é inventada, construída na teia de relações sociais. As demais identidades também o são. Vejamos a ideia de raça, por exemplo: trata-se de um conceito construído historicamente, sem uma base biológica real. Os gêneros se redefinem a cada geração e em cada contexto social. Quão diferente é a condição da mulher e escrava na Colônia da vida da empresária na sociedade urbana de hoje? E o que falar dos estilos de vida e das classes sociais? Até que ponto essas identidades podem ser absolutas?

As identidades são construídas e relacionais. Necessitam de algo fora delas para se definir e são fluidas como as relações sociais que as produzem. São detalhadas por meio de um jogo de associação e exclusão, em processos definidos historicamente. Em qualquer nível, são contingentes e históricas, produzidas por um sistema de relações sociais e não por condições naturais (biológicas, geográficas, de nascimento ou de qualquer outra natureza). Emergem de um conjunto de semelhanças, oposições e diferenças presentes em cada sociedade. As identidades (sejam elas pessoais, de grupos ou de nações) são construídas dentro desse espaço de relações e diferenças, sendo sua definição o resultado de um jogo de poder entre os distintos atores que configuram um determinado sistema social. Seus conteúdos e suas funções sociais têm um caráter essencialmente histórico, o que nos remete à tarefa de abordá-las de uma perspectiva mais abrangente. A identidade de cada indivíduo se faz em suas múltiplas relações e posições sociais, de forma dinâmica e muitas vezes conflitante e, mesmo, contraditória. O discurso sobre uma identidade primordial, que se sobreponha às outras, perde sentido diante dessa realidade. É uma escolha provisória e frágil ser brasileiro antes de ser católico ou umbandista, negro, mulato ou branco, proletário ou burguês etc. Tampouco as identidades são prisões inescapáveis; elas nos servem ou nos condicionam, mas podem ser abandonadas ou modificadas.

Os grandes avanços tecnológicos permitem a construção de comunidades identitárias cada vez mais complexas e cada vez menos limitadas e delimitadas pelos governos. Recorde-se o papel do capitalismo editorial na construção das nações do século XIX. Quais são as possibilidades de criação de "comunidades imaginadas" com base nas novas tecnologias de comunicação e informação? Cada vez mais, os Estados abrigam comunidades mais diversas, em termos étnicos, culturais e sociais. Cada vez mais, as sociedades são multiculturais e multinacionais. A ideologia dos Estados como *melting pots,* que transformam e homogenizam populações heterogêneas, desfaz-se contra a realidade de comunidades cada vez mais diversas. A despeito dos entraves de muitos Estados e da resistência, ao ponto do xenofobismo, de muitos habitantes desses países, os fluxos migratórios não podem ser impedidos, nem pela exigência de vistos nem pela construção de muros. Essa realidade, no entanto, deixa a descoberto uma triste constatação: nos países desenvolvidos do Ocidente o único tipo de discriminação legalmente permitido continua sendo contra os estrangeiros.

O enfraquecimento do nacionalismo como princípio de legitimidade dos Estados não destruirá o sentimento de pertencer a uma cultura e a uma comunidade nacional, ainda que em Estados crescentemente multinacionais e num mundo em que outras identidades convivam e, mesmo, se sobreponham às identidades nacionais. Do mesmo modo, a desaparição dos Estados ou sua transformação em algum tipo de Estado mundial não está no horizonte imediato.[1] O sistema de Estados certamente está em

---

1 A discussão sobre a evolução e o eventual declínio do Estado é bastante ampla e conta com uma larga bibliografia, que foge ao escopo de nossa discussão, centrada na nação. Grande parte dos autores, no entanto, concordaria com as conclusões de Van Creveld (2004, p.593): "Sejam quais forem os processos exatos, em quase toda parte foram acompanhados por um declínio na disposição dos Estados de assumir a responsabilidade por suas economias, fornecer benefícios sociais, educar os jovens, e mesmo

transformação com a criação de novas estruturas e processos, como atestam os esforços de integração regionais espalhados pelo globo, com diferentes graus de sucesso. No âmbito da União Europeia, por exemplo, os Estados – francês, espanhol, belga etc. – não desapareceram nem parecem estar em vias de desaparecer. Tampouco a ideia de ser francês, espanhol ou belga. No entanto, essas nacionalidades convivem com muitas outras em cada um desses Estados e cada vez menos a legitimidade desses Estados poderá ser derivada do fato de servirem ao bem comum de apenas seus nacionais.

Existe ainda uma tendência aparentemente irreversível de crescimento do papel dos governos locais e das instâncias sub-nacionais no âmbito de cada Estado. Em muitos casos, serão as cidades – como no passado – a principal autoridade para regular os conflitos oriundos da convivência de comunidades cultural-mente distintas. Seja na regulamentação sobre o uso de espaços públicos, seja na implementação de normas de sanidade animal e preparação de alimentos, seja na adoção de práticas intercul-turais nas escolas, seja numa infinidade de questões práticas e imediatas. Essas tensões e muitas outras certamente podem ser manejadas de forma mais prática, rápida e inteligente com base em instâncias locais do que numa burocracia nacional.

No passado, os Estados conviveram em pé de igualdade com muitas outras entidades, inclusive na área que é vista como a própria essência do Estado, a saber, o monopólio da violência legítima. A prevalência dos Estados nessa área foi um resultado

---

exercer a função elementar de proteger os cidadãos contra o terrorismo e o crime, tarefa que, na melhor das hipóteses, está sendo repartida com outras instituições e, na pior, simplesmente deixada de lado. No fim do segundo milênio, em número cada vez maior de lugares da Europa ocidental e oriental, até no mundo em desenvolvimento, mais se tolera do que se admira o Estado. Os dias em que, como foi o caso em especial durante a era da guerra total, o Estado podia fazer-se passar por um deus na Terra chegaram claramente ao fim.

direto das guerras que reforçaram o poder dos Estados para combater outros Estados. Ao se preparar para essas guerras, o poder militar dos Estados foi aumentando e se consolidando, submetendo forças militares paralelas e retirando-as das mãos de chefes locais, empresas e outros grupos. Essa situação parece estar em processo de reversão. Uma guerra total entre dois Estados nucleares é, em termos práticos, suicida. Os conflitos armados – com exceções cada vez mais raras como a Guerra das Malvinas, os conflitos entre Índia e Paquistão, entre outros –, se fazem cada vez mais contra grupos irregulares. No plano interno, os Estados, mesmos nos países desenvolvidos, passaram a contar com um número cada vez maior de competidores privados na tarefa de garantir a segurança de suas populações. Empresas de segurança, polícias privadas e inclusive forças militares mercenárias agindo em nome dos Estados em áreas de risco.

De todo modo, as guerras abertas entre Estados, teoricamente em nome de suas nações, são cada vez menos um recurso possível. Uma consequência direta dessa tendência é a progressiva extinção do alistamento militar obrigatório na maioria dos países. O fim dos exércitos de conscritos, como obrigação cívica inescapável, solapa a ideia da "nação em armas", que foi tão importante na difusão e consolidação dos sentimentos nacionais. Num determinado momento, as Forças Armadas foram importantíssimas fábricas da nação, e o "tributo do sangue" uma prova da cidadania e da nacionalidade. Curiosamente, nos países desenvolvidos, o trabalho das Armas, aceito de modo voluntário, passa a incidir cada vez mais sobre as populações de imigrantes recentes, muitas vezes como via de acesso à cidadania.

Pode-se imaginar de modo positivo que os Estados passarão a buscar sua legitimidade com base numa espécie de nacionalismo cívico, derivado de sua eficácia na criação e manutenção do bem-estar de sua cidadania. E que essa cidadania – diversa, multiétnica, multinacional – abrace livremente as instituições do Estado e lhes obedeça, sem referência necessária à exclusão do "outro". A noção do Estado como contrato prescinde da camisa de força de um "povo" definido de modo excludente. O Estado pode ser aceito voluntária e conscientemente. A persistência da ideia de que a cada nacionalidade deve corresponder um e apenas um Estado e que esse Estado deva buscar a prosperidade de apenas uma nação, de um grupo de pessoas definido por critérios "naturais", está na origem das xenofobias modernas.

Tampouco a soberania do Estado se justifica automaticamente pela busca do bem comum. Não são poucos os crimes e abusos cometidos por Estados autoritários sob o escudo da ideia da soberania absoluta dos Estados sobre a população em seus territórios de jurisdição. Cada vez mais, os diferentes Estados têm de prestar contas à comunidade internacional, seja a algum organismo que começa a se esboçar como uma sociedade civil internacional, a agências e organizações internacionais, seja perante outros Estados. Naturalmente, nesse suposto mundo de Estados soberanos e iguais, há Estados "mais iguais" que outros e o exercício de discussão e negociação dos limites das soberanias não pode ser feito de forma ingênua. Os Estados "nacionais" ainda são, e possivelmente continuarão a ser por muitas décadas ou séculos, os principais agentes da prosperidade ou da miséria das suas populações. Reconhecer a conveniência e a necessidade de limitar a soberania dos Estados em nome de valores comuns e problemas globais não se traduz num cosmopolitismo ingênuo que desconheça o papel ainda preponderante dos Estados na condução dos destinos de suas cidadanias e da competição entre os diversos Estados.

Ainda que com as armas de um repertório comum, as múltiplas maneiras como cada Estado construiu sua legitimidade em termos de um discurso nacionalista não permitem que se construa um modelo único para o nacionalismo. Cada caso deve ser estudado em sua singularidade, com base em muitos pontos de vista. As diversas histórias "nacionais" são invenções que, de forma tautológica, se justificam a si mesmas e explicam identidades que elas próprias criaram.

> Como a identidade se define diante de alguém distinto, implica na não identificação com o outro. Isso conduz ao desastre. Por isso, precisamente, a história exclusivista escrita só para o grupo ("história da identidade") – história do mundo negro só para os negros, história do mundo *gay* só para os homossexuais, história do feminismo só para mulheres, ou qualquer outro tipo de história excludente destinada a um único grupo étnico ou nacionalista – não pode ser boa história, inclusive quando é algo além de uma versão politicamente parcial de uma subseção ideológica do grupo de identidade mais amplo. Nenhum grupo de identidade, por numeroso que seja, se encontra só no mundo; o mundo não pode se transformar unicamente para adequar-se a ele, nem tampouco pode o passado. (Hobsbawm, 2003, p.378)

Discutir a história do Brasil é, assim, debater uma determinada forma identitária, um processo histórico cuja singularidade é a referência a essa identidade, criada e reconstruída a cada geração, dando o conteúdo e os contornos dessa história particular. Sobre o território onde hoje reconhecemos o Brasil viveram (e vivem) populações para quem a ideia de nação seria totalmente incompreensível. Com a chegada dos europeus, aqui habitaram pessoas que se reconheciam como membros da nação portuguesa, mas vivenciando uma experiência de nação muito distinta do que hoje entendemos por esse conceito. Como ensinou Marc Bloch, "para desgraça dos historiadores, os homens não costumam mudar de léxico cada vez que mudam de costumes" (Bloch, 2001, p.63).

Nestas terras, depois, criou-se um Estado autônomo em torno da soberania de um imperador "brasileiro", na contramão das novas formas que surgiam para legitimar os Estados. A adesão a esse soberano, imposta ou voluntária, seria bem-sucedida na tarefa de transferir as lealdades das muitas "pequenas pátrias" para uma de dimensões continentais. O percurso transcorrido para a construção do nacionalismo brasileiro é único e por várias décadas a legitimidade do Estado, à feição dos países europeus de então, decorria da adesão à dinastia, do fervor religioso e de um patriotismo ainda em bases pré-nacionais – *for God, King and Country*, como diriam os ingleses. Com a República, esse patriotismo foi transmutado no sentimento nacional, tal como o reconhecemos hoje, num processo lento e conflitivo, graças à ação do Estado e dos intelectuais e à adesão da massa da população.

Esse nacionalismo não dispensou a necessidade de contar com seus santos. Os *Founding Fathers* brasileiros foram recrutados apenas nos últimos anos do Império e no início da República, quando o país já contava com muitas décadas de vida independente. Do período colonial, foi resgatado Tiradentes, bode expiatório de uma revolta regional, mas certamente mais palatável que um Frei Caneca. Do Império, os heróis militares, pois, no início da República, escolher entre as lideranças do golpe militar seria acirrar divisões e controvérsias.

De modo pouco comum, no caso do peculiar desenvolvimento do nacionalismo brasileiro, recorreu-se também a um diplomata, Juca Paranhos, *Deus Terminus* das fronteiras. Não por acaso, a grandeza do território e a imagem da integridade territorial são, desde o início, mitos de origem fundamentais para a construção da ideia de brasilidade. Nos difíceis anos iniciais da República, marcada por uma grave crise de legitimidade do Estado, o Barão do Rio Branco passou ao primeiro plano no altar dos santos do nacionalismo brasileiro. Muitos fatores foram importantes para essa canonização: as vitórias no exterior em contraste com a grave confusão da política interna, a possibilidade de a política externa atuar como um elemento de coesão entre os brasileiros, o fato de ele haver definido com tanto sucesso o *corpo da pátria*, sua própria personalidade marcante e o anedotário criado sobre ele. Com sua concepção do lugar do Brasil no mundo, Paranhos,

O dia em que adiaram o Carnaval

de fato, criou uma "certa ideia de Brasil". Sua orientação para a política externa passou a ser vista como uma espécie de evangelho: uma verdade revelada, cuja discussão só se podia dar sobre suas interpretações (às vezes, muito elásticas, é verdade) e não sobre sua essência. O consenso formado na política externa só seria desafiado muitas décadas após a morte de Rio Branco e, mesmo assim, de forma velada. Ainda hoje, a referência ao que seriam as diretrizes do Barão permanece um dos eixos inevitáveis da retórica sobre a política externa do país. A legitimação de muitas escolhas políticas continua a passar pela sacralização que lhe confere uma suposta origem nas ideias e práticas de Rio Branco.

No jogo das identidades, o evangelho do Barão prescrevia uma aproximação com os Estados Unidos e a continuidade, ainda que matizada, da alteridade com a América Latina, criada ainda no Império: uma monarquia entre repúblicas. Com a República, o Brasil não mais poderia identificar-se com as dinastias europeias e teve de abandonar sua curiosa identidade de monarquia tropical, que se via acima de seus turbulentos e caudilhescos vizinhos, por força da suposta excelência de suas instituições monárquicas. A contraditória superioridade da civilização trazida pela monarquia não conseguia esconder o atraso de um país cuja economia ainda se baseava na exploração da escravidão. Mesmo que, durante quase sete décadas, na visão das elites brasileiras o país tivesse podido desafiar inclusive a geografia e representar-se como europeu e civilizado, essa identidade não era partilhada pela massa da população, com seus escravos, mestiços, negros livres e brancos pobres. De todo modo, o legado do Império em termos de construção de uma identidade brasileira não é pequeno. Dos Brasis fez-se o Brasil. As diversas "pequenas pátrias", voltadas para o exterior, com dinâmicas locais próprias, escassa comunicação e poucas afinidades entre si, voltaram-se para o Rio de Janeiro e para a monarquia brasileira, e ao fim dessas décadas consolidou-se a ideia de uma pátria única, acima das realidades locais. Não era ainda uma nação, pois nenhum malabarismo ideológico consegue unir numa mesma comunidade imaginada situações tão radicalmente diversas como as de senhor e escravo. Quando finalmente a chaga da escravidão foi superada, a monarquia resistiu por poucos meses mais.

Findo o Império, pensar e representar o Brasil em termos nacionalistas foi um desafio extraordinário. A consciência do atraso brasileiro e a busca de uma suposta essência para a nação que se tentava consolidar tardiamente no início do século XX deram os contornos para o pensamento de sucessivas gerações de intelectuais. Inicialmente, cabia superar a armadilha de se conceber o Brasil em termos de raça, dentro de um universo mental racista. Avaliaram-se a raça e o meio. Discutiram-se a miscigenação e propostas de branqueamento. Prevaleceu o pessimismo sobre um povo mestiço e doente, ainda que paradoxalmente vivendo numa espécie de paraíso terrestre.

Em seguida, descobriu-se e valorizou-se a cultura, embora muitas vezes vista de forma rígida e pouco plástica. Sobrepesou-se a herança cultural portuguesa, em alguns momentos de forma positiva; em outros, como estorvo a ser superado. A modernidade e a superação do atraso tomaram contornos geográficos: somos da América e queremos ser americanos. A ilusão de ser civilizado transformou-se na vontade de ser moderno, o que se traduzia em ser americano. Esse americanismo recém-adquirido não estava voltado para os vizinhos, mas para a nova potência regional e, em seguida, mundial que se afirmava. Ser americano era emular os Estados Unidos, superar o atraso pela adoção de padrões modernos de convivência, transcender os traços culturais que impediam o progresso e a modernidade.

A busca da modernidade e a construção da nação passaram ao primeiro plano das preocupações do Estado. A edificação da nacionalidade, promovida pelo Estado e trabalhada pelos intelectuais, apropriava-se de manifestações culturais populares para devolvê-las à população com novos conteúdos. Assim, por

O dia em que adiaram o Carnaval

exemplo, o Estado apoiou e oficializou o carnaval e o futebol como ícones da brasilidade. O povo, no entanto, não é um elemento passivo, simplesmente manipulado pelo Estado. A ideia de nação não é monopólio do Estado ou dos intelectuais. A nação é objeto de uma contínua circularidade em que comportamentos, práticas, valores e instituições são recolhidos, reprocessados e reafirmados, ganham novos conteúdos ou são descartados.

Não pode, inclusive, decidir *a priori* que agentes poderão dar um sentido de valor ou terão preponderância sobre o resultado – sempre provisório e cambiante – da dialética entre os muitos atores envolvidos na construção do discurso nacionalista. Não há um nacionalismo "bom, verdadeiro e puro" que emane diretamente do povo em contraposição a um nacionalismo "xenófobo, chauvinista e mau" propagado e imposto pelo Estado. Do mesmo modo que manifestações populares do sentimento nacional podem ser extremamente excludentes e violentas, a ação estatal, muitas vezes, modera e racionaliza o discurso e as expressões do sentimento nacional.

O nacionalismo é também um fenômeno construído "desde baixo", com base nas manifestações populares, mas essa não é a faceta do processo que foi privilegiada aqui. Procurou-se sublinhar a importância do Estado na construção e na renovação diária do nacionalismo, contemporaneamente um elemento fundamental para sua própria sustentação. O Estado detém um importante arsenal para manejar e moldar o nacionalismo e aproveitá-lo como elemento de coesão, mobilização e legitimação de suas ações e políticas: escolas, meios de comunicação, instituições como as Forças Armadas e agências civis, festas cívicas, monumentos, o controle sobre os atos da vida civil etc.

De modo mais específico, o que se buscou neste estudo foi ressaltar um aspecto particular – a influência da política externa – neste complicado e multifacetário processo de produção e difusão do discurso e das práticas nacionalistas. Não se está, de modo algum, minimizando o papel de outros discursos, práticas e instituições, estatais ou não, na construção do nacionalismo. O Estado e sua política externa são dois elementos entre outros. A construção e a evolução do sentimento nacional brasileiro podem e devem ser estudadas segundo muitos outros pontos de vista, de acordo com os instrumentos que o Estado detém para essa tarefa, ou conforme a ótica das manifestações populares, ou com base nas ideias e nos intelectuais. Todas essas abordagens, e outras, são igualmente válidas e enriquecedoras. O cerne da questão está em reconhecer a plasticidade do nacionalismo como discurso e como prática social, suas ambiguidades e sua historicidade. Não há uma essência em "ser brasileiro". Trata-se de uma construção identitária em permanente transformação. A "história do Brasil" (ou de qualquer outra nação ou formação identitária) só adquire um sentido ontológico na medida em que se reconhece seu caráter como objeto construído socialmente – provisório, precário, imaginado e em constante redefinição.

No mundo de Estados-nação em que vivemos, neste ponto específico de um processo histórico em andamento, as identidades nacionais, associadas imperfeitamente aos Estados, são de grande importância política, econômica, social e para cada indivíduo. Nem sempre foi assim e, muito provavelmente, em pouco tempo (visto em termos históricos) deixará de sê-lo. De qualquer maneira, na fugaz circunstância dos dois últimos séculos, os Estados têm sustentado sua legitimidade na ideia de nação. Trata-se de um processo que merece ser estudado caso a caso, pois não cabe numa fórmula geral. O caminho percorrido para a consolidação de um discurso e de um sentimento de brasilidade é único e deve ser investigado em sua singularidade. Os processos similares nos países vizinhos ou distantes, também. Ainda que certamente partilhando muitos elementos, cada nacionalismo é único e escapa a uma impossível fórmula geral. A ação do Estado e a política externa têm um papel decisivo na definição dos contornos e da evolução de cada nacionalismo, como procuramos demonstrar no caso brasileiro.

Mas, voltando ao início de nossa história, os limites do Estado na definição dos contornos da nacionalidade também cabem no episódio da morte de Rio Branco às vésperas do carnaval de 1912. Como vimos, o governo determinou o adiamento da festa para abril, em respeito ao luto pela morte de um dos santos da nossa nacionalidade. Não adiantou. O povo brincou os dois carnavais e ironizou o poder ao imaginar a continuidade da festa com a morte também do presidente, o Marechal Hermes da Fonseca. A crônica registra esse deboche na letra de uma marchinha que animou o segundo carnaval de 1912:

Com a morte do Barão
Tivemos dois carnavá
Ai que bom, ai que gostoso
Se morresse o marechá

Referências bibliográficas

Fontes documentais

Arquivo Diplomático do Reconhecimento da República. Brasília: MRE/PUCRS, 1989.

CÂMARA DOS DEPUTADOS. *Falas do Trono*: desde o ano de 1823 até o ano de 1889. Brasília: INL, 1977.

Instituto Histórico Geográfico Brasileiro (IHGB). *O Patriarca da Independência*: José Bonifácio de Andrada e Silva (dezembro de 1921 a novembro de 1823). São Paulo: Companhia Editora Nacional, 1939.

Relatórios da Repartição dos Negócios Estrangeiros à Assembleia Geral Legislativa (RRNE) – (1831/1888).

Relatórios do Ministério das Relações Exteriores (RMRE) – (1890/1960).

Relatório da Secretaria de Estado da Guerra à Assembleia Geral Legislativa (1871).

RODRIGUES, J. H. (Ed.). *Atas do Conselho de Estado*. v.VI. Brasília: Senado Federal, 1978.

Artigos

ALENCASTRO, L. F. O fardo dos bacharéis. *Novos Estudos Cebrap*, n.19, p.99-134, 1987.

CHACON, V. A invenção da América Latina. *Política Externa*, v.11, n.4, p.103-10, 2003.

CONDURU, G. F. O subsistema americano, Rio Branco e o ABC. *Revista Brasileira de Política Internacional*, v.41, n.2, p.59-82, 1998.

CONNOR, W. A Nation is a Nation, is a State, is an Ethnic Group. *Ethnic and Racial Studies*, v.1, n.4, p.317-400, 1978.

COSTA, W. P. O Império do Brasil: dimensões de um enigma. *Almanack Brazilense*, v.1, p.27-43, 2005.

GARCIA, E. V. A diplomacia dos armamentos em Santiago: o Brasil e a Conferência Pan-americana de 1923. *Revista Brasileira de História*, v.23, n.46, p.173-200, 2003.

GUIMARÃES, M. L. S. Nação e civilização nos trópicos: o Instituto Histórico e Geográfico Brasileiro e o projeto de uma história nacional. *Estudos Históricos*, n.1, p.5-27, 1988.

HUNTINGTON, S. P. The Hispanic Challenge. *Foreign Policy*, n.141, p.30-45, 2004.

KRAAY, H. Em outra coisa não falavam os pardos, cabras e crioulos: o "recrutamento" de escravos na guerra de independência na Bahia. *Revista Brasileira de História*, v.22, n.43, p.110-23, 2002.

KRAAY, H. Slavery, Citizenship and Military Service in Brazil's Mobilization for the Paraguayan War. *Slavery and Abolition*, v.18, n.3, p.226-42, 1997.

LEZAMA ASTIGARRAGA, A. Raíces coloniales del puente Colonia--Buenos Aires. *Cuadernos del CLAEH*, p.83-4, 7-28, 1991.

LYRA, M. L. V. Memória da Independência: marcos e representações simbólicas. *Revista Brasileira de História*, v.15, n.29, p.173-206, 1995.

MCBETH, M. The Brazilian Army and Its Role in the Abdication of Pedro I. *Luso-Brazilian Review*, v.1, n.1, p.106-23, 1978.

MATTOS, I. R. Construtores e herdeiros: a trama dos interesses na construção da unidade política. *Almanack Braziliense*, n.1, p.8-26, 2005.

MENDES, F. F. A "Lei da Cumbuca": a revolta contra o sorteio militar. *Revista Estudos Históricos*, n.24, p.267-94, 1999.

PRADO, M. L. C. A distante América do Sul. *Revista de História*, n.145, p.127-49, 2001.

RICUPERO, R. Joaquim Nabuco e a nova diplomacia. *Política Externa*, v.14, n.3, p.115-24, 2005.

SANTOS, L. C. V. G. O Império brasileiro: guerras e nacionalismo. *Prohistoria*, v.7, n.7, p.87-106, 2003a.

SANTOS, L. C. V. G. As várias Américas: visões do século XIX. *Estudos de História*, v.10, n.1, p.11-28, 2003b.

SANTOS, L. C. V. G. American, United Statian, USAmerican, or Gringo? *Ameriquests*, v.2, n.1, 2005a. Disponível em: http://ejournals.library. vanderbilt.edu/ameriquests/viewissue.php?id=6. Acesso em: 16 jul. 2010.

SANTOS, L. C. V. G. A América do Sul no discurso diplomático brasileiro. *Revista Brasileira de Política Internacional*, v.48, n.2, p.185-204, 2005b.

SILVA, E. Pedro, de perpétuo a panaca: elites políticas regenciais em combate ao poder simbólico imperial. *Tempos Gerais: Revista de Ciências Sociais e História*, n.2, p.112-27, 1999.

THOMPSON, E. P. The Moral Economy of the English Crowd in the Eighteenth Century. *Past and Present*, v.50, p.76-136, 1971.

VON MARTIUS, C. F. V. Como se deve escrever a História do Brasil. *Jornal do Instituto Histórico Geográfico*, n.24, p.381-403, 1845.

Livros

ACCIOLY, H. *O reconhecimento da independência do Brasil*. Rio de Janeiro: Imprensa Nacional, 1927.

ALAMBERT, F. O Brasil no espelho do Paraguai. In: MOTA, C. G. (Org.). *Viagem incompleta*: a experiência brasileira (1500-2000). 2.ed. São Paulo: Ed. SENAC, 2000.

ALMEIDA, P. R. *Formação da diplomacia econômica no Brasil*. As relações econômicas internacionais no Império. São Paulo/Brasília: SENAC/ Funag, 2001.

ALTINI, C. *La Fábrica de la Soberania*: Maquiavelo, Hobbes, Spinoza y otros modernos. Buenos Aires: El Cuenco de Plata, 2005.

ANDERSON, B. *Nação e consciência nacional*. São Paulo: Editora Ática, 1989.

ANTUNES, F. M. R. F. *Com brasileiro, não há quem possa!* Futebol e identidade nacional em José Lins do Rego, Mário Filho e Nelson Rodrigues. São Paulo: UNESP, 2004.

AXT, G.; SCHÜLER, F. (Orgs.). *Intérpretes do Brasil*: cultura e identidade. Porto Alegre: Artes e Ofícios, 2004.

BACZKO, B. *Les imaginaires sociaux*: mémoires et espoirs collectifs. Paris: Payot, 1984.

BARRETO FILHO, F. P. M. *Os sucessores do Barão*: relações exteriores do Brasil, 1912-1964. São Paulo: Paz e Terra, 2001.

BARRETO FILHO, F. P. M. *Os sucessores do Barão*: relações exteriores do Brasil, 1964-1985. São Paulo: Paz e Terra, 2006.

BAUER, O. Le concept de nation. In: HAUPT, G. et al. (Eds.). *Les Marxistes et la Question Nationale 1848-1914*: Etudes et Textes. Paris: Maspero, 1974 [1907].

BEATTIE, P. M. *The Tribute of Blood*: Army, Honor, Race, and Nation in Brazil, 1864-1945. Durham & London: Duke University Press, 2001.

BEEMAN, R. et al. *Beyond Confederation*: Origins of the Constitution and American National Origin. University of North Carolina Press, 1987.

BLOCH, M. *Os reis taumaturgos. O caráter sobrenatural do poder régio*: França e Inglaterra. São Paulo: Companhia das Letras, 1993.

BLOCH, M. *Apología para la historia o el oficio de historiador*. 2.ed. México: Fondo de Cultura Económica, 2001.

BOMFIM, M. *América Latina*: males de origem. Rio de Janeiro: Topbooks, 2005 [1905].

BOMFIM, M. *O Brasil na América*: caracterização da formação brasileira. 2.ed. Rio de Janeiro: Topbooks, 1997 [1929].

BOMFIM, M. *O Brasil Nação*: realidade da soberania brasileira. 2.ed. Rio de Janeiro: Topbooks, 1996 [1931].

BOMFIM, M.; BILAC, O. *Atravez do Brasil*. 7.ed. Rio de Janeiro/Paris: Paulo Azevedo/Aillaud Alves, 1921.

BOORSTIN, D. J. *The Americans*: The National Experience. Nova York: Vintage, 1965.

BOSI, A. *História concisa da literatura brasileira*. 32.ed. São Paulo: Cultrix, 1994.

BREUILLY, J. *Nationalism and the State*. 2.ed. Chicago: University of Chicago Press, 1985.

BUENO, C. *Política externa da Primeira República*: os anos de apogeu de 1902 a 1918. São Paulo: Paz e Terra, 2003.

BUENO, C. O Barão do Rio Branco e o projeto da América do Sul. In: CARDIM, C. H.; ALMINO, J. (Orgs.). *Rio Branco*: a América do Sul e a modernização do Brasil. Rio de Janeiro: EMC, 2002.

BURKE, P. *The Fabrication of Louis XIV*. New Haven: Yale University Press, 1992.

BURNS, B. *The Unwritten Alliance*: Rio Branco and the Brazilian-American Relations. Nova York: Columbia University Press, 1966.

CALDAS, R. W. *A política externa do governo Kubitschek*. Brasília: Thesaurus, 1996.

CALHOUN, C. *Nacionalismo*. Buenos Aires: Libros del Zorzal, 2007.

CALÓGERAS, J. P. *A política exterior do Império*. Brasília: Senado Federal, 1998. 3v.

CANDIDO, A. *Formação da literatura brasileira*. 7.ed. Belo Horizonte: Itatiaia Limitada, 1993. v.1.

CARDIM, C. H.; ALMINO, J. (Orgs.). *Rio Branco*: a América do Sul e a modernização do Brasil. Rio de Janeiro: EMC, 2002.

CARVALHO, J. M. *A construção da ordem*: a elite política imperial. Brasília: Ed. da UnB, 1981.

CARVALHO, J. M. *Os bestializados*: o Rio de Janeiro e a República que não foi. São Paulo: Companhia das Letras, 1987.

CARVALHO, J. M. *A formação das almas*: o imaginário da República no Brasil. São Paulo: Companhia das Letras, 1990.

CARVALHO, J. M. *Cidadania no Brasil*: O longo caminho. 3.ed. Rio de Janeiro: Civilização Brasileira, 2002.

CASTRO, P. P. A experiência republicana, 1831-1840. In: HOLANDA, S. B. (Org.). *História geral da civilização brasileira*. 5.ed. São Paulo: Difel. Tomo II, v.2.

CELSO, A. *Porque me ufano do meu país*. 4.ed. Rio de Janeiro: Laemmert, 1908 [1900]. Disponível em: http://www.ebooksbrasil.org/adobeebook/ufano.pdf. Acesso em: 16 jul. 2010.

CENTENO, M. A. *Blood and Debt*: War and the Nation-State in Latin America. University Park: Pennsylvania State University Press, 2002.

CERVO, A. L. *O parlamento brasileiro e as relações exteriores (1826-1889)*. Brasília: Ed. da UnB, 1981.

CHIARAMONTE, J. C. *Nación y Estado en Iberoamérica*: el lenguaje político en tiempos de las independencias. Buenos Aires: Sudamericana, 2004.

COUTINHO, E. G. *Os Cronistas de Momo*: imprensa e carnaval na Primeira República. Rio de Janeiro: Editora da UFRJ, 2006.

COSTA, J. C. As novas ideias. In: HOLANDA, S. B. (Org.). *História geral da civilização brasileira*. 6.ed. São Paulo: Difel, 1985. Tomo II, v.1.

COSTA E SILVA, A. *Um rio chamado Atlântico*: a África no Brasil e o Brasil na África. Rio de Janeiro: Nova Fronteira/Ed. UFRJ, 2003.

CUNHA, P. O. C. A fundação do Império Liberal. In: HOLANDA, S. B. (Org.). *História geral da civilização brasileira*. 6.ed. São Paulo: Difel, 1985. Tomo II, v.1.

DA MATTA, R. *Carnavais, malandros e heróis*. Rio de Janeiro: Zahar, 1979.

DA MATTA, R. *O que faz o Brasil, Brasil?* Rio de Janeiro: Rocco, 1986.

DANTAS, S. T. *Política externa independente*. Rio de Janeiro: Civilização Brasileira, 1962.

DEUTSCH, K. W. *Nationalism and Social Communication*: An Inquiry into the Foundations of Nationality. Cambrigde: MIT Press, 1953.

DOYLE, D. H.; PAMPLONA, M. A. *Nationalism in the New World*. Athens, Georgia: University of Georgia Press, 2006.

DUNKERLEY, J. (Ed.). *Studies in the Formation of the Nation State in Latin America*. London: Ilas, 2002.

ELEY, G.; SUNY, R. G. (Eds.). *Becoming National*: a reader. Oxford: Oxford University Press, 1996.

NORBET, E. *O processo civilizador*. Rio de Janeiro: Zahar, 1990/1993. 2v.

FARIA FILHO, L. M. et al. *500 anos de educação no Brasil*. 3.ed. Belo Horizonte: Autêntica, 2003.

FARIA FILHO, L. M. Instrução elementar no século XIX. In: FARIA FILHO, L. M. et al. *500 anos de educação no Brasil*. 3.ed. Belo Horizonte: Autêntica, 2003.

FERES JR., J. *A History of the Concept of Latin America in the US*: misrecognition and social discourse. Tese (Doutorado). Nova York: CUNY, 2003.

FERREIRA, G. N. *Centralização e descentralização no Império*. São Paulo: Editora 34, 1999.

FILHO, M. *O negro no futebol brasileiro*. São Paulo: Mauad, 2003 [1947].

FONSECA JÚNIOR, G. *A legitimidade e outras questões internacionais*. São Paulo: Paz e Terra, 1998.

FUKUYAMA, F. *O fim da História e o último homem*. Rio de Janeiro: Rocco, 1992.

GALLOPE, R.; WEINER, R. (Eds.). *A Fine Line*: Explorations in Subjectivity, Borders, and Demarcation. Washington, DC: University Press of America, s.d.

GARCIA, E. V. *O Brasil e a Liga das Nações (1919-1926)*. Porto Alegre/Brasília: Editora da UnB/Funag, 2000.

GAUCHET, M. et al. (Eds.). *Nación y modernidad*. Buenos Aires: Nueva Visión, 1997.

GELLNER, E. *Thought and Change*. Trowbrigde: Redwood Press, 1964.

GINZBURG, C. *O queijo e os vermes*. São Paulo: Companhia das Letras, 1986.

GOES FILHO, S. S. Fronteiras: o estilo negociador do Barão do Rio Branco como paradigma da política exterior do Brasil. In: CARDIM, C. H.; ALMINO, J. (Orgs.). *Rio Branco*: a América do Sul e a modernização do Brasil. Rio de Janeiro: EMC, 2002.

GREEN, D. *The Containment of Latin America*: A History of The Myths And Realities of the Good Neighbor Policy. Chicago: Quadrangle Books, 1971.

GREENFELD, L. *Nationalism*: Five Roads to Modernity. Cambridge (MA): Harvard University Press, 1992.

GUERRA, F-X. La Nación Hispanica: el problema de los orígenes. In: GAUCHET, M. et al. (Eds.). *Nación y Modernidad*. Buenos Aires: Nueva Visión, 1997.

HASTINGS, A. *The Construction of Nationhood*: Ethinicity, Religion and Nationalism. Cambrigde: Cambridge University Press, 2001.

HAUPT, G.; LÖWY, M.; WEILL, C. (Eds.). *Les Marxistes et la Question Nationale 1848-1914*: Etudes et Textes. Paris: Maspero, 1974.

HAYES, C. J. H. *The Historical Evolution of Modern Nationalism*. Nova York: Russel & Russel, 1968 [1931].

HOBBES, T. *Leviatán*. México: Fondo de Cultura Económica, 1983 [1651].

HOBSBAWM, E. J. *Nações e nacionalismo desde 1870*. Rio de Janeiro: Paz e Terra, 1990.

HOBSBAWM, E. J. *Años Interesantes*. 2.ed. Buenos Aires: Crítica, 2003.

HOBSBAWM, E. J.; RANGER, T. (Orgs.). *A invenção das tradições*. Rio de Janeiro: Paz e Terra, 1997.

HOLANDA, S. B. *Raízes do Brasil*. 25.ed. Rio de Janeiro: José Olympio, 1993 [1936].

HOLANDA, S. B. O processo de emancipação. In: HOLANDA, S. B. (Org.). *História geral da civilização brasileira*. 6.ed. São Paulo: Difel, 1985a. Tomo II, v.1.

HOLANDA, S. B. Dispersão e unidade. In: HOLANDA, S. B. (Org.). *História geral da civilização brasileira*. 5.ed. São Paulo: Difel, 1985b. Tomo II, v.2.

HOLANDA, S. B. Reações e transações. In: HOLANDA, S. B. (Org.). *História geral da civilização brasileira*. 5.ed. São Paulo: Difel, 1985c. Tomo II, v.3.

HOLANDA, S. B. A herança colonial: sua desagregação. In: HOLANDA, S. B. (Org.). *História geral da civilização brasileira*. 6.ed. São Paulo: Difel, 1985d. Tomo II, v.1.

HROCH, M. From National Movement to the Fully-Formed Nations: The Nation-Building Process in Europe. In: ELEY, G.; SUNY, R. G. (Eds.). *Becoming National*: a Reader. Oxford: Oxford University Press, 1996.

HUNTINGTON, S. P. *Political Order in Changing Societies*. New Haven: Yale University Press, 1968.

HUNTINGTON, S. P. *O choque de civilizações e a recomposição da ordem mundial*. São Paulo: Objetiva, 1997.

JANCSÓ, I.; PIMENTA, J. P. G. Peças de um mosaico (ou apontamentos para o estudo da emergência da identidade nacional brasileira). In: MOTA, C. G. (Org.). *Viagem incompleta*: a experiência brasileira (1500-2000). 2.ed. São Paulo: Editora SENAC, 2000.

KANTOROWICZ, E. H. *Os dois corpos do rei*: um estudo sobre teologia política medieval. São Paulo: Companhia das Letras, 1998.

KAUTSKY, K. La nacionalité moderne. In: HAUPT, G. et al. (Eds.). *Les Marxistes et la Question Nationale 1848-1914*: Etudes et Textes. Paris: Maspero, 1974 [1887].

KEDOURIE, K. *Nationalism*. 4.ed. Cambrigde: Blackwell Publishers, 1994.

LAFER, C. *Paradoxos e possibilidades*: estudos sobre a ordem mundial e sobre a política exterior do Brasil num sistema internacional em transformação. Rio de Janeiro: Nova Fronteira, 1982.

LAFER, C. Abertura do seminário "Política Externa do Brasil para o Século XXI". In: REBELO, A.; FERNANDEZ, L.; CARDIM, C. H. (Orgs.). *Política externa do Brasil para o século XXI*. Brasília: Câmara dos Deputados, 2003.

LEITE, D. M. *O caráter nacional brasileiro, história de uma ideologia*. 5.ed. São Paulo: Editora Ática, 1992.

LENIN, V. I. Du Droit des Nations à Disposer d'Elles-Mêmes. In: HAUPT, G. et al. (Eds.). *Les Marxistes et la Question Nationale 1848-1914*: Etudes et Textes. Paris: Maspero, 1974 [1914].

LENIN, V. I. Notes Critiques sur la Question Nationale. In: HAUPT, George et al. (Eds.). *Les Marxistes et la Question Nationale 1848-1914*: Etudes et Textes. Paris: Maspero, 1974 [1922].

LINS, A. *Rio Branco (O Barão do Rio Branco)*: Biografia pessoal e história política. São Paulo: Alfa Ômega/FUNAG, 1996.

LIPSET, S.; SOLARI, A. E. *Elites in Latin America*. Nova York: Oxford University Press, 1967.

LÖWY, M. Le Probleme de l'Historie (Remarques de Théorie et Méthode). In: HAUPT, George et al. (Eds.). *Les Marxistes et la Question Nationale 1848-1914*: Etudes et Textes. Paris: Maspero, 1974.

LUSTOSA, I. *Insultos impressos*: a guerra dos jornalistas na Independência (1821-1823). São Paulo: Companhia das Letras, 2000.

LYRA, M. L. V. *A utopia do poderoso Império*. Portugal e Brasil: bastidores da política. 1798-1822. Rio de Janeiro: Sette Letras, 1994.

MAGNOLI, D. *O corpo da pátria*: imaginário geográfico e política externa no Brasil (1808-1912). São Paulo: UNESP, 1997.

MALLON, F. E. Decoding the Parchments of the Latin American Nation State: Peru, Mexico and Chile in Comparative Perspective. In: DUNKERLEY, James (Ed.). *Studies in the Formation of the Nation State in Latin America*. London: ILAS, 2002.

MAXWELL, K. Por que o Brasil foi diferente? O contexto da independência. In: MOTA, C. G. (Org.). *Viagem incompleta*: a experiência brasileira (1500-2000). 2.ed. São Paulo: Editora SENAC, 2000.

MENDONÇA, C. S. *Salvador de Mendonça*: democrata do Império e da República. Rio de Janeiro: INL/MEC, 2006.

MENDONÇA, S. *A situação internacional do Brasil*. Rio de Janeiro/Paris: Garnier, 1913.

MIREL CLAVIJO, A. *El Imperio entre la Neutralidad y la Acción*: la misión especial del Vizconde de Abrantes. Montevidéu: Universidad de la República, 2006. (Mimeogr.).

MORGAN, E. S. *American Slavery, American Freedom*: The Ordeal of Colonial Virginia. Nova York/London: W. W. Norton, 1975.

MORGAN, E. S. *Inventing the People*: The Rise of Popular Sovereignty in England and America. Nova York/London: W. W. Norton, 1988.

MOURA, G. *Autonomia na dependência*: a política externa do Brasil de 1930 a 1942. Rio de Janeiro: Nova Fronteira, 1980.

MOTA, C. G. (Org.). *Viagem incompleta*: a experiência brasileira (1500-2000). 2.ed. São Paulo: Editora SENAC, 2000.

MOTA, C. G. Ideias de Brasil: formação e problemas. In: MOTA, Carlos Guilherme (Org.). *Viagem incompleta*: a experiência brasileira (1500-2000). 2.ed. São Paulo: Editora SENAC, 2000b.

MOTA, M. A. R. *Sílvio Romero*: dilemas e combates no Brasil da virada do século XX. Rio de Janeiro: Editora da FGV, 2000.

MURRIN, J. H. A Roof Without Walls: The Dilemma of American National Identity. In: BEEMAN et al. *Beyond Confederation*: Origins of the Constitution and American National Origin. North Carolina: University of North Carolina Press, 1987.

NABUCO, C. *A Vida de Joaquim Nabuco*. 4.ed. Rio de Janeiro: José Olympio, 1985.

NABUCO, J. *Minha formação*. Rio de Janeiro: Topbooks, 1999 [1900].

ODÁLIA, N. *Varnhagen*: História. São Paulo: Ática, 1979. Coleção Grandes Cientistas Sociais.

OLIVEIRA, L. *Memórias (estas minhas reminiscências...)*. Rio de Janeiro: José Olympio, 1937.

ORTIZ, R. *Cultura brasileira & identidade nacional*. 5.ed. São Paulo: Braziliense, 2005.

PAGUEN, A. *Lords of All Worlds*: Ideologies of Empire in Spain, Britan and France c. 1500-c. 1800. New Haven: Yale University Press, 1995.

PESAVENTO, S. J. *História e história cultural*. Belo Horizonte: Autêntica, 2004.

PIMENTA, J. P. G. *Estado e nação no fim dos impérios ibéricos no Prata (1808-1828)*. São Paulo: Hucitec/Fapesp, 2002.

PIMENTA, J. P.; SLEMIAN, A. *O "nascimento político" do Brasil*: as origens do Estado e da Nação (1808-1825). Rio de Janeiro: DP&A, 2003.

PRADO, E. *A ilusão americana*. 5.ed. São Paulo: IBRASA, 1980 [1893]. Disponível em: http://www.ebooksbrasil.org/eLibris/ilusao.html. Acesso em: 16 jul. 2010.

PRADO, M. L. C. *A formação das nações latino-americanas*. Campinas: Editora da UNICAMP, 1985. (Coleção Discutindo a História)

PRADO, M. L. C. *América Latina no século XIX*: tramas, telas e textos. São Paulo: EDUSP, 1999.

PRADO, M. L. C. Identidades latinoamericanas. In: AYALA MORA, E.; POSADA CARBÓ, E. *Los proyectos nacionales Latinoamericanos*: sus instrumentos y articulación 1870-1930. Paris: UNESCO/Editorial Trotta, 2008. v.VII. Coleção Historia General de América Latina.

RABE, S. G. *Eisenhower and the Latin America*: The Foreign Policy of Anticommunism. North Carolina: University of North Carolina Press, 1998.

REBELO, A.; FERNANDEZ, L.; CARDIM, C. H. (Orgs.). *Política externa do Brasil para o século XXI*. Brasília: Câmara dos Deputados/CDI, 2003.

REIS, J. C. *As identidades do Brasil*: de Varnhagen a FHC. 6.ed. Rio de Janeiro: Editora FGV, 2003.

RENAN, E. What is a Nation? In: ELEY, G.; SUNY, R. G. (Eds.). *Becoming National*: A Reader. Oxford: Oxford University Press, 1996 [1882].

RIBEIRO, D. *O povo brasileiro*: a formação e o sentido do Brasil. São Paulo: Companhia das Letras, 1995.

RIBEIRO, M. E. *Símbolos do poder, cerimônias e imagens do Estado monárquico no Brasil*. Brasília: Editora da UnB, 1995.

RICUPERO, R. *Barón de Rio Branco*. Buenos Aires: Editorial Nova Mayoria, 2000a.

RICUPERO, R. *Rio Branco*: o Brasil no mundo. Rio de Janeiro: Contraponto/Petrobras, 2000b.

RICUPERO, R. Rio Branco, definidor de valores nacionais. In: CARDIM, C. H.; ALMINO, J. (Orgs.). *Rio Branco*: a América do Sul e a modernização do Brasil. Rio de Janeiro: EMC, 2002.

RODRIGUES, J. H. *As aspirações nacionais*: interpretação histórico--política. São Paulo: Fulgor, 1965.

ROSTOW, W. W. *The Stages of Economic Growth*: a non-communist manifesto. Nova York: Cambridge University Press, 1960.

ROUQUIÉ, A. *Amérique Latine*: introduction à l'Extrême Occident. Paris: Le Seuil, 1987.

SALLES, R. *Guerra do Paraguai*: escravidão e cidadania na formação do exército. São Paulo: Paz e Terra, 1990.

SANTOS, L. C. V. G. *O Império e as repúblicas do Pacífico*: as relações do Brasil com Chile, Bolívia, Peru, Equador e Colômbia (1822-1889). Curitiba: Editora da UFPR, 2002.

SANTOS, L. C. V. G. *O Brasil entre a América e a Europa*: O Império e o interamericanismo (do Congresso do Panamá à Conferência de Washington). São Paulo: Editora da UNESP, 2004.

SANTOS, L. C. V. G. Identities in the Empire of Brazil: Constructing the Other. In: GALLOPE, R.; WEINER, Richard (Eds.). *A Fine Line*: Explorations in Subjectivity, Borders, and Demarcation. Washington, DC: University Press of America, 2005.

SCHMIDT, M. A.; CAINELLI, M. *Ensinar História*. São Paulo: Scipione, 2004.

SCHWARCZ, L. M. *As barbas do imperador*: Dom Pedro II, um monarca dos trópicos. São Paulo: Companhia das Letras, 1998.

SCHWARTZ, S. B. Gente da terra braziliense da Nação. Pensando o Brasil: a construção de um povo. In: MOTA, Carlos Guilherme (Org.). *Viagem incompleta*: a experiência brasileira (1500-2000). 2.ed. São Paulo: Editora SENAC, 2000.

SEIXAS CORRÊA, L. F. (Org.). *A palavra do Brasil nas Nações Unidas 1946-1995.* Brasília: FUNAG, 1995.

SETON-WATSON, H. *Nations and States*: an enquiry into the origins of nations and the politics of nationalism. Boulder: Westview Press, 1997.

SLEZKINE, Y. The USSR as a Communal Apartment, or How a Socialist State Promoted Ethnic Particularism. In: ELEY, G.; SUNY, R. G. (Eds.). *Becoming National*: a reader. Oxford: Oxford University Press, 1996.

SMITH, A. D. *Nationalism*: Theory, Ideology, History. Oxford: Polity Press, 2001.

SOARES DE SOUZA, J. A. O Brasil e o Rio da Prata, de 1828 à queda de Rosas. In: HOLANDA, S. B. (Org.). *História geral da civilização brasileira.* 5.ed. São Paulo: Difel, 1995. Tomo II, v.3.

SOUZA, I. L. C. *Pátria coroada*: o Brasil como corpo político autônomo 1780-1831. São Paulo: Editora da UNESP, 1999.

STALIN, J. V. Le marxisme et la question nationale. In: HAUPT, G. et al. (Eds.). *Les marxistes et la question nationale 1848-1914*: Etudes et textes. Paris: Maspero, 1974 [1913].

TORRES, A. *A organização nacional.* 2.ed. Rio de Janeiro: Cia. Editora Nacional, 1993.

TOYNBEE, A. J. *Between Maule and Amazon.* Oxford: Oxford University Press, 1967.

VAN CREVELD, M. *Ascensão e declínio do Estado.* São Paulo: Martins Fontes, 2004.

VELOSO, M.; MADEIRA, A. *Leituras brasileiras*: itinerários no pensamento social e na literatura. 2.ed. São Paulo: Paz e Terra. 1999.

WASHINGTON NATIONAL CATHEDRAL. *Jewels of Light*: the stained glass of Washington National Cathedral. Washington, DC: WNC, 2004.

WEINSTEIN, B. Slavery, Citizenship, and National Identity in Brazil and the U.S. South. In: DOYLE, D. H.; PAMPLONA, M. A. *Nationalism in the New World.* Athens, Georgia: University of Georgia Press, 2006.

WHITAKER, A. P. *The Western Hemisphere Idea*: Its Rise and Decline. Nova York: Cornell University Press, 1954.

ZWEIG, S. *Brasil, país do futuro.* Disponível em: http://www.ebooksbrasil. org/eLibris/paisdofuturo.html. Acesso em: 16 jul. 2010.

SOBRE O LIVRO

Formato: 14 x 21 cm
Mancha: 23,3 x 40 paicas
Tipologia: Iowan Old Style 10/14
Papel: Offset 75 g/m² (miolo)
Cartão Supremo 250 g/m² (capa)
1ª edição: 2010

EQUIPE DE REALIZAÇÃO

Edição de Texto
Maria Silvia Mourão (Copidesque)
Alberto Bononi (Preparação)
Valquíria Della Pozza (Revisão)

Imagem de capa
Reprodução fotográfica da imagem do Barão do Rio Branco em vitral da
lateral da Catedral Nacional de Washington.

Capa
Estudio Bogari

Editoração Eletrônica
Andrea Yanaguita (Diagramação)

Impressão e Acabamento